- 国家社会科学基金教育学一般课题"美丽中国视野下的公民美育研究"成果（BEA140075）
- 四川师范大学学术著作出版基金资助

GONGMIN MEIYU LUN
—— MEILI ZHONGGUO
JIANSHE DE JIAOYU TUJING

公民美育论

——美丽中国建设的教育途径

郑富兴　曾军　著

项目策划：陈克坚
责任编辑：陈克坚
责任校对：傅　奕
封面设计：璞信文化
责任印制：王　炜

图书在版编目（CIP）数据

公民美育论：美丽中国建设的教育途径 / 郑富兴，曾军著. — 成都：四川大学出版社，2021.4
ISBN 978-7-5690-4142-2

Ⅰ.①公… Ⅱ.①郑… ②曾… Ⅲ.①公民教育—社会公德教育—研究—中国 Ⅳ.① D648.3

中国版本图书馆CIP数据核字（2021）第004066号

书名	公民美育论——美丽中国建设的教育途径
著　者	郑富兴　曾　军
出　版	四川大学出版社
地　址	成都市一环路南一段24号（610065）
发　行	四川大学出版社
书　号	ISBN 978-7-5690-4142-2
印前制作	四川胜翔数码印务设计有限公司
印　刷	成都金龙印务有限责任公司
成品尺寸	170mm×240mm
印　张	16.25
字　数	354千字
版　次	2021年5月第1版
印　次	2021年5月第1次印刷
定　价	75.00元

版权所有 ◆ 侵权必究

◆ 读者邮购本书，请与本社发行科联系。
电话：(028)85408408/(028)85401670/(028)86408023　邮政编码：610065
◆ 本社图书如有印装质量问题，请寄回出版社调换。
◆ 网址：http://press.scu.edu.cn

四川大学出版社
微信公众号

内容简介

本书致力于探索"美丽中国建设的主体问题",即培养社会公众积极参与社会主义生态文明建设所需的公民审美素养,从教育层面落实党的十九大报告中"树立和践行'绿水青山就是金山银山'的理念"的任务。

公民美育是美丽中国建设语境下的公民教育与美育的新理念,具体是指一种通过营造美丽整洁的日常生活环境与保护青山绿水的自然生态环境来培养学生与社会公众的公民审美素养的教育理念和教育模式。作为一种教育理念,公民美育基于人与环境的审美关系、参与美学理论,致力于培养学生与社会公众的公民审美素养。公民审美素养是公民品质与审美素养的结合,包含公共审美情感、审美批判能力、审美参与能力三个要素。作为一种教育模式,公民美育通过审美、造美、护美三种途径,构成了一个培养公民审美素养的教育体系,包括公共审美情感教育、公民审美批判教育、公民审美参与实践。

本书期望能为中小学德育工作者、社区教育工作者以及生态环境教育工作者提供理论指导,为环境教育研究、生态保护研究、德育研究、社会教育研究领域的学者提供理论启示。

目　录

第一章　公民美育：美丽中国建设的教育途径 ……………………（1）
　第一节　美丽中国建设的文化含义 ………………………………（1）
　第二节　美丽中国建设的主体问题 ………………………………（6）
　第三节　美丽中国建设的教育途径 ………………………………（16）

第二章　公民美育的理论基础 ……………………………………（32）
　第一节　美育与公民教育的内在渊源 ……………………………（32）
　第二节　公民教育的审美之维 ……………………………………（41）
　第三节　参与美学与环境问题中的公民参与 ……………………（50）
　第四节　人与环境的审美关系 ……………………………………（58）

第三章　公民美育的内涵、特征与内容 …………………………（69）
　第一节　公民美育的内涵 …………………………………………（69）
　第二节　公民美育的特征 …………………………………………（79）
　第三节　公民美育的内容 …………………………………………（86）

第四章　公民审美情感教育 ………………………………………（97）
　第一节　公共审美情感：从各美其美到美美与共 ………………（97）
　第二节　国家的美育意义：审美－情感共同体 …………………（113）
　第三节　乡恋与公共审美情感 ……………………………………（124）

第五章　公民审美批判教育 ………………………………………（137）
　第一节　审美批判：公民美育的理性维度 ………………………（137）
　第二节　国际环境政治与全球公民教育的批判路径 ……………（152）

第六章　公民审美参与实践 ………………………………………（165）
　第一节　审美参与、公民行动学习与审美实践共同体 …………（165）
　第二节　公民审美参与实践：来自美国社区花园运动的经验 …（185）
　第三节　中国式公共美境营造实践 ………………………………（198）

第七章　公民美育的双重实践：社区与学校……………………（204）
　第一节　公民美育的七个原则……………………………………（204）
　第二节　公民美育的社区平台及其建构：基于成都锦江实践的启示
　　　　　………………………………………………………………（209）
　第三节　公民美育的学校实践——学校田园教育实践的改革………（226）
主要参考文献……………………………………………………………（244）

第一章　公民美育：美丽中国建设的教育途径

虽然当前我国生态环境得到了极大改善，但依然存在一些问题，部分地方城乡生活环境的"脏乱差"现象也时有存在。随着党的十八大提出的"建设美丽中国"的理念、十八届三中全会提出"绿水青山"的新型城镇化道路理念的深入人心，尤其随着我国民众生活水平的提高，绿水青山的自然环境、美丽整洁的生活环境已成为广大民众越来越强烈的愿望，成为民众社会权利的重要内容。维系绿水青山的自然环境与营造美丽整洁的生活环境不仅需要政府自上而下地大力推动生态环境的保护治理与城乡环境的综合治理，还需要群众自下而上地主动参与其中。这对民众的公民意识、审美素养与参与能力提出了较高的要求。教育如何回应这一要求，在生态文明建设中如何发挥自己的特殊功能，从而让我们能够改善自然环境和生活环境，走向绿色发展，共享绿色生活，拥有天蓝地绿水清的美丽家园，这既是教育界要思考的问题，也是全社会共同关心的问题。

第一节　美丽中国建设的文化含义

"美丽中国"是 21 世纪中国现代化发展愿景的诗意描述。在党的十八大报告中，美丽中国是作为生态文明建设的目标提出来的。因此，美丽中国首先是指一种美丽的自然生态环境。我国为经济的快速发展也付出了一定的环境代价。

关于环境问题产生的原因，已经有很多研究做了探讨，有经济发展方式的不合理，如粗放式、高能耗、唯 GDP 主义，人口的急剧增加，环境保护法制不健全，人类中心主义的伦理立场，等等。这些研究从经济学、政治学、法学、伦理学、人口学等不同角度做了很好的分析，切中生态环境问题的要害，是我们反思环境问题、建设美丽中国时不能不考虑的。

所有这些原因都可以归结为一点：有很大部分的生态环境问题是人为造成的。习近平指出："经过三十多年快速发展积累下来的环境问题进入了高强度频发阶段。这既是重大经济问题，也是重大社会和政治问题。"① 近年来，政府工作报告也指出，环境问题既是重大经济问题，也是重大社会和政治问题。美丽中国建设是中国特色社会主义现代化建设的五大内容之一，旨在促进国家发展。美丽中国建设既要重视维护自然生态环境，也要重视社会政治生态文化建设，两者不能分割。因此，环境问题的人为性凸显了美丽中国的文化维度。这样，我们对美丽中国的认知就从自然意义上的美丽中国转移到文化意义上的美丽中国。

"文化"一词，在不同的学科中和不同的背景下，有着多重的含义：有指高雅文化，即一个社会的知识、音乐、艺术和文学作品，如英国文化人类学家爱德华·伯内特·泰勒的经典定义；有指一个社会的全部生活方式，即价值观、习俗、象征、体制及人际关系等，如英国伯明翰文化研究学派的定义。塞缪尔·亨廷顿（Samuel Huntington）等则从纯主观的角度，把文化界定为"一个社会中的价值观、态度、信念、取向以及人们普遍持有的见解"②。本书是在自然与文化的对照中探讨美丽中国的文化含义，因此我们采用这种对文化的定义：文化即情感、态度与价值观。

美丽中国的文化维度大致体现在以下三个方面：

第一，价值观念。价值观是文化的深层结构。关于祖国，21世纪之前我们接受的价值观念是地大物博、美丽富饶，因此不存在环境污染、资源约束、生态退化的问题。关于生态环境保护和自然资源约束的认识在地方经济社会发展规划中少有提及。到了21世纪之后，我们才开始意识到空气、水体、土壤已被严重污染，形成危及子孙后代的生存环境和生活资源。缺乏生态环境意识就是缺乏一种合理的发展价值观。这让我们不仅缺乏保护环境的意识、责任和能力，也缺乏反对那些破坏环境行为的意识、责任和能力。

第二，环境伦理。环境伦理是人类社会回应环境问题而产生的伦理道德观念。美丽中国建设首先是一种环境保护理念，当然需要环境伦理的支持。美丽中国建设不仅体现了人与自然的关系和谐，更是人与他人、人与社会之间的关系和谐。由于环境问题大都是人为问题，因此，美丽中国建设仍应持一种新人类中心主义的立场。新人类中心主义认为："环境危机的根源不是人类中心主义，它是一种文化危机。我们信仰人类的价值和人的伟大的创造潜力，这是完

---

① 中共中央文献研究室. 习近平关于社会主义生态文明建设论述摘编 [M]. 北京：中央文献出版社，2017：4.

② 塞缪尔·亨廷顿，劳伦斯·哈里森. 文化的重要作用——价值观如何影响人类进步 [M]. 程克雄，译. 北京：新华出版社，2013：9.

全正确的。人们提出人类对环境问题负有道德责任的问题，主要是由于对人类生存和社会发展的关心，对子孙后代利益的关心，因为人类生存必须依靠自然界。"[1] 我们赞同这一立场，但是我们也强调人类环境问题是人类社会不正义的结果，即某一些群体和个人为了自身的利益而损害社会与国家的其他群体和个人的福祉，也包括环境。例如，一些企业的生产破坏了所在地区的土壤、水体和空气，一些人乱扔乱倒垃圾破坏了大家共同的生活环境。这不仅是传统伦理问题域中的公德问题，也是一种关涉社会环境正义的问题。这些都是美丽中国建设要予以回应的问题。

第三，家园情感。美丽中国的重要前提就是国家。美丽中国建设是一种国家意义上的生态文明建设，因此，它也可以视为一种国家建设。美丽中国的文化含义是家园共同体。国家，在我们的母语中，是家之国，家代表一种归宿，国代表一种安全。国家给人一种安定的感觉，这就是家园的感觉。美丽中国不仅仅是追求美化我们栖息的环境，更是追求形成一方我们能够自在生活的乐土。环境保护是一种情感意义上的家园捍卫。正如万俊人所说："'美丽中国'呼唤着我们每一个人以实际行动去爱护我们共同家园，其意义不仅重大，而且深远。'祖国'一直是人类用来表达国家之爱的动人词汇，然而，在我们的母语中，'祖国'意味着国民个人与作为政治共同体的国家之间不可割裂的生命亲缘关系。"[2] 当前，人们对故乡的忧患意识体现了人们对家园的一种爱与责任；对生于兹死于兹的这块土地，我们都有责任，一种由爱的情感维系的责任；爱这块土地，自然能够为这块土地的美丽与正义而采取行动。

因此，美丽中国不仅仅是指天更蓝、水更清、山更绿、空气更洁净的美丽生态自然环境，同时更是指我们期望栖居在一种和谐有序、舒心愉悦、天人合一、人人有尊严的人文环境之中。美丽中国的"美丽"既是一种生态环境意义上的美丽，更是一种精神审美体验上的美丽。前者是指绿水青山，而后者则是指一种获取归属感、幸福感、安定感且惬意舒心的审美体验。生态文明与精神家园在美丽中国建设中融为一体：生态文明不仅是自然生态，也是文化生态，而精神家园不仅是我们置身的文化环境，也是一种人化的自然环境。在这种人化自然里，一种情感依恋的"家园意识"把个体与土地、国家联结为一种血肉相连、生命亲缘的命运共同体。

所以美丽中国是一种自然-文化的共同体。作为自然-文化共同体的美丽

---

[1] 余谋昌. 环境伦理学，一门新的伦理学[J]. 阴山学刊，2010 (5): 16.
[2] 万俊人. 美丽中国的哲学智慧与行动意义[J]. 中国社会科学，2013 (5): 11.

中国有以下四个特点：

一是文化性。美丽中国的文化性除了表现为上面所说的三种性质外，还表现为美丽中国建设本身是一种新文化的形成。文化是人类向他所面对的自然和世界作出的各种形式的反应，是人对自然与世界向他提出的种种问题的挑战的应答。[①] 美丽中国作为生态文明建设的宏伟目标，是对当前环境问题的批评和矫正。当前的生态环境问题是这片土地的自然属性与文化属性割裂的表现，而当前的环境污染问题则是自然和世界对我们提出的挑战。美丽中国建设形成了一种新的文化，而美丽中国作为建设结果具有了一种新的文化形式。

二是审美性。美丽中国自然少不了"美丽"，但是很奇怪的是，许多关于美丽中国的讨论和思考都很少从美学包括环境美学的角度来进行。美丽中国是人们审美的结果。首先，美是一种审美对象上的美，即形式上的美，如色彩、形状、结构等。其次，美是一种审美过程中的美，即一种情感状态，是指人存在的愉悦、舒适的感受。最后，美是一种审美结果上的美，即一种精神状态，是指人的诗意、惬意的精神体验。美丽中国建设相应地包括营造美丽环境、维护美丽环境与欣赏美丽环境。

三是精神性。美丽中国最终要形成民众的精神归属感，即一种家园感。因此，精神家园成了美丽中国的重要属性。生态自然环境是一种外在的物质属性，而家园则是一种内在的精神状态。美丽中国是中国人共有的精神家园。精神家园是人们经常使用的一种象征性和隐喻性的表达。生态环境被破坏，也是家园被破坏。曾经的朴素、美丽的自然环境成了一种回忆，而家园的生态环境被破坏，往往带来的是家园失落的结果。德国诗人赫尔德林以他敏锐的感觉，觉察到现代人精神家园的失落，并以美丽的吟唱表达了重返"精神家园"的渴望。他看到："人的无家可归感，就是由于技术把人从大地分离开，分裂了人性，把神性逐出了人的心房，冷冰冰的金属环境取代了天、地、人、神四重结构的境界。"[②] 他看到的是物质技术文明的迅速扩展导致人的灵性的丧失，物欲、功利、技术和实用把人引离故土，流落异乡，成为无家可归的浪子。20世纪工业大发展破坏了人类环境，人类家园惨遭失落。作为中国现代化发展的愿景之一，美丽中国建设是让我们重返家园的启程。

四是理想性。对个体而言，精神家园是一种可望而不可即的东西、一种彼岸的理想、一个个体始终在追寻却又很难找到的地方。对国家而言，形成这样

---

① 张汝伦. 借鉴与更新 [M]. 哈尔滨：黑龙江人民出版社，1989：3.
② 林和生. 悲壮的还乡——精神家园忧思录 [M]. 成都：四川人民出版社，2005：31.

的共有精神家园更是困难。本尼迪克特·安德森（Benedict Anderson）认为，现代民族国家是通过报纸、民族文学出版物形成的一种"想象的共同体"[①]。但是，在当代信息社会和网络社会，信息及其获取和传播的渠道多元化，这种"想象的共同体"却很难维系了。社会的个体化提升了这种共同感形成的难度。美丽中国作为当代中国现代化发展的共同愿景，本身就是一种理想追求。作为理想，我们并不是要去彻底实现它。理想就是我们前方的地平线，眼见而无法企及。我们所能做的就是不断去追赶它、实践它。这一追赶与实践的过程改变了我们有缺陷的现实。这就是愿景的价值。家园不是静止的抽象物，等着我们去寻找，但是我们终生都在寻找家园。如果我们停止寻找，家园也就立即消失。于是，追赶家园变成了回家的路。美丽中国也是这样一种理想，我们在寻找家园的过程中，让中国变得越来越美丽。

因此，美丽中国建设包括生态文明建设与共有精神家园建设这双重任务。美丽中国不仅是我国生态文明建设的宏伟目标，也是我国共有精神家园建设的实践目标。生态文明建设作为美丽中国建设的重要内容，致力于营造一个山清水秀、蓝天白云的自然存在环境。这是美丽中国的物质前提。共有精神家园建设作为美丽中国建设的又一重要内容，致力于营造一个情感依恋、心灵归属的文化存在环境。这是美丽中国的精神基础。

美丽中国建设的关键是人，美丽中国建设最终落实也在人。一方面，美丽中国需要具有相应素质的人来建设。已有一些研究者提出了美丽中国建设需要进行主体建设，需要"生态公民""美丽的人"等所需的人的形象。美丽中国建设需要什么样的人，这是本书要探讨的重要问题。另一方面，美丽中国建设的结果要基于人的需求来做判断。美丽中国是一种自然-文化共同体，是一种精神家园，具有审美性、精神性。但是不同的人，其审美标准也不同，精神需求也不同，如何满足差异化、个体化的要求，这是一种审美正义的体现，但却是一种成本很高的要求。正如社会制度与社会政策存在着基于大多数人的最大利益还是基于生存条件最不利群体的最大利益来制定这一分歧一样，美丽中国建设也存在着是基于大多数人的审美福祉还是基于生存条件最不利群体的审美福祉的主体难题。这也是本书要探讨的另一重要问题。因此，美丽中国建设的主体问题成为我们要关注的重要问题。

---

① 本尼迪克特·安德森. 想象的共同体：民族主义的起源与散布的新描述［M］. 吴叡人，译. 上海：上海人民出版社，2003：46—55.

第二节　美丽中国建设的主体问题

在我国生态环境问题的治理上，党和政府发挥着领导者的作用。早在20世纪80年代，党和政府就开启了环境治理与保护的工作。

1983年第二次全国环境保护会议，把保护环境确立为基本国策。1984年5月，国务院作出《关于环境保护工作的决定》，环境保护开始纳入国民经济和社会发展计划。1988年设立国家环境保护局，成为国务院直属机构。地方政府也陆续成立环境保护机构。1989年国务院召开第三次全国环境保护会议，提出要积极推行环境保护目标责任制、城市环境综合整治定量考核制、排放污染物许可证制、污染集中控制、限期治理、环境影响评价制度、"三同时"制度、排污收费制度等8项环境管理制度。同时，以1979年颁布试行、1989年正式实施的《环境保护法》为代表的环境法规体系初步建立，为开展环境治理奠定了法治基础。[①]

自20世纪90年代以来，我国的环境保护工作在积极响应全球环境保护运动的背景下更加深入，开展与部署的环境保护工作更加具体。

1992年联合国环境与发展大会后，党中央、国务院发布《中国关于环境与发展问题的十大对策》，把实施可持续发展确立为国家战略。1994年3月，我国政府率先制定实施《中国21世纪议程》。1996年，国务院召开第四次全国环境保护会议，发布《关于环境保护若干问题的决定》，大力推进"一控双达标"（控制主要污染物排放总量、工业污染源达标和重点城市的环境质量按功能区达标）工作，全面开展"三河"（淮河、海河、辽河）、"三湖"（太湖、滇池、巢湖）水污染防治，"两控区"（酸雨污染控制区和二氧化硫污染控制区）大气污染防治，一市（北京市）、"一海"（渤海）（简称"33211"工程）的污染防治，启动了退耕还林、退耕还草、保护天然林等一系列生态保护重大工程。[②]

进入21世纪，党和政府更加明确地提出了"科学发展观"的环境治理与保护的理念，并且上升到社会、政治、经济层面来加以考虑环境治理与保护实践。"从2002年到2012年，党的十六大以来，党中央、国务院提出了树立和

---

① 周生贤. 我国环境保护的发展历程与探索[J]. 人民论坛，2014(9)：12.
② 周生贤. 我国环境保护的发展历程与探索[J]. 人民论坛，2014(9)：12.

落实科学发展观、构建社会主义和谐社会、建设资源节约型环境友好型社会、让江河湖泊休养生息、推进环境保护历史性转变、环境保护是重大民生问题、探索环境保护新路等新思想新举措。2002年、2006年和2011年国务院先后召开第五次全国环境保护会议、第六次全国环保大会、第七次全国环保大会,作出一系列新的重大决策部署。把减少主要污染物作为经济社会发展的约束性指标,完善环境法制和经济政策,强化重点流域区域污染防治,提高环境执法监管能力,积极开展国际环境交流与合作。"①

自党的十八大以来,"美丽中国建设"理念的提出,我国的环境治理与保护进入了一个新的阶段,即一种文化的、整体的行动阶段。党和政府将生态文明建设作为中国特色社会主义事业总体布局的重要部分。同时,相继出台了《关于加快推进生态文明建设的意见》和《生态文明体制改革总体方案》,还相继制定了相关文件。在组织和制度上,设立"河长制"。我国的一些治理模式获得了世界各国的认同,如"库布齐沙漠生态财富创造模式"走出了一条立足中国、造福世界的沙漠综合治理道路。在2017年8月15日第十九次中日韩环境部长会上,时任环境保护部部长李干杰介绍了2012年以来中国环境保护工作的进展。他说,过去五年,是中国生态文明建设、生态环境保护力度最大、举措最实、推进最快、成效最好的时期,集中体现在五个"前所未有":一是思想认识程度之深前所未有,二是污染治理力度之大前所未有,三是制度出台频度之密前所未有,四是监管执法尺度之严前所未有,五是环境改善速度之快前所未有。其中,在环境改善成果方面,"2016年,京津冀、长三角、珠三角三个重点区域细颗粒物(PM2.5)平均浓度与2013年相比都下降了30%以上。全国酸雨区面积占比已从历史高峰期的30%以上下降到当前的7%左右的水平。地表水国控断面Ⅰ~Ⅲ类水体比例增加到67.8%,劣Ⅴ类水体比例下降到8.6%,大江大河干流水质稳步改善"②。到2019年为止,我国生态环境持续改善,稳中向好。③

从以上我国环境治理与保护的发展历程来看,党和政府作为环境治理与保护主体具有不可替代的作用。

在加大生态环境治理与保护力度的同时,党和政府也越来越强调公众参与

---

① 周生贤. 我国环境保护的发展历程与探索 [J]. 人民论坛, 2014 (9): 12.
② 环保部长答记者: 中国生态环境保护呈现五个"前所未有"[EB/OL]. (2017-08-25) [2017-09-01]. http://www.gov.cn/xinwen/2017-08/25/content_5220523.html.
③ 刘华东, 曾冰. 2018年, 我国生态环境持续改善, 稳中向好——聚焦国务院关于2018年度环境状况和环境保护目标完成情况的报告 [N]. 光明日报, 2019-04-22 (002).

的重要性,并引导社会力量积极参与到环境治理与保护中来。习近平指出,生态文明建设同每个人息息相关,每个人都应该做践行者、推动者。要强化公民环境意识……推动形成节约适度、绿色低碳、文明健康的生活方式和消费模式。① 这些论述提出了美丽中国建设的主体问题,即环境治理与保护需要全民参与。全体公民不仅是绿水青山的享有者,更是建设者。美丽中国建设的持续与有为需要的不仅是理念和制度,更需要公众的参与。政府也开始推动政府、企业、公众共治格局的形成。② 2015年7月环境保护部通过了《环境保护公众参与办法》,自2015年9月1日起施行。《环境保护公众参与办法》规范引导公众依法、有序、理性地参与环境保护。

如前所述,环境问题是人的问题。当代许多思想家和学者都指出全球面临的生态危机是人类贪欲的恶果。日本池田大作揭示了人类贪欲与生态危机的重要关联:"外部地球的沙漠化与人类生命的'精神沙漠化'是分不开的。……从'内部环境'被污染,出现沙漠化的人的内心深处喷发而出的利己主义变成对文化、社会环境及自然环境所构成的外部环境的支配、掠夺和破坏。"③ 他认为,解决生态困境的出路不能仅仅专注于外表的科技力量,还必须从人自身去寻找原因,进行"人的革命"。所谓"人的革命"是指人的主观世界的变革。教育成了解决环境问题的重要途径。因此,美丽中国建设的主体问题不仅强调生态文明建设需要公众的参与,还强调教育在生态文明建设中的价值——教育公众,从而强化公民环境保护意识,把建设美丽中国转化为自觉行动。

一、公民参与在美丽中国建设中的意义

公众参与是环境保护的重要力量。习近平关于公众参与环境保护的论述已经肯定了民众在美丽中国建设过程中的作用。自20世纪60年代以来,公民参与理论在学界备受关注,公民参与也成为现代民主国家发展治理进程中不可忽视的部分。"公民参与,通常又称为公共参与、公众参与,就是公民试图影响公共政策和公共生活的一切活动。"④ "公众参与是实现环境治理体系和能力现代化的需要,是规范政府部门行政行为、遏制权力寻租的需要,是捍卫自身环

---

① 中共中央文献研究室. 习近平关于社会主义生态文明建设论述摘编[M]. 北京:中央文献出版社,2017:122.
② 李干杰. 美丽中国建设深入人心稳步推进[J]. 智慧中国,2017(10):10-12.
③ 曾建平. 寻归绿色——环境道德教育[M]. 北京:人民出版社,2004:20.
④ 俞可平. 公民参与的几个理论问题[EB/OL].(2006-12-24)[2017-09-01]. http://www.aisixiang.com/data/12342.html.

境权益的需要。公众参与环境保护,并将环境保护和可持续发展意识体现在日常生活中,才能营造天蓝地绿水清的宜居环境。"①

美丽中国建设中公民参与主要有以下三点意义。第一,环境问题是民生问题。公众是环境保护的受益者。环境保护最终也是为了让公众能够享有一个美丽整洁的生活环境。环境治理与保护的主体是民众。环境治理与保护是为他们而治理,由他们自己保护,通过他们来监督。如果公众成为旁观者、局外人,那么生态文明建设就失去了合理性。第二,忽视公众参与,美丽中国建设不可持续。生态环境治理与保护大部分都是利民的,给民众带来了实惠。要持续地治理与保护环境,就必须要进入公众,成为人们的一种生活方式。这样,生态环境治理与民众的生活就联系在一起了。忽视民众参与的环境治理不能形成整体的、连续的美丽,它只能产生断裂的、点状的美丽。第三,群众路线与公众参与相结合。公众参与与我党的群众路线一脉相承。党的群众路线强调自上而下地发动群众,公众参与则是群众自下而上地主动地参与到生态环境的治理与保护中去。如前所述,环境问题既是一个经济问题,也是一个社会问题和政治问题。多管齐下,自下而上与自上而下地联通,构建政府、企业、公众共同参与的绿色行动体系,美丽中国建设才具有更好的效果。

二、美丽中国建设中公民参与的素质与条件

美丽中国建设要强化公民的环境意识,公民参与是美丽中国建设主体的参与。但是,公民参与是需要条件的。这既有公众存在的外部社会条件,也有公民内在的智力心理条件。外部条件包括政治文化、政治环境、社会经济发展水平以及公民自己的社会经济地位。② 这是一些固定的、难以立即改变的条件。而个体的智力心理条件则是可以有所作为的条件。

那么公民参与需要哪些智力心理条件呢?美国学者科恩对公民参与所需的智力心理条件作了比较精炼的梳理。在《论民主》一书中,卡尔·科恩(Carl Cohen)将民主界定为:"民主是一种社会管理体制,在该体制中社会成员大体上能直接或间接地参与或可以参与影响全体成员的决策。"③ 但能否成功地参与公共事务,还要决定于实现民主必须具备的条件,包括物质条件、法制条件、智力条件、心理条件和防卫条件。其中智力条件和心理条件与教育密切相

---

① 周宏春. 公众参与是责任也是权利[N]. 中国环境报,2015-10-16(02).
② 俞可平. 公民参与的几个理论问题[EB/OL]. (2006-12-24)[2017-09-01]. http://www.aisixiang.com/data/12342.html.
③ 科恩. 论民主[M]. 聂崇信,朱秀贤,译. 北京:商务印书馆,2007:10.

关。智力条件包括：(1) 掌握丰富的信息和知识。(2) 有效地使用所提供的信息，其中"教育作为民主的条件就是以通力合作解决共同社会问题为目标的智能的发展。这又可细分为四类：处理人类交往中日常问题即发展常识的实用教育、训练读写算的基本教育、专业技术教育、人文教育"[①]。(3) 具备交流和协商的能力。民主所需的心理条件包括：相信错误难免、重视实践验证、持批判态度、要有灵活性、要有现实的态度、愿意妥协、必须容忍、保持客观、要有信心[②]。这些因素很难培养，其实是一个道德问题，而且具有深刻的含义。这种民主心态、公民性格是公民文化的重要基础。公民参与不仅需要知识和技能，更需要情感、态度与价值观。这样民主成了一种生活方式和生活习惯、一种社会文化、一种处理社会公共事务的方式。

科恩所提出的这些条件是具有普遍性的看法，对美丽中国建设中的公众参与而言是远远不够的，或者说不具有针对性。在生态环境问题的治理与保护中，公众必须具备与之相关的智力条件和心理条件，而这两个条件整合为一体，就是"环境素养"（environmental literacy）或"生态素养"（ecological literacy）。这是环境教育的重要内容。环境素养已经在许多关于环境教育的研究中讨论得很多。祝怀新认为，环境素质包括环境意识、环境价值观、环境知识和技能三个部分。[③] 1999年《田纳西自然管理者》杂志刊登了田纳西大学地理和环境教育中心主任罗莎琳·麦基翁－冰（Rosalyn Mckeown-Ice）教授的《环境素养》一文，她在全面地阐释环境素养的含义基础上提出，一个真正具有环境素养的人应该拥有以下7个特征：(1) 对自然和社会的敏感性；(2) 了解有关自然界的知识；(3) 了解有关人与人之间是如何相互影响的；(4) 了解人和自然环境之间是如何相互作用的；(5) 了解环境问题；(6) 拥有分析环境问题的技能；(7) 在日常生活中采用对环境负责任的生活方式。[④] 美国印第安纳大学生物学教授希瑟·L. 雷诺兹（Heather L. Reynolds）梳理了这些定义后认为："绝大多数环境素养的定义都强调了知识、技能与动机的区别。动机一般为价值观或情感目标，强调环境问题的解决和可持续性。环境素养也被理解为包括关于自然环境的知识（如热动力学、生态原理）、关于人类经济的知识、关于社会系统的知识，同时在一个可持续发展的世界里，'环

---

① 科恩. 论民主 [M]. 聂崇信，朱秀贤，译. 北京：商务印书馆，2007：158-166.
② 科恩. 论民主 [M]. 聂崇信，朱秀贤，译. 北京：商务印书馆，2007：174-192.
③ 祝怀新. 环境教育论 [M]. 北京：中国环境科学出版社，2002：99-110.
④ 黄东蛟，艾娃. 环境素养：一种优秀世界观的反映 [J]. 环境教育，2002 (6)：32-34.

境'不能与诸如人类健康、国家安全、经济活力等社会因素、经济因素分开。"① 他将这些定义整合为一个简洁的陈述:"环境素养是对人与环境交往的环境维度、社会维度和经济维度的一种理解,是把这一理解转换为生活选择的技能和伦理,从而促进他所在的生态系统和多样人类共同体的可持续繁荣。"②这一界定强调了个人行为。个人行为不仅被信息和技能所激励,也为赋予一种"地方感"(a sense of place)的伦理观所激励。这种地方感既是自然的,也是文化的;既是空间的,也是时间的。这反映了我们的信念:公民及其日常生活的选择都植根于地方共同体和地方生态网之中,但是也涉及了全球与未来的联系,从而成为可持续社会的基础。希瑟·雷诺兹强调了环境素养的地方感,在社会文化的背景中尤其是个人与环境的关系中去理解环境素养。个人与环境的关系是地方社区的重要关系或文化关系。个体与环境的关系及其结果是美丽中国建设所要求的重要内容,成为公民参与环境治理与保护应该具有的一种意识和态度。

具体而言,根据个体与环境的关系,当前关于环境素养③的讨论主要集中探讨了以下两对矛盾:

一是科学与伦理-人文的关系。理查德·卡恩(Richard Kahn)认为,生态问题是一种政治问题,不是科学所能解决的,需要用政治的方式来加以改革。所以,关于生态政治和环境公正的研究应该属于生态教育的批判研究。他分析了科技扫盲的主流认知、政策和实践中的霸权主义,揭示了生态教育学中的科技观,阐述了保罗·弗莱雷和伊里奇的科技政治。他推崇社会批判家和科技理论家伊凡·伊里奇的人文主义科技观,认为科技既有"理智设计出的设备,那些或物件或规则,或代码或指令的东西",也有不一定受到理性控制的物品设计。④ 他认为:"支持批判教育学的各类当代科技扫盲,都应当理解并对抗性地利用大量的高新科技与驱动这些科技的政治经济,从而使它们推动我

---

① Heather L Reynolds, Eduardo S Brondizio, Jennifer Meta Robinson. Teaching Environmental Literacy: Across Campus and Across the Curriculum [M]. Bloomington, Indianapolis: Indiana University Press, 2010: 17.

② Heather L Reynolds, Eduardo S Brondizio, Jennifer Meta Robinson. Teaching Environmental Literacy: Across Campus and Across the Curriculum [M]. Bloomington, Indianapolis: Indiana University Press, 2010: 18.

③ 曾昭鹏在其博士论文中对环境素养的界定做了系统梳理。曾昭鹏. 环境素养的理论与测评研究——以高师学生环境素养测评为例 [D]. 南京:南京师范大学,2004:7-17.

④ Richard Kahn. 批判教育学、生态扫盲与全球危机:生态教育学运动 [M]. 张亦默,李博,译. 北京:高等教育出版社,2013:56.

们生活环境的转型,并迈向可持续的终极民主形态。"① 针对美国实用主义和市场导向的科技扫盲,他提出要批判性地多元扫盲,为保障弱势群体的利益提供支持,以实现最终目标——利用民主和可持续的途径来重建科技、教育和社会本身。也就是说,科技扫盲是理解和运用适当科技以维护社会公正和人类尊严。② 具体而言,就是要求教育学生对媒体展示和讨论的内容进行批判性思考,同时强调把学用媒体科技作为自我表达和社会活动的模式。"当民众具备了生态知识、理解了个性需求并具有了转变的主观性,就不再会受到科技的统治和操作。"③ 据此,卡恩认为,当前环境教育过于强调科学知识学习和相关技能训练,常常忽视理论批评与政治分析的严格培训,学员所获得的只是对自然、荒野的一些落后的、简化的、片面的认识。"在这个教育过程中缺少强烈的批判意识和道德思考,而这恰恰是当今逐渐严重的全球生态危机所要求的重要内容。"④

二是生态知识中的传统与现代关系。蕾切尔·卡森在她1952年的一次演讲中警告道:"人类在进入自己创造的人工世界里已经走得太远了。他追求隔离自己在钢铁水泥的城市里,远离土地、水和生长的种子这些现实。醉心于自己的权力感觉,追求在结构自我和世界的实验中走得越来越远。"⑤ 自然世界与人工世界的区分,是文化与自然的区分。现代人认为自己与自然是可以分离的。地方感不仅证明了公民参与的必要性,也指出了公民参与的局限性。卡恩批评西方主流科学是一种文化决定认知的形式,它极力否认、压迫环境科学或生态学,因为后者与本土人民的"传统生态知识"密切相关,其背后的宇宙和文化条件与传统生态知识类似。这些生态知识被认为是"通过上千年来人类与自然直接交流"所取得的存在、智慧和文化连续性,与西方现代科学是格格不入的,"不能合理地转化为真实的、可预见的、可控的、适用于普遍自然的客

---

① Richard Kahn. 批判教育学、生态扫盲与全球危机:生态教育学运动[M]. 张亦默,李博,译. 北京:高等教育出版社,2013:58.
② Richard Kahn. 批判教育学、生态扫盲与全球危机:生态教育学运动[M]. 张亦默,李博,译. 北京:高等教育出版社,2013:62—63.
③ Richard Kahn. 批判教育学、生态扫盲与全球危机:生态教育学运动[M]. 张亦默,李博,译. 北京:高等教育出版社,2013:68.
④ Richard Kahn. 批判教育学、生态扫盲与全球危机:生态教育学运动[M]. 张亦默,李博,译. 北京:高等教育出版社,2013:7.
⑤ Heather L Reynolds, Eduardo S Brondizio, Jennifer Meta Robinson. Teaching Environmental Literacy:Across Campus and Across the Curriculum[M]. Bloomington, Indianapolis:Indiana University Press, 2010:172.

观科学"①，但是生态教育学提倡将传统生态知识正大光明地按照一门学科来教授，从而能够沿着更为公正和可持续的路线，重新分配"科学和技术变化的认知价值和社会效益"；这也同时能够减少因为引入这些变化所带来的社会成本和环境代价。② 因此，他认为："传统生态知识的概念不仅仅是一门合法的真正科学，而且还是在 21 世纪甚至更久时期内服务于生态民主的新科学。"③ 这种基于本土传统生态知识的学习，不仅是"地方感"的体现，更是让传统生态知识能够成为一种可持续性的新科学——服务于民众，提倡灵活、互动和本土的全球民主——以反抗所有西方统治权的压迫形式，支持对本土化进行重新组织，塑造新型全球关系。④

总之，关于公民参与的环境素养的论述都强调了一种关于人与环境的文化关系及其批判的理解，而且强调一种后果论的分析。

三、美丽中国建设中公民参与的困境

当前在生态环境治理与保护的实践中，公民参与也面临着一些问题。

第一，公众缺乏相关的知识条件。如果以上述参与生态环境治理与保护的要求或者说美丽中国建设的主体条件来衡量我国现有公民的环境素养，可以这样说，我国公民的环境素养还有许多不足。虽然关于我国公民的环境素养总体状况的测评很少，但是这些较少的调查已经揭示了这一点。一些针对大学生、部分中小学生和教师的环境素养的测量结果显示，这些群体总体的环境素养较高，但在具体的环境知识方面有所欠缺；同时，虽然有较好的环境意识，但是行动滞后于意识。⑤ 不过，这些测量由于对"环境素养"的界定存在缺陷，例如缺乏情感维度、审美维度的内容，所以其测量结果也缺乏代表性。从现实生活中的一些事例中也能够得出类似结论。以垃圾分类为例。本书所指的环境既包括自然生态环境，也包括生活环境。相比自然生态环境问题，人们对生活环

---

① Richard Kahn. 批判教育学、生态扫盲与全球危机：生态教育学运动 [M]. 张亦默，李博，译. 北京：高等教育出版社，2013：98.

② Richard Kahn. 批判教育学、生态扫盲与全球危机：生态教育学运动 [M]. 张亦默，李博，译. 北京：高等教育出版社，2013：94.

③ Richard Kahn. 批判教育学、生态扫盲与全球危机：生态教育学运动 [M]. 张亦默，李博，译. 北京：高等教育出版社，2013：106.

④ Richard Kahn. 批判教育学、生态扫盲与全球危机：生态教育学运动 [M]. 张亦默，李博，译. 北京：高等教育出版社，2013：107.

⑤ 王素，余新. 教师环境素养水平亟待提高——关于北京市教师环境素养的调查 [J]. 中小学管理，1999（4）：2—3.

境问题的关注相对不够。人类生活空间是文化制造物。城市是人类生活环境的典型代表。垃圾处理是当前人类生活环境存在的棘手问题，也是当代人类面临的世界级环境难题。垃圾作为人类生产与生活的废弃物，是人类直接制造的环境问题。这类垃圾可以分为两类：一类是工业垃圾，是指工业生产过程中所形成的废气、废水和固体排放物；一类是生活垃圾，是指人们在家庭生活、商业贸易、休闲娱乐、公共事务等生活活动中形成的废气、废水和固体排放物。① 城市每日生产出堆积如山的生活垃圾，说一些城市被垃圾包围毫不夸张。而围绕着垃圾倾倒与处理场所的选择而产生的冲突也愈演愈烈。比如建立垃圾填埋场或垃圾处理厂，建在哪儿都不对，都有人反对。只要垃圾处理厂项目选址一公开，马上便有人来反对、质疑，甚至引发群体性事件。工业垃圾无疑是破坏自然环境的罪魁祸首。工业垃圾的危害范围、程度、烈度远远超过生活垃圾，直接威胁到个体的生活环境与生命安全。对此，民众更有责任加以监督、举报，团结起来加以抵制、驱赶，以维护自己的生命安全保障与美丽生活环境。这说明，垃圾处理问题是一个社会问题。就生活环境保护而言，垃圾分类被认为是最有效的手段。但是近年来各地推行垃圾分类的效果并不明显。大部分民众的环境保护意识还是很差，尤其是生活环境问题的治理与保护。首先，大多数人认为生活环境污染不如自然生态环境污染危害大，所以不少人对垃圾分类也就不以为然。其次，环境知识比较缺乏。民众对垃圾分类缺乏了解，没有这方面的知识或者缺少完整的知识。再次，环境伦理也欠缺。垃圾不分类也是一些人传统公德缺乏的表现，即"各人自扫门前雪，莫管他家瓦上霜"的消极传统，缺乏共同体意识。一些人眼里没有别人，不会想到这会给别人带来麻烦。公众自然就缺乏像面对大气污染那样的警惕性。最后，环境审美也缺乏。生活环境的问题大都是公共环境的脏乱差，对公共生活环境缺乏审美、护美、造美的意识和能力。

第二，公众缺乏相关的情感、态度与价值观方面的条件，具体而言就是部分人缺乏欣赏、营造和保护美丽生活环境与自然环境的意识和责任感。在我们的日常生活中，人们能够把自己的家里收拾得干干净净，但是人置身的社区的

---

① 《中华人民共和国固体废物污染环境防治法》第九章附则第一百二十四条（三）明确指出："生活垃圾，是指在日常生活中或者为日常生活提供服务的活动中产生的固体废物，以及法律、行政法规规定视为生活垃圾的固体废物。"但是私人驾驶的汽车排放的废气、个人生活中排放的污水，对人类生活环境的影响非常大。据我们的观察和调查，在一些排污管道不健全，甚至直接在地表排放生活废水的小镇，废水方面的问题最严重。凡是人口密集区域，河流的水质显著下降，如四川的沱江全流域水质严重污染，岷江的郫县到眉山段水质也降至劣5类。因此我们认为，依据人类生活环境来界定，生活垃圾应包括废气、废水，以形成居民健全完整的环保意识的

公共环境，如街道、楼梯间、走廊、小区与路道的墙壁等，如果没有物管人员、保洁人员的维护，就很难干净整洁。这种"美己之美"的现象，时至今日仍存在于部分人身上。据我们在四川万源市某小镇的调查，类似"环境保护，人人有责"的标语文字在该镇随处可见，镇内垃圾桶分配均匀，有环卫工人负责每日清扫街道，并且该镇还配备了一个污水处理厂。但是乱扔垃圾的现象仍比较严重，对垃圾的处理仍是集中焚烧，部分镇内居民还直接将生活污水排入河内，导致河水非常污浊。还有不少商贩将垃圾、污水等直接排放到过道上，使街上的环境变得十分恶劣。在四川郫都区某村的调查显示，该村以前是一片绿色的良田和前庭后院的民房。近年来新建的楼房挤占了田地和林地，随处可见木材加工厂配套的民房大都是出租给外地务工人员居住。本地年轻人大都在外面买房或租房住。整个区域的生活环境非常糟糕。原来用于引水灌溉的沟渠由于当地的农民早已不种田而荒废了，由于年久失修，已长满了野草——这倒是生态恢复的象征，但是沟渠里充满了垃圾，还被挤占，致使沟渠越来越窄，早就没水了。这种生活环境的恶化是典型的人为后果，反映了公众的环境素养问题，具体而言，部分人缺乏营造和保护美丽公共环境的意识和责任感。

四、公民参与需要教育

美丽中国建设的主体问题需要提高公民的环境素养，而部分人环境素养的欠缺使得教育成为美丽中国建设的重要途径。有人提出，生态保护应该是科技、法制与伦理"三管齐下"，缺一不可。① 我认为，还应该再增加"一管"，那就是教育。美丽中国建设的核心在人。环境问题是人的问题，生态危机是人的危机。科技、法制与伦理这"三管"发挥作用也要靠人。公民参与不仅需要形式上的权利即公民资格，还需要实质上的条件，如知识、意愿和能力等。俞可平指出，公民参与受许多条件的制约，其中最主要的条件之一为：公民的参与程度跟其教育水平密切相关。"研究表明，教育程度越高，公民的参与积极性也越高；反之，教育程度越低，其参与积极性也越低。"② 因此，环境的治

---

① 刘湘溶. 以生态文明理论支撑美丽中国［EB/OL］. （2013－05－08）［2017－09－01］. https://theory.gmw.cn/2013-05/08/content_7560537.html.

② 另外几个条件为：（1）公民的参与跟社会的经济发展水平以及公民自己的社会经济地位密切相关。（2）公民的参与也跟其传统文化背景密切相关。鼓励公民参与的政治文化会促进公民的参政热情，相反，遏制公民参与的政治文化则会导致公民的政治冷漠。（3）特别重要的是，公民的参与状况与其所在国家或地区的政治环境直接相关，特别是国家的政治制度和政治当局的民主精神。俞可平. 公民参与的几个理论问题［EB/OL］. （2006－12－24）［2017－09－01］. http://www.aisixiang.com/data/12342.html.

理与保护必须考虑人的因素。

人的因素体现了美丽中国的特殊性，即自然环境与文化环境整合的自然-文化共同体。生态环境既是人存在的物质基础，也是人置身的精神家园。精神家园的丧失是生态环境问题的重要原因，而生态环境问题是精神家园沦陷的外在表现，两者同为美丽中国建设的自然-文化、精神-物质的同构维度，互为因果，合为一体。治理生态环境问题需要政治、经济、科技、法律维度的努力，但是不能只看到生态环境问题的自然性，而忽视了它的文化性。要达到永续发展，建设好美丽中国这一文化-自然共同体，不仅要进行政治、经济、科技、法律方面的治理——这些因素也需要教育来实现，还要进行文化、教育方面的努力。因此，美丽中国建设的主体问题要求我们从教育者角度探讨美丽中国的建设之道。

第三节　美丽中国建设的教育途径

当前美丽中国建设的教育实践大都集中在社会教育层面，而且形式单一，主要表现为宣传教育。习近平指出："要加强生态文明宣传教育，把珍惜生态、保护资源、爱护环境等内容纳入国民教育和培训体系，纳入群众性精神文明创建活动，在全社会牢固树立生态文明理念，形成全社会共同参与的良好风尚。"[①]《环境保护公众参与办法》也强调："环境保护主管部门应当在其职责范围内加强宣传教育工作，普及环境科学知识，增强公众的环保意识、节约意识；鼓励公众自觉践行绿色生活、绿色消费，形成低碳节约、保护环境的社会风尚。"从我们的调查来看，当前关于美丽中国建设的宣传教育大都为刷标语、拉横幅、贴公告、搞科普以及电视等媒体的宣传等。这些社会教育手段还得是在地方政府的宣传很到位的情况下才会有成效。社会公众也只是知道"美丽中国"的说法，但是具体如何参与，与自己有什么关系，则不是很清楚。那么美丽中国建设需要什么样的教育呢？

一、美丽中国建设的教育构想

自党的十八大报告提出"美丽中国建设"理念后，从教育角度思考美丽中

---

① 中共中央文献研究室. 习近平关于社会主义生态文明建设论述摘编[M]. 北京：中央文献出版社，2017：122.

国建设的研究成果发表了很多。① 这些研究主要集中在两个方面。

第一，关于培养美丽中国建设主体的研究。这些研究提出了将诸如"美丽公民""生态公民"等新的公民形象作为教育目标，以及一些关于这种公民品质的论述，如生态文明素养、生态理性、生态责任、生态文明意识、公民道德素质、公民环境权利意识等。其中，生态公民是这类研究的热点，如徐梓淇探讨了生态公民及其培育问题，认为"生态公民是对传统公民理论的突破与延伸。超越了民族国家与公共领域等公民概念必备要素的限制，生态公民具有世界主义意识和生态美德，积极行使环境权利并履行环境义务，不论在家庭生活的私人领域还是民主政治的公共领域都能在生态观念的引领下自觉践行生态行为，体现了新的权利与义务的统一、自在与自为的统一、政治与伦理德性的统一"②。

第二，关于美丽中国建设教育的内容与方法。根据CNKI检索相关文献的词频分析结果，关于美丽中国建设教育内容的范围大致为：生态文明观或者生态文明意识教育、绿色消费观教育或生态消费观教育、环境道德教育、生态责任教育、大学校园文化建设、公众参与意识培育、生态文明行为培育、科技伦理教育、思想政治教育等。在相关的环境教育方面，现有关于环境素养培养的研究也为我们提供了一些有价值的线索，如强调环境知识教育③、环境法制教育、环境意识教育、环境伦理教育、批判生态教育等。对道德教育、思想政治教育的关注远远超过对科技知识、法律教育的关注。让人感到奇怪的是，已有的研究缺乏伦理学方面的深入思考，至少环境伦理学很少出现在这些研究视野中。以备受关注的生态责任教育为例，我们认为，美丽中国建设主体的责任与生态责任有相同之处，都强调一种远距离责任、超功利责任。所谓远距离责任是指对整体生态负责，而不是局限于自己所在社区。所谓超功利责任是指对所有人负责，而不是局限于自己私人利益。中国台湾地区的一项调查表明，"一般而言，台湾民众对自己切身有关的环境问题较易觉察，比如水污染、空气污染、噪音及垃圾等，但是对于与'社会维生'有关的环境问题则较缺乏关心重

---

① 中国知网查询的结果显示，这方面的期刊论文有60篇左右，学位论文大约16篇，著作有黄治东、徐习军著的《"美丽中国"语境下的生态责任教育》（吉林人民出版社，2015）和陈国庆主编的《美丽中国与思想政治理论教育研究》（西北大学出版社，2013）。如果把关于生态文明建设与教育的研究也包括在内，那么这方面的研究就比较多了。

② 徐梓淇. 生态公民［M］. 南京：江苏人民出版社，2014：74-90.

③ 培养环境素养的知识包括环境科学知识和技能、环境意识、环境伦理和价值、环境法律法规知识以及可持续发展知识。

视，如重金属污染、核能污染、土壤流失、野生动植物的保护等"①。也就是说，民众对生活环境污染比较敏感，而对自然生态环境污染则比较迟钝。其实这一点也与个体的环境意识和能力有关。自然生态环境污染往往不是个体所能解决的，其后果的显现也是长时段的，很难为个体直观感知。

在教育方式或教育模式方面，现有的研究也非常关注学校教育，尤其是高等教育层面的大学生生态文明教育，提出了案例教学、校本课程开发、学科教学（尤其是生物、地理教学）、环境审美教育、生态文明教育基地等方式方法。② 不过对实践参与、社区教育、户外教育探讨较少。环境教育研究倒是有所提及，却没有与美丽中国建设结合起来。现有研究对环境权利教育的关注比较少，与之相关的就是关于美丽中国建设与公民参与的关系研究较少。

总的来说，关于教育在美丽中国建设中的价值探讨不多，而具体如何实施则更是语焉不详。同时，现有关于美丽中国建设主体问题的教育举措的这些思考也存在很大缺陷：具有强烈的功利主义、技术理性、道德主义的特点，忽视了生态文明建设的超功利特性，忽视了美丽中国建设的家园共同体特性，少有从家园意识、审美情感与公民参与的关系视角来思考美丽中国建设问题。

二、美丽中国建设的教育要求

美丽中国建设需要的教育至少包括以下四种教育内容：环境教育、生态教育、美育、公民教育。这些内容都是致力于美丽中国建设的公民教育所需要实施的内容。

对美丽中国建设而言，环境教育首先为人们所重视。环境教育作为一种教育形式，出现于20世纪70年代的西方国家。从20世纪70年代以来，西方国家对环境教育进行了深入的理论研究和实践探索，取得了较好的成绩，如英国的亚瑟·卢卡斯提出的环境教育模式，澳大利亚的塞洛·林克提出的关于环境教育的特征与基本目标的理论，美国的哈罗德·亨格福德提出的环境教育课程目标体系、威廉斯·比尔·代普对环境教育性质与课程开发的研究以及罗伯特·罗斯提出的环境教育概念模式。③ 环境教育是最具跨学科性质的主题教育之一。"跨学科"是指环境教育将科学、伦理、艺术整合在一起。现有关于环境教育的界定都强调了价值观念、技能、态度等维度。环境教育的先驱者

---

① 李永展. 台湾城乡环境问题与居住环境品质之比较 [J]. 城市发展研究, 1995 (5): 54.
② 崔建霞. 公民环境教育新论 [M]. 济南：山东大学出版社, 2009: 189.
③ 祝怀新. 环境教育论 [M]. 北京：中国环境科学出版社, 2002: 74—77.

第一章　公民美育：美丽中国建设的教育途径

贝尔·斯泰普（Bill Stapp，1930—2001）在1968年首次给环境教育下了一个定义："环境教育旨在养成这一类的公民，他们在涉及到生物物理环境及相关问题时，知识渊博有见识，意识到应该怎样解决这些问题，并具有寻找解决问题途径的工作动机。"[①] 该定义暗示了环境教育的目标是培养具有环境知识、环境意识与问题解决技能的公民，他们愿意为环境而积极工作。[②] 1970年，国际自然和自然资源保护协会（International Union for Conservation of Nature and Nature Resources）与联合国教科文组织召开了"学校课程中的环境教育国际会议"。该会议提出了另外一个定义："环境教育是一个认识价值和澄清观念的过程，这些价值和观念是为了培养、认识和评价人与其文化环境、生态环境之间相互关系所必需的技能与态度。环境教育还促使人们对与环境质量相关的问题做出决策，并形成与环境质量相关的人类行为准则。"[③] 1972年，《贝尔格莱德宪章——环境教育的全球框架》提出了一个简短而全面的环境教育目标："进一步认识到并关注城乡地区在经济、社会、政治、生态方面存在的相互依赖的关系，为每一个人提供机会以获取保护和改善环境的知识、价值观、态度、责任感和技能，创造个人、群体和整个社会环境行为的新模式。"[④] 1977年第比利斯会议提出："环境教育作为一种教育方法，它（环境教育）可以渗透到一系列学科，既有传统的，又有新兴的，同时成为许多综合课程的推进器。与其方法论紧密相连，它能够传授自然和生态平衡的价值观，使人们积极关注环境，这可以使人类能够设计并建造一个适宜居住的地球。"[⑤] 美国环保署（EPA）给出的环境教育的最新定义为："环境教育能够提高公众对环境问题和环境改变的知识与意识，人们通过环境教育获得人类活动对环境影响的知识，以及全面认识环境问题的技能，从而能够作出更加明智的决策。"[⑥] 这些关于环境教育的界定涵盖了知识与技能、方法、情感、态度、价值观，应该

[①] William B, et al. The Concept of Environmental Education [J]. The Journal of Environmental Education，1969：1 (1)：30−31.

[②] 徐湘荷. 生态教育思想研究 [D]. 济南：山东师范大学，2012：17.

[③] 帕尔默. 21世纪的环境教育——理论、实践、进展与前景 [M]. 田青，刘丰，译. 北京：中国轻工业出版社，2002：6.

[④] 帕尔默. 21世纪的环境教育——理论、实践、进展与前景 [M]. 田青，刘丰，译. 北京：中国轻工业出版社，2002：7.

[⑤] 帕尔默. 21世纪的环境教育——理论、实践、进展与前景 [M]. 田青，刘丰，译. 北京：中国轻工业出版社，2002：9.

[⑥] United States Environmental Protection Agency. Environmental Education [EB/OL]. [2017−03−22]，http://www.epa.gov/education.

说是比较全面地界定了，兼具科学、人文和社会科学的视野。①

与美丽中国建设密切相关的是一些研究者提出了"环境审美教育"概念。陈望衡认为，环境审美教育是通向责任的教育，他主张通过环境美的欣赏，激发人们保护环境的责任感，并认为，在环境教育中，不只是环境保护的教育，还有环境美学的教育。②崔建霞认为，公民环境教育还应关注从环境审美角度培育公民的环境意识；环境审美教育是提升公民环境意识不可或缺的重要途径。③审美维度本身是美丽中国的题中应有之义。环境审美教育自然成为最适合美丽中国建设的教育形式和教育内容。

作为美丽中国建设重要途径的生态文明建设自然会提出实施生态教育的要求。生态教育是环境教育的发展。生态教育学运动是在 1992 年里约地球峰会时期的讨论中慢慢产生的。1999 年，巴西保罗·弗莱雷学院、地球理事会和联合国教科文组织召开了地球宪章会议，举办了第一次生态教育国际研讨会，以及第一届生态教育学国际论坛，制定了《生态教育学宪章》④，标志着生态教育学的诞生。生态教育超越了环境教育，"是以生态哲学整体论的世界观和方法论为指导，借助于教育理论和教育实践两种手段，进行保护自然和保护环境的教育，从而提高公众的生态意识和生态素质，实现可持续发展、建设生态文明的目的"⑤。珍妮特·皮尼克（Janet Pivnick）指出，生态教育是建立在生态哲学基础之上，为改善人与自然的关系，并认为解决环境问题的根本途径是我们的世界观进行根本变革的教育。⑥蒙睿直接指出："环境教育是生态教育的一个部分，生态教育的目的是解构人类中心主义的生态伦理观，从而倡导人与自然和谐共处的生态伦理观。"⑦显然，生态教育概念的范畴大于环境教育，根本在于生态教育强调了生态意识。⑧环境教育体现的是人与自然的对立思维，持一种人类中心立场，认为所有物质因素环绕在我们四周，构成了我们的

---

① 詹姆斯·恩格尔. 环境教育：艺术、科学与生态批评[J]. 陈靓，编译. 社会科学研究，2014（5）：206—208.
② 陈望衡. 环境美学[M]. 武汉：武汉大学出版社，2007：415.
③ 崔建霞. 公民环境教育新论[M]. 济南：山东大学出版社，2009：189—198.
④ Richard Kahn. 批判教育学、生态扫盲与全球危机：生态教育学运动[M]. 张亦默，李博，译. 北京：高等教育出版社，2013：16.
⑤ 刘静. 生态教育的内涵、意义及实施路径[J]. 哈尔滨市委党校学报，2010（6）：92.
⑥ Pivnick J. Against the Current: Ecological Education in a Modern World [D]. Calgary: Dissertation for PhD, University of Calgary, Canada, 2001.
⑦ 蒙睿，周鸿. 我国生态教育体系建设[J]. 城市环境与城市生态，2003（4）：76.
⑧ 刘伟，张万红. 从"环境教育"到"生态教育"的演进[J]. 煤炭高等教育，2007（6）：11—13.

环境，环境是人要加以保护的对象。生态教育是以生态哲学为基础，强调人与自然的相互依存、一体化的关系，去除了人类中心的思维方式，更有利于自然环境的保护。在西方发达国家，生态平衡和生态审美观念已经深入人心，这表现在人们普遍关心和维护公共生活环境的卫生整洁，并且爱护大自然。例如，澳大利亚的"全球河流环境教育网络"（1983）现已覆盖全球120多个国家，澳大利亚的"清洁澳大利亚"运动（1989）现已发展成为"清洁世界运动"。①

美丽中国建设的"美丽"属性自然少不了美育的介入。2013年11月，十八届三中全会通过的《中共中央关于全面深化改革若干重大问题的决定》明确提出："增强学生社会责任感……改进美育教学，提高学生审美和人文素养。""美育在我国有着悠久的历史，从先秦时期就有'诗教'、'乐教'的优良传统。但现代美育则是20世纪初由西方传入的，就是王国维、蔡元培和鲁迅所介绍的以席勒《美育书简》为代表的、旨在沟通感性与理性的'情感教育'。"② 美育是一个庞大的研究领域，但是关于美育与美丽中国建设的关系的探讨却不多。杜卫指出："席勒提倡美育是试图在理性占主导的文化和教育中保护和发展人的感性，使人能重新获得感性和理性的协调平衡，重建和谐完整的人格。所以，现代性美育命题的提出：其宗旨是保持人的感性自发性，保护生命的活泼和原创力，维护人与自然之间天然的、肉体化的联系；其本义是感性教育，就是在理性教育的同时，对人的感性方面，如感知、想象、情感、直觉乃至无意识等进行教育。"③ 人与自然的关系、人与环境的关系的亲密性无疑将成为美丽中国建设的重要标志。

在美育中，与美丽中国建设密切相关的是生态审美教育或生态美育这一新理念。曾繁仁教授认为，生态审美教育就是生态环境教育的有机组成部分，是生态文明时代美育的新形式。"生态审美教育是用生态美学的观念教育广大人民、特别是青年一代，使他们确立必要的生态审美素养，学会以审美的态度对待自然、关爱生命、保护地球"，其主要范畴为"共生性""家园意识"与"诗意的栖居"。④ 丁永祥认为："生态美育，就是以生态原则为基础，把生态原则提升为审美原则的教育……是重在进行其生态观、生态审美观、生存观的教

---

① Pivnick J. Against the Current: Ecological Education in a Modern World [D]. Calgary: Dissertation for PhD, University, Calgary, Canada, 2001.
② 曾繁仁. 现代美育理论 [M]. 郑州：河南人民出版社，2006：序 1.
③ 杜卫. 美育论 [M]. 北京：教育科学出版社，2000：54.
④ 曾繁仁. 试论生态审美教育 [J]. 中国地质大学学报（社会科学版），2011，11（4）：11.

育。"① 生态美育与环境美育无疑成为美丽中国建设教育的重要内容。

美丽中国建设非常强调公众参与，作为培养公众参与意识与能力的公民教育自然也是美丽中国建设的重要途径。如前所述，公民参与需要一系列智力条件和心理条件。教育是基于知识来培养人的社会活动。因此，如何培养公民参与的智力心理条件自然就是一个重要的教育问题。公民教育主要是关于公民身份（citizenship）和公民品质的教育。关于公民身份的教育包括知晓作为一国公民所拥有的权利和义务以及获得实现这些权利和义务的知识条件和能力条件。公民品质是指实现公民角色过程中需要的一些价值和态度如理性、宽容、独立、平等、自由、批判等。这就是前述的公众参与的心理条件。而知晓公民的权利和义务，这包括公民的环境权利。与美丽中国建设密切相关的是生态公民、公民环境权、生态责任等内容。有人直接提出，生态公民是美丽中国建设的主体。② 生态公民作为一个新兴的伦理范式，越来越被各种不同的文化传统所包容与理解。伦理视域的生态公民是在更全面的意义上对公民的环境权利与生态义务所作的完整规定，它更强调公民在面对自然时所需承担的道德与责任。公民环境权利又称为"环境的公民权""生态的公民权""可持续的公民权""绿色的公民权"。环境公民权利是一种个人学习更多环境知识和采取负责任的环境行动的承诺。环境公民权利鼓励社区和社会组织对我们作为地球居民所拥有的环境权利和承担的环境义务进行思考。环境教育现在已经成为公民教育的重要内容。

三、美丽中国建设视野下相关教育实践问题

关于美丽中国建设教育途径的现有构想与新增内容仍然与美丽中国建设的目标存在一定差距。美丽中国建设所要求的生态教育、环境教育、美育、公民教育在面临生态文明建设问题时，仍然存在一些缺失。这在当前教育实践中表现得更加明显。

（一）环境教育与生态教育的文化缺失

无论环境教育还是生态教育，现有的思考与实践距离美丽中国建设的教育要求还是有一定差距。

就美丽中国建设而言，环境教育的现有理论和实践存在三个方面的不足：

---

① 丁永祥，李新生. 生态美育[M]. 郑州：河南美术出版社，2004：34.
② 郑利鹏，杜朝举. 美丽中国建设主体——"生态公民"的内涵初解及价值追寻[J]. 贵阳学院学报（社会科学版），2013（5）：39—42.

第一,在教育内容上谈得较多的是生态、环境、卫生方面的科学知识,缺乏美学思考以及对生活的科学维度、道德维度与审美维度的综合思考。第二,缺乏情感与美育方面的思考。城乡建设与环境治理中的环境教育问题缺乏对环境的热爱(即情感体验)以及环境治理与保护的意识、责任和能力方面的教育。第三,过于关注自然生态环境方面的审美思考,而缺乏对日常生活环境、社会环境美化方面的探讨。

对于环境教育的现状,国外一些学者批判环境教育缺乏社会方面的研究,尤其是缺乏对造成环境危机的社会、制度因素的批判分析。环境教育是公民教育的重要组成部分。面对全球环境问题,环境教育的价值毋庸赘言。目前环境教育实践也侧重于科学教育、法律教育,也就是基于自然科学的技术路径和基于社会科学的法律路径。当然,这两者都是非常必要的。但是科技路径的环境教育具有典型的现代性特征,即制造毒药的同时制造解药。而在这一过程中,资本攫取了最大利润。卡恩也揭示了即使是美国,其环境教育也是非常糟糕的。他认为,当前的环境教育常常忽视理论批评与政治分析的严格培训,学员所获得的只是对于自然、野外的一些落后的、简化的、片面的认识。"在这个教育过程中缺少强烈的批判意识和道德思考,而这恰恰是当今逐渐严重的全球生态危机所要求的重要内容。"[1] 作者更加强调当前的生态危机是由跨国企业的全球化进程所引发的,而当前的环境教育领域对此既没有能力提供终极解决方案,也无法提出短期的应急措施。也就是说,生态危机是个政治问题,不是科学所能解决的,而需要用政治的方式来加以改革。这与我国对环境问题的定性是一致的,即环境问题是一个政治问题和社会问题。

生态教育试图通过生态整体主义祛除人类中心主义来平衡人与自然的关系。但是,人的意向性决定了自然生态不可能是外在于人及其文化的。生态危机实际是人的危机。有人认为,不能简单地把生态危机归为文化危机,生态危机实质上是一种人文危机,即科学文化压倒人文文化。[2] 这其实也可以解释为生态危机仍是人的被奴役或被工具化。当然我们不是持文化决定论。自然的力量是无穷的。没有人的干预,自然的确会自动恢复它的"荒野"状态。但是,自然如果不与人产生联系,那是毫无意义的。因此,生态整体主义忽视人的价值,就成为一种生态中心主义,那是上帝的立场。解决生态环境问题,最终是

---

[1] Richard Kahn. 批判教育学、生态扫盲与全球危机:生态教育学运动 [M]. 张亦默,李博,译. 北京:高等教育出版社,2013:6-7.
[2] 胡帆,李金花. 文化:人与自然关系的尺度 [J]. 武汉理工大学学报(社会科学版),2011,24 (3):387-393.

服务于人类的福祉。环境与人的联系注定了自然是文化的自然。这是自然环境的文化属性的表现。无论是人与自然关系的和谐也好，还是人试图征服、控制自然，对于生态危机的叙述都是立足于人的立场，没有认识到生态危机是人性危机。

从美丽中国建设的角度来看，生态教育的文化缺失主要表现在，当前生态教育的生态中心主义立场缺乏地理空间的思考，即对国家界限内的生态环境问题的思考，没有与家园－共同体联系起来思考。这是生态教育的文化缺失。

因此，生态教育与美丽中国建设的要求还是有一定差异。这主要是表现在"国家"这一单位上。美丽中国建设是国家内部的生态文明建设，具有强烈的地方感。为了美丽中国建设的教育也是致力于培养公民的一种国家认同。如果强调培育美丽中国建设主体的精神、文化、自然、生命、情感等诸层面的整合，实际上是致力于一种家园－共同体的形成，而非个体的素养。这一点，万俊人教授说得已非常透彻。他说："'美丽中国'呼唤着我们每一个人以实际行动去爱护我们共同家园，其意义不仅重大，而且深远。'祖国'一直是人类用来表达国家之爱的动人词汇……我们或许可以对'美丽中国'形成一种新的理解：为了美丽的祖国家园，我们的确应当行动起来，做些什么，如同对我们美丽的母亲。"① 这是现有相关研究的不足之处。要改变这一状况，就应该改变传统的环境教育思想，超越功利主义的自然观，把人与自然的物质功利关系提高到生态审美的境界，建立人与自然平等的精神交流关系，或人与自然的审美关系。大力开展生态美育，积极改造传统社会的"经济人"，使其转变为"生态人"，追求"诗意栖居"，建设美丽家园，是当前生态环境教育的主要任务。

（二）学校美育的社会缺失

2013年11月，十八届三中全会通过的《中共中央关于全面深化改革若干重大问题的决定》明确提出："增强学生社会责任感……改进美育教学，提高学生审美和人文素养。"教育部也颁布了《国务院办公厅关于全面加强和改进学校美育工作的意见》，在2015年印发实施。该意见的总体目标指出："2015年起全面加强和改进学校美育工作。到2018年，取得突破性进展，美育资源配置逐步优化，管理机制进一步完善，各级各类学校开齐开足美育课程。到2020年，初步形成大中小幼美育相互衔接、课堂教学和课外活动相互结合、普及教育与专业教育相互促进、学校美育和社会家庭美育相互联系的具有中国

---

① 万俊人. 美丽中国的哲学智慧与行动意义［J］. 中国社会科学，2013（5）：11.

特色的现代化美育体系",并在"构建科学的美育课程体系""大力改进美育教育教学""统筹整合学校与社会美育资源""保障学校美育健康发展"等方面做出了全面的工作部署。[①] 国家越来越重视美育,恰恰从侧面说明了美育的发展还需要继续努力和强化。

据我们在四川的调查,美育仍然是学校教育的薄弱环节。这主要表现在一些地方和部分学校对美育育人功能认识不到位,重应试轻素养、重少数轻全体、重比赛轻普及,应付、挤占、停上美育课的现象仍然存在。有的学校看起来很重视美育,甚至美育做得还比较好,但有时也会有轻视艺术课程的现象。这从教师们的言行中能够感受得到。例如,数学、语文课程耽搁了,教师们会抓紧时间补上,但艺术类课程就不一定会补;同时美育方面的资源配置不达标,师资队伍仍然缺额较大。关于学校美育实施情况的调查结果显示,有约55%的教师回答学校有开展,约18%的教师选择了"未开展",还有约27%的教师根本不清楚自己的学校有没有开展美育活动。对于自己学校是否有专职的美育、艺术教师,调查结果显示有约73%的教师选择"有",但仍然有13%的教师选择了"没有"和"不清楚"。关于学校开展美育的形式,教师们选择最多的选项是"音乐、美术、手工等独立开设的艺术课程",约占总人数的88%;其次是"综合性的(包括自然美、社会美、艺术美)美育课",所占百分比为45%;再次为"课外美育活动如艺术兴趣小组和艺术讲座",占44%;还有32%的教师分别选了"学科教学渗透美育"和"环境美育"。总体来说,一些学校美育课程实施情况并不理想。首先课时太少,一周只有两节课,并且存在课程挪用现象,导致有的年级只有一节课甚至没有。其次是教师的授课方式单一,多为讲解式。学生对课程的评价不高,满意度较低。认为教学死板、内容枯燥的学生居多,说明教师的讲课方式还有待改进,需要多关注学生的实际需求。对于课程形式,约70%的学生认为形式单一、选择太少、难以满足需求。其中89%的教师认为很有必要开发新的美育课程,但是目前学校还没有落实。同时,学生的美育期望和教师的美育水平之间存在较大的差距。

从各地关于学校实施美育的零星报道和我们有限的调查来看,当前学校美育实践的主要问题就是"美育艺术化",即美育实践等于艺术教育,美育就是关于绘画、音乐、舞蹈等艺术技能和技巧的培养。这是中小学美育的普遍认识和做法。我们对四川省的农村、城镇和市区等的7所小学进行的调查表明,中

[①] 国务院办公厅. 关于全面加强和改进学校美育工作的意见 [EB/OL]. (2015—09—28) [2017—09—01]. http://www.gov.cn/zhengce/content/2015—09/28/content_10196.html.

小学大都把美育性质定性为艺术教育或德育（这是大德育观）。但是在对问卷进行完善和补充的访谈过程中，在关于对美育的认识、熟悉程度的回答中，很多教师都会提及音乐、美术的教育，美的事物的欣赏、鉴赏等，较少提及情感、德育，这和问卷反映出来的整体情况有些微差距。在谈到关于科任教师从事美育教学应具备的素质问题时，教师们的回答大致相同，主要为：首先要提升自己的专业素养，并且要站在学生的角度，替学生考虑。如有教师认为："自己要具备美育的相关知识和意识，还要为孩子的成长考虑，有培养孩子感受美、欣赏美的责任心。"还有教师认为："老师不能用传统的方式对学生进行美育，太局限了。"当问及美育与艺术教育之间的关系时，教师们的回答几乎是类似的，都认为艺术教育是美育的一部分，可以作为美育的一种手段。从教师们关于美育实施情况不佳的看法中，也可以看出许多一线教师认为美育就是艺术教育。关于乡镇和农村小学的美育情况，一种回答是，"学校的美育不太好，因为学校的专职美术、音乐老师很少，多数会让业余的老师上，而让专业的音乐美术老师去上语文数学课；比如自己班的美术课自己上，但自己不会画画，就拿来上数学课了"；还有一种回答为，"根本没有舞蹈课，不过可能只是因为这是农村学校，城里的学校应该好些吧，其实学校也是有专业的美术、音乐老师的，不过得看他们自己愿不愿意上，不想上课的时候就让孩子们做自己的事"。由于中小学美育的主要阵地是艺术教育，因此，许多农村中小学难以有效开展美育。

美育艺术化窄化了美育的意义。"美育的目的不是让学生增加一些文学史、艺术史的知识，也不仅仅是培育学生的绘画、音乐、舞蹈、戏剧表演等技能。美育的宗旨应是这样两个目的：一是培养学生成为具有审美能力的审美主体，即马克思所说，要有'审美的眼睛'和'音乐的耳朵'。二是培养学生的人生拥有'审美境界'。"[①] 美育的使命在于培育高尚的情感，美育的本质不是艺术教育，而是情感教育。无疑当前的美育实践与之相去甚远。

而在艺术教育开展较好的发达地区和大城市，美育艺术化的弊端暴露得更加明显。第一，艺术教育造成了文化区隔。当前美育成了提升学生的艺术素养、获得个体休闲技能的一种途径。美育的重点是训练学生的才艺。"多才多艺"成了许多城市学生与农村学生的身份区别符号。城市发达地区许多学生的父母从小就对孩子的琴棋书画投资巨大，而不少农村或不发达地区的孩子却没有这样的条件。即使没有家庭因素，城市里的公共文化场馆，如图书馆、展览

---

① 刘再复，刘剑梅. 教育论语［M］. 福州：福建教育出版社，2012：19-20.

馆、博物馆、艺术中心等，在社会美育的重要设施方面也拉大了城市与农村和其他不发达地区的文化差距。因此，艺术教育的城乡差异成为学生文化分层的重要标志。

第二，艺术教育强化学生的个体化，弱化了学生的公共性和社会性发展。"美育的目的是通过审美体验使人的情感达到感性与理性、个人性与社会性的统一而进入生存的自由境界。"① 席勒从根本上把艺术视为一种"中介"形式，并指望艺术能"为社会带来和谐"，"一切其他的表象形式都会分裂社会，因为它们不是完全和个别成员的私人感受发生关系，就是完全和个别成员的私人本领发生关系，因而也就同人与人之间的差别发生关系，唯独美的中介能够使社会统一起来，因为它同所有成员的共同点发生关系"②。我国早期的美育倡导者如蔡元培、鲁迅等都非常强调美育的社会性，即一种造就新民、唤醒民众的新教育。美是超功利的，但是美育却是功利的。孙世哲认为："启蒙主义者历来注重文艺的社会功利作用，总是把文艺作为宣传启蒙、改革社会的有力工具，从孟德斯鸠、伏尔泰、狄德罗到卢梭，都莫不如此。中国的梁启超倡导小说革命，把小说的社会作用强调到无以复加的地步。鲁迅当时也充分肯定文艺对社会的巨大影响，他认为小说可以'改良思想，补助文明'，并宣称：'导中国人群以进行，必自科学小说始。'"③ 而蔡元培著名的"以美育代宗教"更是道出了美育的社会改造功能。近代中国的这些美育倡导者强调现代美育的社会性都是受到席勒的影响。相比之下，当前学校美育实践的艺术化显然弱化了美育的诸多功能，不再强调美育的社会功能，反而强化了因当前注重个体竞争的学校教育而强调个体化的特性。

总之，当前我国一些学校美育实践的问题除了边缘化的问题之外，便是"美育艺术化"问题。美育艺术化的两个弊端显然不利于美丽中国建设。美丽中国建设需要学校美育改变艺术化、个体化、休闲化的现状，关注美育的社会性。

（三）公民教育的审美缺失

美丽中国建设为学校公民教育提供了实施契机和新的要求。21世纪以来，公民教育成了教育界、学术界和社会关注的一个热点问题，也是中小学德育实

---

① 王元骧. 美育并非只是"美"的教育 [J]. 学术月刊, 2006 (3): 119-125.
② 哈贝马斯. 论席勒的《审美教育书简》[EB/OL]. (2012-01-05) [2016-11-28]. http://wen.org.cn/modules/article/view.article.php/c9/3043.
③ 孙世哲. 蔡元培鲁迅美育思想 [M]. 沈阳: 辽宁教育出版社, 1990: 64.

践的重要内容。

环境教育已经成为当代公民教育的重要组成部分。"现代公民教育内容的重点一般都包括六个维度：身份与认同、人道与人权、德性与责任、民主与法治、和平与理解、环境与生态。"① 第六个维度就属于环境教育的范围。1989年，澳大利亚教育理事会发布的《霍巴特宣言》，将澳大利亚传统的公民课程"社会研究"（Social Study）改名为"社会与环境研究"（Studies of Society and Environment），从学前教育阶段就开设社会与环境教育课程，并将其作为全国中小学中8个关键学习领域之一，后来的"发现民主"计划也不断地充实社会与环境课程的公民教育资料。1994年，澳大利亚教育理事会制定了《澳大利亚中小学社会与环境研究说明》，声明中将社会公正、民主过程和生态可持续性作为三组核心价值观，认为这些是学生成为积极、知情和负责的公民所应具备且至关重要的价值观。在当代澳大利亚，社会与环境研究（SOSE）课程承担着公民教育的任务。② 增加"环境"二字表明环境教育已经成为公民教育的重要内容。在中国，也有研究者开始探讨公民环境教育。崔迎霞的《公民环境教育新论》探讨了环境问题与公民教育的关系。她认为："环境问题的解决除了依靠新的治理措施以外，更根本的是根植于深层的公民环境意识的觉醒。……提高环境意识，其根本出路就是实施和推进环境教育。环境教育是以提升公民的环境意识、促成他们爱护和保护环境的行为为目的的跨学科的教育活动。"③

但是，无论是否聚焦环境教育，当前公民教育的理论与实践都具有理性至上的特点。关于公民教育的目标和内容，大都强调公共理性、学校公共生活、制度层面如选举等相关知识和技能。关于公民教育研究的重点是理性认知和参与行为。如檀传宝围绕现代公民的培养，将公民教育在目标上定位于六个方面：独立人格、民主意识、人道情怀、人权理念、公共理性和公共责任。④ 杨东平认为，目前许多中国人的环境意识尚停留在认知层面，下一个十年，环境教育会从观念转向行为，以帮助公众将接受的环境教育内化为自己认可的价值观。⑤ 1972年的《贝尔格莱德宪章——环境教育的全球框架》提出了一个简

---

① 檀传宝. 公民教育引论：国际经验、历史变迁与中国公民教育的选择 [M]. 北京：人民出版社，2011：227-279.
② Australian Education Council. Studies of Society and Environment—A Curriculum Profile for Australia Schools [Z]. Canberra：Curriculum Corporation，1994：3-7.
③ 崔建霞. 公民环境教育新论 [M]. 济南：山东大学出版社，2009：1.
④ 檀传宝. 公民教育引论：国际经验、历史变迁与中国公民教育的选择 [M]. 北京：人民出版社，2011：212-219.
⑤ 杨咏梅. 我们的环境教育教了什么？漏了什么？[N]. 中国教育报，2004-12-22（T00）.

第一章 公民美育：美丽中国建设的教育途径

短但全面的环境教育目标："进一步认识到并关注城乡地区在经济、社会、政治、生态方面存在的相互依赖的关系；为每一个人提供机会以获取保护和改善环境的知识、价值观、态度、责任感和技能；创造个人、群体和整个社会环境行为的新模式。"① 如果用新课程改革的"三位一体"目标框架分析，当前我国这些对公民教育和环境教育的研究都强调了知识、技能、方法、价值观方面的目标和内容，而情感和态度方面的目标和内容比较缺乏。

关于公民教育的情感维度，人们谈得较多的是责任感。这是一种主观责任，即主体对自己在某一社会机构中的角色。但是，当前许多公民教育话语里的"责任"大都是道德意义上的理解和认识，如韦伯的责任伦理论、义务论的"责任伦理"观、约纳斯等人的责任伦理学，仍具有较强的理性色彩。这些关于责任的论述，其新意在于拓展了责任的对象范围，如从人类社会扩展到自然环境，"善待自然、保护环境"成了公民的重要责任，但是在责任的性质上并未有多大的改变。

就环境保护而言，公民参与仅仅基于一种责任感还是不够的。责任感既可以基于一种道义感，也可以基于一种爱的情感。基于爱的情感来理解责任感会深化我们对美丽中国建设的情感问题认识。有研究者梳理了亚里士多德和康德对于爱的分类。亚里士多德"区分了作为德性的爱即友善，与作为情感的爱即友爱；而这种区别就在于前者是普遍主义的，是对一切人都同等看待的，它是一种德性而不是情感，而后者却是特殊主义的，是一种情感，是出于爱或恨的情感，这种爱有亲疏之分"②。这种说法很类似于康德对爱作出的区分。康德把爱区分为作为情感的爱与作为义务或责任的爱。前者和爱好、欲望、兴趣等同属一类，后者是和人类意志和理性相关的爱。③ 按照这一分法，许多公民教育论者所说的责任感则是一种作为义务的爱，但是对于感性的爱，讨论不多。也许他们如同康德的态度一样，认为这种情感的爱是一种"病理学的爱"，或者说这与公民教育无关。但是，对作为情感的爱的强调，正是女性主义、后现代主义的公民观和公民教育论述的重要特征。一般在谈公民与情感的关系时，都会提及爱国情感。"公民权利维系这爱国情感。"④ 也许基于情感的爱对于公

---

① 帕尔默. 21世纪的环境教育——理论、实践、进展与前景 [M]. 田青，刘丰，译. 北京：中国轻工业出版社，2002：7.
② 张传有. 作为情感的爱与作为义务的爱 [J]. 哲学研究，2012 (5)：106-112.
③ 张传有. 作为情感的爱与作为义务的爱 [J]. 哲学研究，2012 (5)：106-112.
④ 马荣春. 爱国情感视野下公民基本权利探析 [J]. 湖南警察学院学报，2014，26 (2)：36-41.

民话语不重要，但是对于公民教育却是非常重要的。因为基于情感的爱是一种现实，是公民教育的基础，而作为义务的爱是一种应当，往往是公民教育的理想。这种基于情感的爱与责任要求公民教育是一种情感教育。

当前公民教育的理论与实践对公民教育的情感维度关注较少。其实，卢梭很早就对公民道德情感起源做出了论述。他认为，人类道德源于公民情感，即自爱、同情、怜悯。而公民情感研究在近年也逐渐受到重视，特别是跨地域、跨文化的公民性研究愈加注重"扎根情感"的探讨。譬如，达娜·卡巴特－法尔、莉莉亚·M. 科尔蒂娜、丽萨·A. 马尔基翁多（Dana Kabat-Farr & Lilia M. Cortina & Lisa A. Marchiondo）等学者的实证研究证明：情感与人际公民行为以及公民性之间关系紧密。[①] 有人将当代中国公民性大致可归纳为三个维度：基本权责、区群认知与共同情感。所谓共同情感指的是在同一政治共同体或亚文化群体之中形成的集体情感，需要特别指出的是它与熟人社会中的"私情"有本质区别，具体可分为共同归属感、集体满意度、共同情感期待三部分。归属感主要是指个体成员对于所处社会的投入感、依恋感、喜爱感、熟悉感、安全感、献身感等现代人陷入"选择过多、无从取舍"的矛盾无奈感以及"迅疾变迁、快速更新"的社会生活节奏所带来的焦虑紧张感。因此，焦虑、无奈、矛盾等消极情感无一不在消解着原本就羸弱的共同情感，也催生了工业社会的"情感危机"[②]。情感缺失既是当代公民的性格缺陷，也是公民教育的内容缺失。

公民教育中的爱与情感的缺失也是一种审美缺失。英国曼彻斯特大学城市大学教育学院儿童、青年与教育研究系的简·麦克唐奈（Jane McDonnell）博士研究了英国 2006—2007 年的美术馆教育里的民主学习潜力，以及今日欧洲政治危机时代年轻人的民主教育问题。他批评民主教育中的理性思想、认知技巧与口头讨论有害于社会。他认为，艺术和艺术教育具有挑战理性至上的潜在价值。[③] 他指出，当前民主教育存在着"审美缺失"（aesthetic deficit）。因为"至少在英国，民主教育曾集中于为年轻人提供认知技巧，以及知识和理

---

① Kabat-Farr D, Cortina L M, Marchiondo L A. The Emotional Aftermath of Incivility: Anger, Guilt, and the Role of Organizational Commitment [J]. International Journal of Stress Management, November, 2016.

② 杜沙沙，文婷，李静. 公民性之重构：城市化进程中的权益与情感——读施芸卿《再造城民》一书 [J]. 宜宾学院学报，2017, 17 (4): 19-26.

③ Jane McDonnell. Is it 'all about having an opinion'? Challenging the Dominance of Rationality and Cognition in Democratic Education via Research in a Gallery Setting [J]. International Journal of Art & Design Education, 2016. 9: 1-14.

解。……政治教育、民主学校教育及其与学生之声运动等主流教育的结合，这些民主教育形式都强调理性讨论和争论"①。这些理性的学习对学生参与主流政治和民主过程是必要的，它帮助学生成为积极的、有所贡献的公民。但是，关于民主的行动、实践和主体性的审美维度以及艺术在其中的作用，却很少被考虑。这也是我国当前公民教育比较缺乏的内容。

总之，公民美育的审美缺失表现在两个方面：一是缺乏情感维度的公民教育，二是缺乏艺术教育与公民教育的整合方面的思考与实践。这两方面都是美丽中国建设所需要的。因此，致力于培养美丽中国建设主体的公民教育需要一种审美观照。

四、公民美育：美丽中国建设的整合教育途径

美丽中国建设的主体问题对教育提出了较高的要求。美丽中国建设所要求的环境教育、公民教育、美育等教育形式，不仅自身存在诸多缺失，而且在当前一些学校的实践中分散割裂、各自为政，无法胜任按照这一要求所做的工作。环境教育或生态教育作为一种跨学科的教育形式，要综合考虑感性、理性等诸多矛盾的、庞杂的教育属性。美丽中国建设涉及知识、技能、审美、参与、责任、情感等诸多要素，单靠某一种教育形式是决不能奏效的。因此，一种整合的教育途径成了美丽中国建设的教育新要求。

本书提出"公民美育"作为一种新路径的尝试，整合了美丽中国建设所要求的上述教育内容，成了培养美丽中国建设者的一种教育途径。公民美育致力于培养美丽中国的建设主体，是美丽中国建设语境下公民教育的新理念。当然，这也是环境教育、公民教育和美育的新理念。在当前中国环境还存在一些问题的情况下，公民美育通过环境保护中的审美、护美、造美实践培养公民品质，是美丽中国建设的自下而上的途径。公民美育如何整合生态教育、环境教育、美育与公民教育，有何特性，如何实施，从而达到培养美丽中国建设主体这一目的，这正是本书所要探讨的问题。

---

① Jane McDonnell. Political and Aesthetic Equality in the Work of Jacques Rancière: Applying his Writing to Debates in Education and the Arts [J]. Journal of Philosophy of Education, 2017, 51 (2).

第二章 公民美育的理论基础

公民美育的理论基础主要讨论公民教育与美育如何对接或整合，在生态环境教育这一领域两者整合的必然性、必要性和可能性是什么。美育与公民教育的整合有着深厚的历史渊源，美育产生之初就具有培养新公民的历史使命。而在近代中国，美育更是担负着培养新人的时代使命。生态环境保护问题为曾遭质疑的公民与审美的整合关系提供了新的契机和可能。公民美育有两大理论支柱：一是参与美学，这是美丽中国建设中公民参与的审美维度；二是人与环境的审美关系，这是公民美育的理论预设，也是整合美丽中国建设所需诸多教育内容的理论基础。

第一节 美育与公民教育的内在渊源

今日美育实践中的"艺术化"现象说明教育者仍持一种传统的美育观，即强调人格养成、情感陶冶的教化意义，与现代美育的目的和设想有着很大的差异。德国近代的诗人、剧作家和美学家席勒在《审美教育书简》中第一次提出了"美育"这一概念，将其界定为人的自由解放与发展，希望以此解决资本主义制度下人性分裂（即感性与理性的割裂）的弊端。近代中国美育的倡导者王国维、蔡元培、鲁迅等积极支持和发展美育，目的是培养新人。当然，他们之间有些微差异：有的将美育视为政治革命或道德教化的工具，有的将美育视为提升人生境界的工具。无论怎样，近代美育倡导者的初衷与今日学校美育实践的目的和价值取向有着天壤之别。

一、现代美育的起源：现代性批判

现代美育产生的标志是席勒的《审美教育书简》。虽然人类社会里美育思想及其实践活动古已有之，但是作为一种与德育、智育、体育并重的教育形式，美育概念及其现代理念，却是由德国近代的诗人、剧作家和美学家席勒提出来的。西方现代美育被赋予了现代性批判的新意义。

第二章 公民美育的理论基础

现代性的重要问题就是个人与群体的分离。个体化、陌生人社会是现代社会的重要特性。人与社会的关系从传统社会的"嵌入性"关系转向现代社会的"脱域性"关系。英国社会学家安东尼·吉登斯（Anthony Giddens）把社会关系的"脱域机制"（disembedding mechanism）作为现代性的动力之一。① "脱域"使个人从传统社会的血缘关系、地缘关系、人身依附中逐步独立出来，人与人的关系纽带从地缘、血缘、共同文化和信仰、道德规范等转变为抽象中立的交流媒介——货币系统和专家系统。"嵌入"（embededding）是相对于"脱域"而言的，强调社会关系网络的约束，强调个人的社会角色和相应的责任。传统社会里的存在方式如家族、村落、教会等被瓦解或削弱，个人成为独立于这些传统存在方式的"原子性"存在。人与人之间的关系是一种陌生人的关系，也是一种操纵与被操纵的关系。传统社会日常生活中的亲密关系转变为现代社会里的陌生人关系。"脱域"给个体带来了自由、独立和解放的感觉，但是也让个体失去了与社会的关联，丧失了意义感和存在感，使自我处于一种无根漂泊的状态。②

个人如何重新形成与社会的和谐关系，成为现代公民教育的重要内容。与传统社会里靠个人的出身界定相比，作为公民的现代个人，具有平等的公民权利与义务，他与现代国家的关系靠法律来重新加以确定。如弗里德里希·席勒（Friedrich Schiller）所说，国家机器的机械性与传统社会的有机性是古代与现代的重要特征。③ 个人与国家的联系的典型体现即是爱国主义。爱国主义体现为一种忠诚。爱国主义是"个人对国家的热爱，它是由于那是其祖国及其所代表的价值观念所激发的，并以对其国家与同胞的福祉的特殊关切的形式表现出来"④。这一认识不仅指明了爱的对象是祖国的土地、文化与同胞，更指出爱国主义是一种个人之爱。因此爱国主义是一种个人情感。忠诚是好公民的重要品质。

但是在社会里，如何形成个人与社会的联结呢？这就引出现代性晚期的重要问题即人的异化问题。席勒是如何论述人的异化呢？席勒用富于激情的语言描述了他那个时代的社会弊病：懒散与粗野——人类的两个极端都汇集到同一

---

① 安东尼·吉登斯. 现代性的后果 [M]. 田禾, 译. 南京：译林出版社, 2000：18.

② Ruth Jonathan. Education and Moral Development: the Role of Reason and Circumstance [J]. The Journal of Educational Philosophy, 1995, 29 (3): 134.

③ 弗里德里希·席勒. 审美教育书简 [M]. 冯至, 范大灿, 译. 北京：北京大学出版社, 1985：31.

④ 潘亚玲. 爱国主义证义 [J/OL]. 《二十一世纪》网络版, 2006 (51). (2006-06-30) [2018-07-18]. http://www.cuhk.edu.hk/ics/21c/media/online/0602029.pdf.

个时代里。下层阶级的粗野形象是这样的:"在为数众多的下层阶级,我们看到的是粗野的,无法无天的冲动,在市民秩序的约束解除之后这些冲动摆脱了羁绊,以无法控制的狂暴急于得到兽性的满足。"① 文明阶级的懒散形象是这样的:"文明阶级显出一幅懒散和性格败坏的令人作呕的景象,这些毛病出于文明本身,这就更加令人厌恨。我记不清了,不知是古代的还是近代的一位哲学家说过这样的话,高贵的事物一旦败坏就更为可恶。"② 席勒指出,这两种丑陋嘴脸交替污染了当时的社会环境,结果使得时代的图像变成了一个杂乱而丑陋的万花筒,充满了盲目和冲突的乱象。席勒这样总结他那个时代的精神:"时代的精神就是徘徊于乖戾与粗野,不自然与纯自然,迷信与道德的无信仰之间,暂时还能抑制这种精神的,仅仅是坏事之间的平衡。"③ 现代社会里,科学发展更加精确细化,社会分工更加专业严格。这样,人的天性的内在联系被撕裂开来。席勒说:"人永远被束缚在整体的一个孤零零的小碎片上,人自己也只好把自己造就成一个碎片。"④ 这个碎片的一种表现形式就是职业。"倘若公共社会把职业当作衡量人的标准……精力饱满的天才并不把他职业的界限当作他事业的界限;但是,具有中等才力的人,只完成他分内的事就已经耗尽了他那贫乏的全部精力。"⑤ 还有一种表现就是"公民"。席勒说:对公民来说,国家永远是异己的,因为他在任何地方都感觉不到它。治人者通过划分等级简化他的公民们的多样性,通过代理人(间接民主)同人打交道,把人等同于知性分解后的一个个碎片,最后人在他眼中完全消失了,而治于人者则是一种政治冷漠,那些法则与他们没有关系;积极的社会交往也裂解为一种道德的自然状态——或者说一种失范状态。⑥ 现代学校制度本身是肢解人的现代社会工程的一部分。这种分裂的后果就是:"抽象的思想家常常有一颗冷漠的心,因为他们的任务是分析印象,而印象只有作为一个整体时才会触动灵魂;务实

---

① 弗里德里希·席勒. 审美教育书简 [M]. 冯至,范大灿,译. 北京:北京大学出版社,1985:25.
② 弗里德里希·席勒. 审美教育书简 [M]. 冯至,范大灿,译. 北京:北京大学出版社,1985:25.
③ 弗里德里希·席勒. 审美教育书简 [M]. 冯至,范大灿,译. 北京:北京大学出版社,1985:26.
④ 弗里德里希·席勒. 审美教育书简 [M]. 冯至,范大灿,译. 北京:北京大学出版社,1985:30.
⑤ 弗里德里希·席勒. 审美教育书简 [M]. 冯至,范大灿,译. 北京:北京大学出版社,1985:30.
⑥ 弗里德里希·席勒. 审美教育书简 [M]. 冯至,范大灿,译. 北京:北京大学出版社,1985:31.

的人常常有一颗狭隘的心，因为他们的想象力被关闭在他职业的单调的圈子里因而不可能扩展到别人的意象方式之中。"①

那么如何恢复人的天性的完整性呢？涂尔干（Durkheim）以公民来整合社会分工带来的人的内在分裂与外部疏离。这实际上是现代公民共同面临的问题，即人的异化、公民的异化。席勒认为，国家不可能解决这一问题，因为它本身就是肇事者。于是他提出通过教育培养人的感觉功能来改变时代的性格，这就是美育。美育无疑是被席勒视为解决人的异化问题的重要途径。在美育者眼里，人的异化是指人内在的完整性被外在的社会制度分割与肢解，如感性与理性的分离、想象力和抽象能力分离，并且相互敌对。因此，席勒致力于用审美教育祛除现代社会里人的异化。众所周知，席勒的美育思想基本框架来自康德。康德为席勒美育思想的建立提供了基本原则。这主要是指康德将美划入情感领域。在人的心理结构里，知与意是两个相互隔绝的领域，而沟通这两个领域只能借助"情感"，这样，"情"成了知与意之间的中介与桥梁，同时，康德还认为，美是自由的游戏。② 席勒基本上演绎了康德的上述美学思想而形成了自己关于美育的系列论述。席勒认为，美育就是情感教育，让人从一个自然人变为一个理性的人。审美教育的现实价值就是克服当前社会的腐朽与粗野，以及现代人的分裂现象，培养人的美的心灵和健全的人性。那么美育为什么能够实现这种价值呢？或者为什么具有这种功能呢？这就是《审美教育书简》所要探讨的问题。席勒的答案是：审美教育是艺术教育，艺术源于人的游戏冲动，游戏是自由的同义词，所以人只有通过美才能走向自由。审美教育被赋予培养完全人格的价值而被认为具有祛除现代社会里人的异化的功能，这是当前一种普遍的看法。

席勒对他所在时代的人性的批判是一种现代性的批判，即认为现代文化（即现代科学技术和知性启蒙）最大的弊病是抑制人性，导致人碎片化了，而美育是培养道德和理性的途径。这种现代性批判无疑成了当代公民教育的重要任务。这也成了公民美育的重要理论源泉。

席勒针对人的异化理论提出的现代美育理论已经涉及公民问题。在他那里，美育问题首先是一个政治问题。这封信谈政治时，反复提到了"公民""世界公民"。在他眼里，理想公民即人格完整的人。③ 但更重要的是，美育促

---

① 弗里德里希·席勒. 审美教育书简 [M]. 冯至, 范大灿, 译. 北京：北京大学出版社，1985：32.
② 岳友熙. 追寻诗意的栖居——现代性与审美教育 [M]. 北京：人民出版社，2009：134.
③ 弗里德里希·席勒. 审美教育书简 [M]. 冯至, 范大灿, 译. 北京：北京大学出版社，1985：22—23.

进了个人与群体的联结。他认为，美育的作用是解决现代社会里人与群体的割裂。作为近代政府观念核心的体系性的工具理性主义和官僚主义的增长，已经造成了公民的孤立状态。国家对它的公民来说永远是异己的，它从未在任何一点上触及他们的感受；反过来，作为回应，个体公民加强他们个体的福利而从不顾及一般社团和社会的更广大福利。①审美经验主要是为了人类社会恢复和谐感，是在为人类欲望恢复高贵的意义上被理解的。"他指望审美教育提供人的感受方式的整体革命，以期导向政治系统的复兴以及政府的重新组合，远离强硬的经济考虑，而转向对社会群体的道德健康的更加完整的关注。"②也就是说，美育试图弥合个人与家庭、个人与国家、个人与他人的分离，因而具有了公民教育的效用。

二、近代中国美育的政治性：由启蒙到救亡

我国传统美育是一种陶冶教化。近现代引进西方美育概念和理论之后，针对"救亡图存"的时代使命，美育被赋予了启蒙与革命的意义。王国维、蔡元培和鲁迅是近代美育倡导者的代表，但是三人却有着差异明显的观点。王国维对康德、席勒、叔本华、尼采、卢梭等人的美学和美育思想都有介绍和研究，而蔡元培则深受康德美学思想的影响。

王国维的美育观无疑是精英主义的立场，特别强调文学、艺术方面的文化修养。王国维在中国首次明确提出"四育说"。他把教育分为心育和体育，其中心育包括德、智、美三育。他认为，美育的作用在于培养人的能够忘却一己之利害而进入高尚纯洁之域的能力。具体而言，其一方面让人感情发达，以达完美之域；另一方面是德育和智育的手段。③ 王国维的美学立场是叔本华的"审美无关利害"的理论命题。不过，如果不拘泥于文本，把王国维的无关利害的审美立场放在中国传统文化的继承与发展背景来审视，可以发现，这种"无关利害"实际是一种隔离，是对中国传统文化的一种批判的审视，更重要的是对中国国民精神的改造。他在《去毒篇》中指出："美术者，上流社会之教也。"④ 当时，部分中国人被鸦片侵蚀了精神，一些国人没有精神和慰藉，因而染上了吸鸦片这一"亡国的疾病"。因此，以美育提升国民精神是王国维

---

① 舍勒肯斯. 美学与道德[M]. 王柯平, 高艳萍, 魏怡, 译. 成都：四川人民出版社, 2010：97.
② 舍勒肯斯. 美学与道德[M]. 王柯平, 高艳萍, 魏怡, 译. 成都：四川人民出版社, 2010：98.
③ 王国维. 论教育之宗旨[M]//俞玉姿, 张援. 中国近现代美育论文选（1840—1948）. 上海：上海教育出版社, 2011：10.
④ 岳友熙. 追寻诗意的栖居——现代性与审美教育[M]. 北京：人民出版社, 2009：144.

第二章　公民美育的理论基础

提倡美育的重要目的。这与蔡元培"以美育代宗教"的初衷是一致的。这种培养新人的美育不是无关利害的；更准确地说，美是无关利害的，而美育则是有所企图的。不过，这仍是传统教化的美育思维。

与王国维不同，蔡元培有着明显的启蒙立场，一种民主主义者平等博爱的立场。[①] 蔡元培的美育思想非常重视社会美育和自然美育。1930年12月，在《现代学生》第一卷第三期的《以美育代宗教》一文中，他开篇即言："我向来主张以美育代宗教，而引者或改美育为美术，误也。我所以不用美术而用美育者：一因范围不同，欧洲人所设之美术学校，往往只有建筑、雕刻、图画等科，并音乐、文学，亦未列入。而所谓美育，则自有上列五种外，美术馆的设置，剧场与影戏院的管理，园林的点缀，公墓的经营，市乡的布置，个人的谈话与容止，社会的组织与演进，凡有美化的程度，均在所包，而自然之美，尤供利用，都不是美术二字所能包举的。二因作用不同，凡年龄的长幼，习惯的差别，受教育程度的深浅，都令人审美观念互不相同。"[②] 这一席话完整地表达了蔡元培所指的美育范围，不仅包括了王国维所说的文化艺术美育，更有社会、生活、自然方面的美育，其中基于生活环境、自然环境的美育对今日我国环境治理与保护仍有价值。更值得一提的是蔡元培还提到了公共空间与公共艺术中的社会美育。这是公民美育的重要内容。这一范围的规定表明了蔡元培的美育是一种民主主义的立场。

蔡元培提出的很多美育举措都是一种公民教育实践。因为"国民"成为他们所指美育的重要对象。关于美育设备的社会教育层面，他非常重视"美化市乡"，认为这是美育的最重要工作，如果市乡不能全部美化，则美育受环境之恶影响，终为阻力。[③] 他对美化市乡的内容构想非常细致，从给排水系统、街道布置、交通管理等基础设施，到设立习艺所、公墓、公园、植物园、美术院、历史博物院、美术展览会、音乐院、出版检查所、公立剧院及影戏院，以及节庆节日等，都一一提出了美化建议。比如，广场中设置花坞，随时移置时花；街道两旁的建筑，"私人有力自营者，必送其图于行政处，审为无碍于观瞻而后认可之"；"对于商店之陈列货物，悬挂招牌，张贴告白，皆有限制，不

---

① 岳友熙. 追寻诗意的栖居——现代性与审美教育 [M]. 北京：人民出版社，2009：145.
② 俞玉姿，张援. 中国近现代美育论文选（1840—1948）[M]. 上海：上海教育出版社，2011：203.
③ 俞玉姿，张援. 中国近现代美育论文选（1840—1948）[M]. 上海：上海教育出版社，2011：202.

使破坏大体之美观，或引起恶劣之心境"①。这些内容已经是今日城市市容市貌管理的常识。而市乡建筑，"三间东倒西歪屋，固然起脆薄、贫乏的感想；三四层匣子重叠式的洋房，也可起板滞、粗俗的感想。若把这两者并合在一处，真异常难受了"②。他以欧美为榜样，批评了当时中国一些日常建筑的毫无美感。可惜这一现象在今日中国一些城市建筑中仍然存在。过去中国一些城市卫生之脏乱差是非常普遍的现象，尤其是一些县镇。而"美化市乡"无疑是"美丽中国建设"的近代版。只不过，蔡元培所说的"美化市乡"是基于生活环境，因为当时的工业生产还缺乏破坏自然的自我修复能力，而今日的"美丽中国建设"重点是自然生态环境。"美化市乡"是一种公民美育，这远不是弱化为艺术教育的美育所能涵盖的。

相比王国维、蔡元培，鲁迅的美育主张则是一种文艺革命了。鲁迅重视文艺的美育功能深受梁启超的影响。梁启超主张通过小说革命来"新一国之民"③。"启蒙主义者历来注重文艺的社会功利作用，总是把文艺作为宣传启蒙、改革社会的有力工具。"④ 在《拟播美术意见书》中，蔡元培认为，美育具有保存文化、辅翼道德、救援经济等功用，并提出文艺教育的若干建议。从建议来看，他所说的美术包括了文学、绘画、音乐、雕塑、建筑等。⑤ 由此可见，鲁迅并不是很肯定"超功利"的美学理论。他认真学习了普列汉诺夫（Plekhanov）的美学思想，强调艺术的实用目的、实用价值，主张小说应当成为"改革社会的器械"⑥。具体而言，美育旨在改造国民精神。这实际上与王国维、梁启超、蔡元培的主张是一致的。这是那一时代知识分子的普遍认识。他对梁实秋的批评也反映了他的美学观和教育观。"承认不承认文学的阶级性，文学应不应该与人民大众的斗争相联系，这是二十年代末三十年代初以鲁迅为首的左翼文艺运动与以梁实秋为首的新月派斗争的焦点"⑦，而鲁迅则对超阶级的共同人性说、民族主义文艺运动、自由人、第三种人进行了批判，认为美

---

① 俞玉姿，张援. 中国近现代美育论文选（1840—1948）[M]. 上海：上海教育出版社，2011：200.

② 俞玉姿，张援. 中国近现代美育论文选（1840—1948）[M]. 上海：上海教育出版社，2011：112.

③ 孙世哲. 蔡元培鲁迅美育思想 [M]. 沈阳：辽宁教育出版社，1990：9.

④ 孙世哲. 蔡元培鲁迅美育思想 [M]. 沈阳：辽宁教育出版社，1990：64.

⑤ 俞玉姿，张援. 中国近现代美育论文选（1840—1948）[M]. 上海：上海教育出版社，2011：30—31.

⑥ 孙世哲. 蔡元培鲁迅美育思想 [M]. 沈阳：辽宁教育出版社，1990：77.

⑦ 孙世哲. 蔡元培鲁迅美育思想 [M]. 沈阳：辽宁教育出版社，1990：13.

不是超阶级超政治的。

启蒙与救亡是近代中国的重要任务。置身其中的知识分子自然不能无视这一历史使命。超功利的西方美学思想在中国也就转变为启蒙与救亡的工具。刘悦笛认为,蔡元培所说的"美育代宗教"的"代",体现了他把美育视为一种救亡图存的社会理想、思想启蒙和社会进步的现实工具。① 杜卫认为,中国现代美学的两大传统:一是政治功利主义或道德功利主义,一是审美功利主义。② 不过,这些说法都混淆了美育与美学的逻辑关系。作为美育基础和内容的美学、文艺等是可以无关功利的,而作为美学、文艺的运用方式的教育则是有其社会目的的,因而是有关功利的。无论是出于启蒙民众,还是基于救亡图存,美育都被近代知识分子视为塑造新人的重要工具,而这些"新人"代表了中国新的希望和美好未来。中国近代美育的强目的性决定了它的功利性。

三、环境问题中公民教育与美育的合流

公民教育与美育的结合被认为具有强烈的功利主义色彩,尤其是政治功利主义。无论是席勒用美育指称一种现代美育,还是我国近代引入美育,都有着强烈的功利性,这是与审美的超功利或无关功利相矛盾的。杜卫指出,中国现代美育理论的特点是审美功利主义,与审美无利害性的传统认识不同。其中梁启超的《新民说》提出的公民美德,政治功利主义使得他的美育思想是以民族主义思想为核心。"真正构成中国现代美学两大传统是政治、道德功利主义和审美功利主义:前者主张以审美和艺术作为政治斗争或道德说教的工具,要求审美和艺术直接'服务'政治或道德目的;后者主张为人生的美学,或者是人生论美学,反对审美和艺术直接充当政治或道德的工具,而是要求审美和艺术内在地作用于人生境界的提升。"③ 卢梭,包括近代中国美育倡导者所说的美育针对的是艺术。艺术的超功利性让美育的政治化成了被批判的对象。

公民教育与美育能否结合不仅在于政治与艺术的性质悖谬,更在于好人与好公民的教育两难。卢梭对教育设定了双重理想,即培养人与培养公民,这也是两种审美类型的差异。但是,他把审美教育置于培养好人的价值设定上,即"审美教育正是在确保人的单纯与本真问题上,发挥了关键性的作用"④。范昀

---

① 刘悦笛. 生活美学与艺术经验 [M]. 南京: 南京出版社, 2010: 56.
② 杜卫. 审美功利主义——中国现代美育理论 [M]. 北京: 人民出版社, 2004: 199-201.
③ 杜卫. 审美功利主义——中国现代美育理论 [M]. 北京: 人民出版社, 2004: 199-201.
④ 范昀. 审美实践与公民教育——论美育在卢梭思想中的地位 [J]. 美育学刊, 2011, 2 (4): 41.

认为:"在看待卢梭美育思想的时候,我们也有必要采取类似的态度。""审美教育并不一定能让个体成长为'公民',但它却能以一种批判或净化的方式,使人免于社会的腐化,明白自由的真谛。在成为一个公民之前,首先学会成为一个人。"① 好人与好公民处于一种统一的两难状态。美育获得支持,自然少不了国家的力量。也就是说,美育不一定让人真正成为好公民,但至少能够成为一个好人。

今日环境治理与保护为公民教育与美育的充分整合提供了新的平台。美丽整洁的环境是现代生活的重要追求与特征。一提到环境美,我们都知道"要搞好个人、家庭和工作场地、公共场所的卫生,做到'卫生、整洁、绿化',不随地吐痰,不乱扔果皮、纸屑,不破坏树木、花草"②。但是,为什么要这么做呢?这里会有多种理由,如为了大家共同居住环境的整洁,个人要有公德。保持公共环境的整洁美丽,是出于公共性的考虑。这里的公共性是指对他人的尊重、对共同利益的维护。这就是公民的社会意义。从蔡元培到当前对于环境美的论述,其实都已经呈现出公民教育与美育的结合情况。中国台湾地区的"公民美学运动"是从整齐清洁运动开始的,旨在通过营造和保持整齐与清洁的生活环境培养公民的责任,而整齐清洁的实践则需要有文化的公民发挥其公民责任。③ 这样,营造美丽整洁的环境就是美育与公民教育的整合。

当代环境教育是公民教育的重要组成部分。环境既指自然环境,如大气、土壤、水体、植被等地球自然物,也包括人类的生活环境。本书的环境包括自然环境、生活环境和文化环境,因此环境教育不仅有通常所说的关于自然环境的教育,更有生活环境的教育。当前公民教育与美育的结合面临的是新的环境问题,即生态自然环境保护。环境是典型的公共物品。环境的公共性体现在共有性、不可分割性、普惠性和无排他性。④ 正是由于环境资源的公共属性,"公地的悲剧"在环境保护上表现得最为突出。对环境的治理与保护是典型的公共行为。对环境美的欣赏既是环境治理与保护的动力,也是环境治理与保护的目标。因此,在环境的治理与保护中,公民教育与美育自然合流。解决环境问题既是解决公民环境意识和责任心匮乏、参与不足问题,也是解决公民缺乏

---

① 范昀. 审美实践与公民教育——论美育在卢梭思想中的地位[J]. 美育学刊,2011,2(4):36-42.
② 史今. 和教师们谈美学和美育[M]. 成都:四川教育出版社,1985:109.
③ 黄明月,廖翊恬. 整齐清洁——生活美学的核心,社会教育的实践[M]//台湾师范大学社会教育学系,台湾社区教育学会. 百年来社会教育的回顾与展望. 台北:师大书苑,2011:63.
④ 刘三木. 从环境的公共性看环境法的属性[J]. 法学评论,2010,28(6):77-81.

对人与自然和环境的和谐关系的认识的问题。

环境问题的公共性也说明了当前环境教育不可回避人与社会的关系。近现代美育理论成为今日美育思考的重要精神源泉。西方美育的社会批判性、中国美育的社会功用性,都致力于修复人与社会的关系。当前环境问题,虽然表现为人与自然关系的失衡,但归根结底在于人与社会、人与自我的关系出了问题。从现代性角度来看,人与社会之间的相互操纵与割裂的状态也是人与人的对立状态。而环境作为人生存的物质基础,成了对立的人相互争夺的资源和空间。从个体、家庭、村落、邻里、市镇到国家、全球,都是人与人、群体与群体争夺的空间与资源。而环境问题就是这种争夺的结果之一。

因此,当代生态自然环境问题为美育与公民教育的整合提供了绝佳的平台。当前美丽中国建设,生态环境保护问题既需要公民具有一定的生态环境保护的知识与技能,也需要一种关于人与环境之间关系的正确的情感、态度和价值观。所以更准确地说,公民教育与美育的合流是当代生态文明建设的必然要求。

第二节 公民教育的审美之维

当前我国公民教育研究大致是在哲学、政治学、法学、伦理学、心理学、社会学、全球化等视野下进行的,缺乏美学与美育维度的思考,相应地公民教育的实践也是如此,难以触及公民情感态度层面。美丽中国建设为学校公民教育提供了实施契机和新的要求。公民美育致力于培养美丽中国的建设主体。通过公民美育培养民众的审美素养、公民意识与公共参与能力是建设美丽中国的重要基础。公民美育研究既为建设美丽中国所需的公民形象奠定了理论基础,也为形成中国特色的公民教育模式做了尝试。

一、公民教育的艺术途径

艺术是公民教育的重要内容和方式,这在古希腊时期就已被运用。艺术与公民教育曾经是一种天敌,从柏拉图对诗人的放逐,到卢梭对艺术的批评,这是一种源远流长的思想传统。戏剧演出活动是雅典公民教化的重要媒介。雅典城邦通过戏剧表演活动向公民灌输主流的政治倾向和价值观念。剧场里的戏剧表演活动更真切地展示了一些城邦民主政治的原则。一项关于雅典戏剧的公民教化的研究揭示了艺术的公民教育价值:"通过观看戏剧,雅典公民大众接受了文化启蒙,提高了文化素养,陶冶了情操,知晓了明辨善恶的伦理道德尺度。此外，更为重要的是，城邦当局是不会放弃剧场这样一个公民教育平台的，雅典城邦通过对戏剧表演活动的利用和干预而对公民施加直接的舆论影响，使他们了解城邦政治形势，增强爱国主义意识，恪尽公民之责，以服从于城邦政治统治。"① 另外，文学艺术也很早就承担了公民教育的责任。例如，古希腊游吟诗人在城邦节日期间向公民吟诵诗歌，除了纪念英雄之外，在很大程度上，是为了对城邦公民进行信仰教育、勇敢教育与英雄精神教育。② 吴宓曾对此进行了系统的探讨。在《公民教育与文学：文学之功用》中，吴宓指出，文学有助于公民"涵养心性""培植道德""通晓人情""谙悉世事""表现国民性""增长爱国心""确定政策""转移风俗""造成大同世界"和"促进真正文明"。③

在当代社会，仍有一些人在研究公民美育与美育的关系。如英国埃克塞特大学的简·麦克唐纳（Jane McDonnell）和斯特林大学的格特·比斯坦（Gert Biesta）等人于2006—2007年进行了一项关于美术馆教育（gallery education）与民主教育的关系的研究。美术馆教育是一种社会教育形式。该研究运用美术馆等设施和其他艺术作品来加强年轻人对艺术的体验和感受，将参与作为"艺术创造"（making art）的民主途径，同时比较美术馆教育与学校公民教育，提出若干关于公民教育的艺术途径的建议。

该研究主要针对学校本位的公民教育的不足而展开。基于学校的公民教育重视所谓公民身份的了解与实践，即知识、技能、价值和倾向等基本条件，也强调能够产生教育结果的技术问题、议题和改进。基于学校的公民教育的重要性在于为年轻人提供成为积极的、有贡献的公民所需的知识和技能。简·麦克唐纳等人认为，校本公民教育的假设为：年轻人是一个"不足"（deficit）的范畴，即认为他们缺乏成为民主公民的"正确的"知识、技能和倾向，因此需要建议和支持来推动他们成为公民。年轻人的公民身份问题个体化了，关于民主公民身份的理念也个体化了。④ 他们的研究针对这一缺陷，提出了通过美术馆教育来学习民主知识和技能的主张，即年轻人参与生活共同体的实践。年轻

---

① 张季云. 雅典戏剧与城邦政治及公民教化 [D]. 长春：东北师范大学，2006：34—35.
② 李咏吟. 公民教育、文学艺术与公民心灵的自由信念 [J]. 吉首大学学报（社会科学版），2010，31（4）：10—15.
③ 吴宓. 文学与人生 [M]. 北京：清华大学出版社，1993：59—68. 转引自：李咏吟. 公民教育、文学艺术与公民心灵的自由信念 [J]. 吉首大学学报（社会科学版），2010，31（4）：10—15.
④ Jane McDonnell. Is it 'all about having an Opinion'? Challenging the Dominance of Rationality and Cognition in Democratic Education via Research in a Gallery Setting [J]. International Journal of Art & Design Education，2016. 9：1—14.

人通过日常生活学习公民资格，关系、背景经验和倾向成为重要的学习内容。

在该研究中，所有的年轻人都感受到了他们工作的美术馆或画廊环境与学校环境之间的差异。与学校更具结构性的工作方式相比，美术馆或画廊的学习氛围显然相对比较放松与开放。一个学生说："在学校，教师会告诉你做什么；学校更多是一种指导（guideline），你必须服从这种指导，但是只要你待在那里，你就不能够做你喜欢的事。但是在这个项目里，你必须自己对自己作指导。这很酷，我能够做我想做的事。"[1] 当然，也有一些年轻人还不是很能适应。一个参与者说："由于我被期待更像一个教师，希望美术馆或画廊的老师与学校老师一样严格，说'你必须做这个'，但是她并没有意识到我们在做什么，我们只是坐在那里思考或做事。"[2] 与学校的教育相比，美术馆教育缺乏一种明显的规划或结果取向，具有开放结构。参与项目的学生把美术馆或画廊视为一个让人兴奋的场所，在那里，他们可以与艺术教育者一起参与活动，以一种新的方式去学习和发展。这种开放性，让学生们感到自由，同时，又因为没有明确的指导和结构而很难开展工作。在这里，成为一个民主的公民，年轻人需要对他们所置身的情境保持自信，并对新的理念和行为方式保持开放。他们需要获得对同伴和艺术教师的信任和尊重。这一研究项目为年轻人提供了一种在复杂的、概念的、社会的、审美的校外环境里体验并发挥自己作用的机会。他们不是在学，而是在实际教育过程中，他们与教师一起创造艺术。"空间""时间""关系""信任"是理解美术馆教育中的民主学习的动态因果概念。它鼓励年轻人实验性地工作，运用想象来工作，探索不同的存在和行动方式，并为他们的行为承担更大的责任。民主学习是教授年轻人关于他们的权力和责任的内容，或者如何成为一个好的、有贡献的公民。民主学习关注的是判断现实和多元情况中的行动。

实际上，美术馆教育是一种参与式公民学习。社会性的公民教育正是基于环境问题的公民教育的方式。美术馆教育以艺术作为美育的对象，达到公民教育的目的，即让学生成为一个好公民。而基于环境问题的公民教育，以美丽环境为教育的对象（也是自然美育或环境美育），培养公民的保护公共环境的意

---

[1] Jane McDonnell. Is it 'all about having an Opinion'? Challenging the Dominance of Rationality and Cognition in Democratic Education via Research in a Gallery Setting [J]. International Journal of Art & Design Education，2016. 9：1—14.

[2] Jane McDonnell. Is it 'all about having an Opinion'? Challenging the Dominance of Rationality and Cognition in Democratic Education via Research in a Gallery Setting [J]. International Journal of Art & Design Education，2016. 9：1—14.

识、责任和能力。

好公民与好人的矛盾不仅可以通过一种好的共同体得以沟通和整合，更可以通过这种公共事务的参与，最后形成一种实践共同体来得以沟通和整合。今日社会教育、环境教育不仅通过参与、共同体（空间）等范畴消融了好人与好公民之间的矛盾，达到了公民教育与美育的整合。更重要的是，一种艺术教育的途径通过培养道德想象力，也是能够形成公民环境责任的有效途径。总之，通过艺术教育途径培养公民的环境责任，这是公民教育的重要审美维度。

二、公共环境中的审美权利

审美权利还未为人们所多加关注。何谓审美权利？已有探讨大都是从负面来加以理解和界定的。如徐碧辉认为，人的审美需求被压制。"审美剥夺这一概念包含一个假设：人人都有审美的需求并且人人都有审美的权利。由于某种原因，某些人的审美需求被压抑了，剥夺了。……如果说审美剥夺是人的审美权利的一种缺位和丧失，则审美侵害便是对审美权利的一种扭曲与侵犯；如果说审美剥夺是审美的一种'被空缺'，则审美侵害是审美的一种'被扭曲'、'被降低'。"[①] 正因为有这些侵害、破坏人的审美权利的现象存在，所以，才有了审美权利的呼吁。

当前关于审美权利的正面论证也有多个角度。有人从人的需要的角度来加以论证，如"权利是需要的产物"[②]；有人从人的天性来加以论证，如爱美、求美、审美、享美是人的天性。[③] 但是，这些论证都不适合生态环境问题。

我们认为，适合环境问题的审美权利还应从公民权利和美的本质的角度加以论证。

首先，审美权利是公民权利的一部分。具体而言，审美权利是公民的一种社会权利。马歇尔对公民身份的经典划分把公民身份分为公民的、政治的、社会的三种分析要素。其中，社会权利包括公民享有教育、健康和养老等权利。[④] 吉登斯则走得更远。他在马歇尔的公民权利三分法的基础上添加了第四

---

① 徐碧辉. 审美权利和审美伤害——马克思主义美学研究的一个新视阈 [J]. 探索与争鸣, 2013 (4): 26—28.
② 陈晨. 浅论审美权利 [M] //陈望衡. 美与当代生活方式. 武汉：武汉大学出版社，2005: 524.
③ 徐碧辉. 审美权利和审美伤害——马克思主义美学研究的一个新视阈 [J]. 探索与争鸣, 2013 (4): 27.
④ 转引自：德里克·希特. 何谓公民身份 [M]. 郭忠华，译. 长春：吉林出版集团有限责任公司，2007: 13—15.

第二章 公民美育的理论基础

种权利——生态权利。① 生态权利与环境权利都是公民的审美权利。习近平对新时代的"中国梦"的表述表达了富有中国特质的社会权利:"我们的人民热爱生活,期盼有更好的教育、更稳定的工作、更满意的收入、更可靠的社会保障、更高水平的医疗卫生服务、更舒适的居住条件、更优美的环境,期盼着孩子们能成长得更好、工作得更好、生活得更好。人民对美好生活的向往,就是我们的奋斗目标。"② 这就是民众的社会权利之一。"更舒适的居住条件、更优美的环境"就是基于环境的审美权利。

其次,环境审美权利的公共性。审美是人的天性,对人的审美的干扰也是对人的一种侵犯。在现代个体化社会里,每个人都珍视自己的价值。审美的价值自然为人们所关注。审美权利也为人所关注。爱美之心,人皆有之。审美权利是一种人权。"每一个个体都应享有追求美、欣赏美的权利。满足审美需要是个体寻求自我发展的关键所在,漠视、忽视甚至践踏审美权利是人性的异化。审美权利的实现以政治、经济、文化权利的实现为前提和基础,但是,审美权利却以无可估量的反作用促进以上各种权利的发展。"③ 环境问题亦如是。环境权利已为人们所关注,这已如前所述。而环境审美权利可以视为环境权利的一种。有人认为,"审美权利与环境权一样是一种自得权。自得就是自己满足自己的需要,是'我与我自己'的关系,它出于主体的自我意识,为的是实现主体自身的权益"④。这一看法好像说审美权利与他人无关。

但是,我们的审美权利往往与审美对象的所有权密切相关。环境权利与财产权利有着密切关系。对别人的私有财产如建筑、草坪、花园的欣赏,是否属于一种审美权利呢?显然不是。当我们说审美权利被侵犯,一方面是指外部力量对私人环境的美丽产生破坏,另一方面是指外部力量对大家共有的美丽环境的破坏。与公民教育密切相关的,自然是公共环境的美丽。史密斯、庞萨帕等人主张,"不应把公民权作为一种抽象的概念框架,而是将其理解为一种伦理-政治空间,其中,真理、良善和美德都被接受为暂时性的、可公开争论的和应付诸民主审议的"⑤。这实际是把生态公民权放在一种空间里审视。这一处理适合环境问题这种真实空间的探讨。我们探讨审美权利,主要讨论公共环境

---

① 转引自:吴强. 社会权利的由来——读马歇尔的"公民权与社会阶级"[N]. 21世纪经济报道,2007-04-16(035).
② 习近平. 习近平谈治国理政[M]. 北京:外文出版社,2014:4.
③ 陈晨. 浅论审美权利[M]//陈望衡. 美与当代生活方式. 武汉:武汉大学出版社,2005:524.
④ 陈晨. 浅论审美权利[M]//陈望衡. 美与当代生活方式. 武汉:武汉大学出版社,2005:527.
⑤ 马克·史密斯,皮亚·庞萨帕. 环境与公民权:整合正义、责任与公民参与[M]. 侯艳芳,杨晓燕,译. 济南:山东大学出版社,2012:56.

中的审美权利。

因此，环境中的审美权利还应从公共环境的角度来加以认识。史密斯、庞萨帕等人认为，生态公民权主要用于对责任行为动机和原因的理解上。比如关于垃圾分类问题，有些公民会尽量少做或努力避免分拣，利用其能力把多余的未分拣废弃物直接倾倒。① 这种主体之间的垃圾处理实际也是空间的争夺——洁净自己的空间，不顾他人的空间，凸显了公民之间的审美权利关系，包括公共与私人之间的审美权利之间的争夺。也就是说，洁净空间的争夺凸显了审美权利的冲突，而公共空间里的洁净环境的主体或权利归属的确定，则是审美权利的确定。公共空间很容易被侵害。"现在城市小区里面的公共空间，根本就没有明确，往往被开发商霸占或变卖，而居民甚至都不知道哪些是属于自己的公共空间，自己有着哪些在这些公共空间上的基本权利。"② 公共环境里的审美权利对所有人都是平等的。环境保护上的"公地悲剧"则是所有人的审美权利都被侵犯。"在人类生活的环境里，是没有社会地位、财富状况之分的。气候变暖、大气污染、水质恶化，这些全人类面临的难题需要所有国家的人民共同承担。对于同一居住区的人们来说，城市的格局、建筑的外形以及对传统文化资源的保护程度或多或少地影响着这个地区人们的生活方式和审美趣味。"③

因此，我们认为，那种认为审美权利无关他者的观点不成立。至少审美权利的自为性在环境问题上未必成立，因为环境的普遍影响意味着个人的审美权利与公众的审美权利往往交织在一起，难以分割。

最后，审美权利的实现是不平等的。这种不平等源于个体的审美趣味的差异、能力的多样性与不平衡性。人们关注审美权利源于审美权利的被侵犯，有人概括了对审美权利的漠视、压迫、扭曲和剥夺等几种情况。④ 审美权利的冲突、维护与协调是人们关注审美权利的原因。公民审美权利的实现既需要外部条件，也需要内部条件。外部条件是指政治、经济、法律条件。没有基本的人权保障与生存基础，审美权利就不能真正得到保障。内部条件则是指个体的审美能力问题。"从内部方面来说，审美权利体现在通过教育建构审美心理和审

---

① 马克·史密斯，皮亚·庞萨帕. 环境与公民权：整合正义、责任与公民参与 [M]. 侯艳芳，杨晓燕，译. 济南：山东大学出版社，2012：73.
② 张天潘. 广场舞：从集体空间到公共空间 [J]. 南风窗，2014 (15)：88—90.
③ 陈晨. 浅论审美权利 [M] //陈望衡. 美与当代生活方式. 武汉：武汉大学出版社，2005：525.
④ 陈晨. 浅论审美权利 [M] //陈望衡. 美与当代生活方式. 武汉：武汉大学出版社，2005：525—527.

美知觉。从外部来说，则体现在建构一个有利于发展审美知觉的生存环境。"①个人要通过教育来获得其审美能力，为真正实现审美权利提供内在素质和倾向。因此，公民教育要通过教育来提升审美主体的内在条件，增强其实现审美权利的能力。美育成为公民教育的重要途径。

三、公共空间里的美之责任

责任是公民身份的重要因素，有权利就有责任；责任是公民的应有之义，责任是特定社会结构对个人的角色期待。责任就是个人所在社会结构如家庭、国家、民族以及工作场所给予自己的规范和要求。传统的公民责任是个人在国家这一结构中所应承担的规范和要求。这种责任是一种结构化的责任，也是一种理性化的责任。但在环境问题上，责任却有所不同。首先这种责任是个人对社会、对后代所应承担的规范和要求。这一责任往往是无结构的、普遍性的。20世纪80年代以来针对科技发展的后果对人类的持续生存所形成的巨大威胁，责任伦理学成为重要应用伦理学思潮。它试图借助责任原则，唤起作为一个整体的行为主体的危机意识，从而为防止人类共同灾难的出现寻求一条出路。其代表有德裔美籍学者汉斯·约纳斯（Hans Jonas）、美国学者约翰·雷德（John Ladd）、德国学者汉斯·伦克（Hans Lenk）等人。约纳斯早在1979年便在《责任之原则——工业技术文明之伦理的一种尝试》一书中正式提出了这一思想，尽管当时并没有怎么引起人们的注意。约纳斯看到缺乏约束的技术所可能带来的巨大破坏作用已经和前技术时代的技术有着本质不同。②约纳斯在存在主义哲学的基础上提出了自己的责任伦理观点。他指出，存在是人类乃至整个大自然的普遍和根本的目的，作为大自然最高目的的人，应该为自己、为自己的后代以及整个自然界的存在负责。传统伦理学不会考虑到对后代的责任，因为当时的科学技术还不会威胁到人类的生存，但是现代社会如果不对未来负责，就有可能加速人类的毁灭进程。这种责任是单向的责任，无条件为他者负责。

那么，环境责任与审美有什么联系呢？公民教育与美丽环境的关系，不仅涉及审美权利，更涉及保护美丽环境的责任。这种美丽环境的治理、修护、维系是一种持续的行为。但是就生态环境问题而言，还需要进一步提升到一种

---

① 徐碧辉. 审美权利和审美伤害——马克思主义美学研究的一个新视阈[J]. 探索与争鸣，2013（4）：26-28.

② 甘绍平. 忧那思等人的新伦理究竟新在哪里？[J]. 哲学研究，2000（12）：51-59.

"审美责任",即对整个国家的美丽环境、为整个民族的未来环境负责。这一审美责任不仅是一种计算性的,更是一种情感性的,即与这片土地的深沉的、内在的联系,而非一种隔离的、静观的、冷静的对立关系。这一联系是因为环境治理与保护的参与性和实践性。参与和实践最终形成了一种情感共同体。这也是一种归属感。就公民而言,这种情感共同体就是祖国的含义。也许有人说,情感是短暂的、间歇性的,基于情感的维护环境行为是不可持久的。但是,情感分为深沉与浅层两种状态。深沉的情感是一种融入理性和经验的酝酿与积淀的情感。公共空间里的审美责任就基于对祖国的情感。

因此,培养审美责任是环境问题视域下公民教育的重要任务。这不仅要通过认知途径让学生了解环境问题与责任维护的责任归属,也要通过情感途径培养学生对美丽环境的爱恋情感,以获得批判破坏环境行为、维护美丽环境的动力。

四、公民参与中的审美批判[①]

公民参与是民主社会的基础。公民参与是需要创造性的活动。传统教育模式无法胜任这一任务。正如门德尔·雷耶斯(Mendel Reyes)所说:"对大众而言,公民教育是令人厌烦的,枯燥的教材、政府三个分支的无休止的表格,以及草案如何变成法律,背诵 assignments 以记住宪法及其修正案是被动有效课程。尽管有偶尔的个体流动,积极公民和经济安全已经成为少数人的优势,而非所有人的权利。"[②] 当代公民参与的范围已经增广,深度也在加深。公民参与既有政治参与,如选举、投票等政治事务,也有日常生活、地方社会里的事务参与。而后一类参与越来越受到人们关注。

在环境问题上,公民参与尤其具有一种批判意识和批判能力。当前环境教育不仅仅是环境保护,例如保护树木、土壤或者野生动物这样的某个特定组成部分,而是要全面对抗工业主义产生的副产品。这些污染直接威胁到人类自身的生命。而且这种影响是无处不在的,如在南极企鹅的脂肪组织中发现了DDT [DDT,又叫滴滴涕,化学名为双对氯苯基三氯乙烷(Dichloro Diphenyl

---

① 公民教育的情感问题。正像莱茵霍尔德·尼布尔指出的那样:"现代教育家像从前所有的理性主义者一样,非常迷恋理性在生活中的作用。但是历史中的世界,特别是人的群体行为中的世界,绝不是理性和道德所能对治的世界。理性只能作为一种工具,它本身就要受到非理性力量的驱使。"莱茵霍尔德·尼布尔. 道德的人和不道德的社会 [M]. 蒋庆,王守昌,阮炜,等译. 贵阳:贵州人民出版社,1998:7.

② Mendel Reyes, Meta. A Pedagogy for Citizenship: Service Learning and Democratic Education [J]. New Directions for Teaching & Learning, 1998 (73):31-38.

Trichloroethane)，是有机氯类杀虫剂]。① 今日人们反核运动也是基于此。传统的资源保护主义者主张保护树木、土壤与水，但是相信以科学技术为象征的人类创造力能够从自然储备库中获得取之不尽的资源。而现代西方环境主义者则对应用于工业生产的科学技术与产物心存疑虑。"工业污染造成的灾难景象刺激了环境主义行动分子，包括核泄漏，受到清洁剂污染、污水与化肥的超标排放而奄奄一息的湖泊，易燃的河流，油轮泄漏，钻井平台的油喷和酸雨。促使他们采取行动的动机不再是对日渐减少的自然资源进行保护，而是对环境要素正在被毁灭的担忧。按照最近时髦的说法，新产品是不可以生物降解的。整个地球似乎正在被人类产出的垃圾淹没。"②

批判的、创造的公民参与，要求公民教育具有一种审美批判。（1）由于环境污染问题的远距离和长时段的特征，对种种污染及其后果的批判有所差别。审美批判是从康德开始的。③ 审美批判有诸多类型。第一，审美批判是审美判断力批判，这是康德式的理解。康德的审美批判是指审美判断力批判，它是连接纯粹理性批判和实践理性批判的桥梁。但是，他所说的审美批判更近于鉴赏，属于"反思的判断"。第二，审美批判是指审美现代性批判，代表为波德莱尔、西美尔、福柯等人。他们强调，偶然、变化才是世界的常态，主张关注当下。④ 第三，审美批判是法兰克福学派对大众文化的批判。他们仍然坚持现代性的谋划——释放启蒙的潜能，在批判启蒙时代的理性主义的基础上更近于激进的启蒙。这些审美批判的理解都是从属于对社会的批判。它们综合起来即是"'以审美中和主体性'、'以审美中介纵向理性'、'以审美平衡文化分化'、'以审美规划社会尺度'"，从而走向一种"'主体间性的交往原则'、'横向理性－感性的图景'、'文化间性的对话主义'和'新感性－理性社会'的通途"⑤。（2）审美批判与批判的、创造的公民参与的关系。作为强调人与社会的关系的审美批判致力于通过审美手段沟通理性与感性的关系，并致力于解决理性对感性的压制以及感性的泛滥等问题。王磊认为："康德借助审美批判完

---

① 威廉·贝纳特，彼得·科茨. 环境与历史：美国和南非驯化自然的比较［M］. 包茂红，译. 南京：译林出版社，2008：114—116.
② 威廉·贝纳特，彼得·科茨. 环境与历史：美国和南非驯化自然的比较［M］. 包茂红，译. 南京：译林出版社，2008：117.
③ 王磊. 审美批判与文化建构［J］. 中国美学研究，2016（2）：138—150.
④ 刘悦笛. 在"批判启蒙"与"审美批判"之间——构建"全面的现代性"［J］. 学术月刊，2006（9）：35—41.
⑤ 刘悦笛. 在"批判启蒙"与"审美批判"之间——构建"全面的现代性"［J］. 学术月刊，2006（9）：35—41.

成了其本体论的建构,而在席勒和尼采那里,审美批判则完成了更为广泛地建构文化史的任务。"① 这主要体现在《审美教育书简》中。席勒在前十五封信里生动地描绘和批判了时代的缺陷。他说,上层统治阶级的生活是腐朽专横,下层社会是粗野暴戾。这种腐朽和粗野对于人类进步有更多的危害性。席勒从美学角度出发,拿起审美批判的武器,揭示了"人的异化"问题。"席勒正是用美学这一标尺去衡量近代社会与近代文化,才深刻洞见了人格分裂或人性割裂的现实。这正是席勒的深刻处,它使席勒的审美批判更加震撼人心、发人深省。"② (3) 审美批判更在于激发民众的精神,即一种"感性的革命"。参与的疏离、冷漠,说明需要情感的激发。阿多诺的现代气质要求以美学的形式尊重来自个体经验的每一个细微声音,并以此为契机终结观念主体的统治。这实际上强调个体经验的具体性。启蒙辩证法是主体自我关系的辩证法,它的最大局限在于自我构成了人类解放的最大障碍。根本上废除了由同一性造成的等级制度,废除了一切理论逻辑的中心,是其核心与根本。因此,美是一种解放,个体感性的价值、个体经验的价值承认。③

第三节 参与美学与环境问题中的公民参与

生态环境问题保护需要公民参与。与之相应的公民美育的美学不是传统审美的静观美学,而是一种投入沉浸其中的参与美学。环境的公共性使得这种参与性的审美成了一种公民参与。换句话说,这种公民参与也具有了一种审美性质。公民参与和参与美学在生态环境的保护与维系中融为一体,参与者之间形成了一种意义共契的审美共同体。

一、参与美学概述

环境美学是美丽中国建设与公民美育的重要理论基础。环境美学与传统美学的不同之处在于审美者与审美对象的关系不同。

传统美学持一种分离式(detachment)的审美模式。"分离式的审美模式是18世纪以来西方现代美学的主导审美模式,它在康德那里得到了最经典的表述。在康德看来,审美就是对一个对象的形式作无利害的静观。这种审美模

---

① 王磊. 审美批判与文化建构 [J]. 中国美学研究,2016 (2):138—150.
② 王磊. 审美批判与文化建构 [J]. 中国美学研究,2016 (2):138—150.
③ 施立峻. 西方批判美学局限研究 [M]. 哈尔滨:黑龙江人民出版社,2007:98—100.

式要求审美主体完全从审美对象中分离出来，就像我们在美术馆观看绘画作品或者在音乐厅聆听交响曲一样。"① 康德的审美判断力批判地提出了鉴赏判断的四个契机，这也是美的四个标准：不带任何利害而让人愉悦、没有概念而普遍令人喜欢、没有目的的合目的性、共通感。② 康德认为美感是一种愉悦的感受。康德基于艺术的鉴赏美的标准是一种静观式的审美批判。这种"分离"凸显了静观的"审美无利害性"（aesthetic disinterestedness），即"审美经验是一种无利害的和脱离实际关涉的独特的经验形式"③。

在某种意义上，当代西方美学研究进展源于对这种分离式审美类型的批判，如"舒斯特曼（Shusterman）以'实用主义立场质疑'、伊格尔顿（Eagleton）以'审美意识形态批判'、福柯（Foucault）以'对主体性的批判解构'，而分析哲学的批判时至今日仍无停息的迹象，美国环境美学家阿诺德·伯林特（Arnold Berleant）就是其中的代表之一"④。其中，对自然和环境的审美而言，参与审美和参与美学成了重要的基础理论。

虽然美国环境美学家阿诺德·伯林特是参与美学的代表人物，但是参与美学也具有悠久的历史。这就是美学走向日常生活，并被用于实践的发展趋势。"阿诺德·伯林特、艾伦·卡尔松、约·瑟帕玛、斯坦福·博拉萨、史丹菲·罗斯、罗纳·赫波尼、J. 珀特斯、玛拉·米勒、保林·堡斯多夫等都相继出版专著来探索环境美学的一系列问题。"⑤ 在美学走出艺术中心、走向实践的这一过程中，杜威是一个开拓性的重要人物。

"与康德美学强调审美经验与日常经验截然有别不同，杜威强调审美经验与日常经验的连续。在杜威看来，根本不存在康德意义上的审美经验，所谓的审美经验就是一种日常经验，只不过它比日常经验更强烈、更集中、更完满而已。"⑥ 杜威的美学理论创新在于强调审美对象不仅仅是传统的艺术作品，而将自然、建筑等也作为审美的对象。在杜威看来，有机体与环境合作构成一种经验。他认为，审美经验既不是纯客观的，也不是纯主观的，而是一种主体与客体交互作用的事情。⑦ "真正的艺术作品是由来自一种有机体与环境的状况

---

① 史蒂文·布拉萨. 景观美学 [M]. 彭锋，译. 北京：北京大学出版社，2008：译者前言 3—4.
② 伊曼努尔·康德. 判断力批判 [M]. 邓晓芒，译. 北京：人民出版社，2002：37—83.
③ 史蒂文·布拉萨. 景观美学 [M]. 彭锋，译. 北京：北京大学出版社，2008：40.
④ 高树博. 审美无利害性与参与美学 [J]. 哲学动态，2011（10）：95—100.
⑤ 高树博. 审美无利害性与参与美学 [J]. 哲学动态，2011（10）：95—100.
⑥ 史蒂文·布拉萨. 景观美学 [M]. 彭锋，译. 北京：北京大学出版社，2008：译者前言 4.
⑦ 史蒂文·布拉萨. 景观美学 [M]. 彭锋，译. 北京：北京大学出版社，2008：58.

与能量的相互作用的整体经验的建构。情感的表现也体现在这种作品与环境的相互关系之中。"① "美的艺术是人类与其环境的一种相互作用的经验的产物。"② "审美将意义呈现为经验,即将混乱的生活场景的意义呈现为一种清晰、连贯、强烈或热情洋溢的经验。"③ 众所周知,杜威的理论根基是经验论:经验是有机体与环境相互作用的结果、符号与回报,当这种相互作用达到极致时,就转化为参与和交流。因此他自然关注艺术作品与它产生时的条件和在经验中的运作的联系。杜威认为,艺术是以人的经验为源泉的,而经验的性质是由基本生活条件所决定的。实用与艺术的区分是社会的产物,即依照对现存社会状况的接受而作出的。④ 因此,他强调艺术与日常生活的紧密联系,认为审美经验与生活的正常过程之间具有连续性。⑤ 美学理论就是发现这些普遍或平常的东西在经验中所拥有的审美性质。例如,从静观的、隔离的到活的、经验的、变化的。与康德的静观、无利害的"理性主义"美学相比,杜威将欲望、倾向都纳入美学范畴,即审美题材内在体现了欲望和倾向。他认为,康德心理学将审美所带来的快感排除在外。而"每一个经验,包括最丰富与最理想的经验,都具有一种渴求的成分,一种向前推进的成分"⑥。"在审美对象中,强烈的感性性质占据着主导地位,这本身,从心理学上说,就证明了欲望的存在。"⑦ 艺术创作不能将欲望、需要、情感、行动排除在审美经验之外。

环境或者景观的审美方式是一种参与式（engagement）的欣赏模式。阿诺德·伯林特在《生活在景观中——走向一种环境美学》集中阐述了参与美学在环境、自然审美中的意义和方法。伯林特认为,人类与环境是统一体。环境包括了人类制造的特别的物品和它们的物理环境以及所有与人类居住者不可分割的事物。环境体验并不是欣赏外部的风景,而且它不仅仅是欣赏——这是卡尔松的一种看法。伯林特指出,人类独立于他们所处的环境的观点在哲学上是没有根据的,在科学上是错误的,并且这一观点会导致灾难性的实际后果。

---

① 约翰·杜威. 艺术即经验 [M]. 高建平,译. 北京:商务印书馆,2010:74.
② 约翰·杜威. 艺术即经验 [M]. 高建平,译. 北京:商务印书馆,2010:256.
③ 约翰·杜威. 艺术即经验 [M]. 高建平,译. 北京:商务印书馆,2010:322.
④ 约翰·杜威. 艺术即经验 [M]. 高建平,译. 北京:商务印书馆,2010:27.
⑤ 约翰·杜威. 艺术即经验 [M]. 高建平,译. 北京:商务印书馆,2010:4-9.
⑥ 约翰·杜威. 艺术即经验 [M]. 高建平,译. 北京:商务印书馆,2010:283.
⑦ 约翰·杜威. 艺术即经验 [M]. 高建平,译. 北京:商务印书馆,2010:284.

在传统上，体验等于视觉与景象。①

环境是什么呢？伯林特认为："'环境'是一个有多种意义的词汇。缩小到语源学意义上来说，它指的是某物周围的领域（法语中 en 的意思是在……中间，viron 的意思是围绕）。从更广的角度考虑，它有时与'生态学'相通，指的是结合有机体与其所处环境的一系列的复杂关系，或者说它与'生态系统'有联系，意味着这些关系是有机体及其所处环境的一个互相作用的功能性系统。"② 环境包括小到房间、建筑、街道和邻近地区，大到村庄、城市、乡村、荒野。环境既包括人工环境，也包括自然环境。这也是本书笔者采用的界定。不过，伯林特认为这一定义仍把审美对象与其所处环境分离开来。"环境是相互联系相互依赖的人群和地区在其相互交往过程中形成的共同体。"③ "环境的价值是通过我们的行动展现出来的——通过我们选择什么、保护什么、改变什么以及我们如何选择并进行我们的体验来决定的。"④ 环境欣赏，意味着欣赏者难以置身于环境之外，环境不可能成为一个观察对象，因为我们始终在环境之中。环境中的许多要素我们看不见，只有身处环境之中才能感受得到。⑤ 所以，许多哲学美学研究者都喜欢用环境而不是景观，就是想突出这种审美的参与性。

何谓参与？参与即投入。一是身体与感官的介入。伯林特指出，环境体验应包括积极地参与到体验的过程中去。⑥ 二是行动的干预，"如在园林中漫步，通过山上的小路爬到山顶，在湍流的小溪中泛舟或是在风景优美的山村驾车"⑦。但我认为，更多的干预应该是营造、保护美丽的环境，如捡拾垃圾。

那么人是如何参与环境审美的呢？伯林特运用"包含"与"连续性"两个概念来理解环境。"包含"是指作为审美主体的人，它的身体是环境的一部分。伯林特指出，身体的成长、发展并在不同的文化、历史和环境的要素中出现和

---

① 阿诺德·伯林特. 生活在景观中——走向一种环境美学［M］. 陈盼, 译. 长沙：湖南科学技术出版社, 2006：9.
② 阿诺德·伯林特. 生活在景观中——走向一种环境美学［M］. 陈盼, 译. 长沙：湖南科学技术出版社, 2006：23.
③ 阿诺德·伯林特. 生活在景观中——走向一种环境美学［M］. 陈盼, 译. 长沙：湖南科学技术出版社, 2006：11.
④ 阿诺德·伯林特. 生活在景观中——走向一种环境美学［M］. 陈盼, 译. 长沙：湖南科学技术出版社, 2006：14.
⑤ 史蒂文·布拉萨. 景观美学［M］. 彭锋, 译. 北京：北京大学出版社, 2008：译者前言 3.
⑥ 阿诺德·伯林特. 生活在景观中——走向一种环境美学［M］. 陈盼, 译. 长沙：湖南科学技术出版社, 2006：9.
⑦ 阿诺德·伯林特. 生活在景观中——走向一种环境美学［M］. 陈盼, 译. 长沙：湖南科学技术出版社, 2006：28.

建构。就自我而言，"自我不是一个内在化的意识或是一种深入的主观性，而是一个认识到自己的特性与其居住的地理位置相联系的扩展的自我"①。人与土地的这种联系，是我们土地审美情感的重要源泉，因此，首先是身体的参与。伯林特引用美国印第安人将土地视为我们的肉体的看法，以及梅洛-庞蒂将世界视为肉体的哲学观点来论证了个体与世界的包含关系：作为审美对象的环境是被体验的世界，它成了身体的扩展。身体不仅被包含在世界里，而且身体与世界是连续的。环境与人是一体的、连续的。人与环境成为一个相互依存的、统一的有机系统。个人在与世界的连续中体验着自身。这也是一种生态学的视角。其次是文化的参与。② 伯林特认为，"我们的身体的形态自身就是文化环境的产物"③。他运用关于场所的理论来论述这一点。"我们是我们文化世界的肉体"④，我们是在一种文化中把握身体，一种与人类世界的各种领域如文化景观、技术先进模式和事务、穿着、思想、行为的传统一起充分延伸的身体。环境总是与某种场地相联系的。在现代工业社会，场所日益被认为是一种失去的价值。人类对场所的情感归属，使得它具有地方性和景观性，是我们生活的环境。"当场所被实现时，它成了一个身体和环境的和谐统一体。"⑤ 环境是一个物质-文化的领域。环境具有人文性、文化性才能成为一种场所，才是一个值得人怀念的地方。身体与环境的连续是一种文化，参与使环境具有了人文性和历史性、社会性。换句话说，参与让环境成了场所，实际就是让环境成为一个对人有意义的空间。场所的情感充盈（一种人文性）在故乡、家园层面比较好理解。但是即使在一个优美、壮观的自然风景区，人的文化修养也是让

---

① 阿诺德·伯林特. 生活在景观中——走向一种环境美学 [M]. 陈盼, 译. 长沙：湖南科学技术出版社, 2006：76.

② "我们对事物的理解，并不止于当下的欣赏，而经过了以往体验的渗透，比如已掌握的知识，选择那些知识的信仰支撑，这些信仰和我们现在所见所为之间不自觉的联系，以及增强同情共鸣的记忆等等"（阿诺德·伯林特. 环境美学 [M]. 张敏, 周雨, 译. 长沙：湖南科学技术出版社, 2006：27.），因此我们的审美体验才是丰富多彩的。很显然，所有的这些以往体验都是文化的构成物，而当下的体验又会成为过去的体验，变成文化的一部分，如此循环反复。易言之，我们的感官是被文化濡染着的，它"混合了记忆、信仰、社会关系"等因素，即它是一个文化有机体。既然环境由感知系统构成，而感知系统又是文化的，所以环境也是文化的。伯林特由此得出结论：环境美学在某种程度上就是文化美学 [高树博. 审美无利害性与参与美学 [J]. 哲学动态, 2011 (10)：95—100.]。

③ 阿诺德·伯林特. 生活在景观中——走向一种环境美学 [M]. 陈盼, 译. 长沙：湖南科学技术出版社, 2006：81.

④ 阿诺德·伯林特. 生活在景观中——走向一种环境美学 [M]. 陈盼, 译. 长沙：湖南科学技术出版社, 2006：83.

⑤ 阿诺德·伯林特. 生活在景观中——走向一种环境美学 [M]. 陈盼, 译. 长沙：湖南科学技术出版社, 2006.：84.

人的身体与其环境（欣赏对象）之间保持连续性的重要渠道。从这一意义上说，文化是自然环境与精神自我的融合，这也是一种美的价值实现。文化的参与就是一种自然的文化化、环境的人文化、景观的文化化。最后是认同的参与。欣赏环境需要积极参与。参与环境的审美具有文化性。当人与人的参与都汇集在一起时，一种新的社会秩序也就慢慢出现了。人类参与的后果是什么呢？柏林特认为："环境及景观不仅仅是我们所处的地理环境、我们对这种环境的感知、我们有关环境的观念和活动或是社会和文化赋予环境的秩序，而是所有这些的总和。作为一个整体，环境是相互联系相互依赖的人群和地区在其相互交往过程中形成的共同体。"① 他认为，人类社会有三种共同体：理性共同体、道德共同体和美学共同体。前两者是分别基于计算理性与道德责任而建构的，相当于康德所言的理性世界和伦理世界。理性共同体里，冷静地计算个人的理性私利、勇敢地处于道德孤立状态，道德共同体则是为了将道德上分离的存在联合并包含进一个对个人和社会的不稳定的联盟中，而屈服于一种内在强制力。② 这都不是一种共同体的"有机统一的状态"。而美学共同体则是个人与共同体的连续性的结果，一种情感、身体、意识、精神、环境的连续统一体，如情爱共同体、宗教共同体。美学共同体是什么呢？"美学共同体是一个体验中的共同体，也是一个体验的共同体。它与我们体验艺术的环境的相似性是它名称的来源。"③ 审美参与形成了美学共同体的属性："组成要素的相同的互惠性、相互联系的功能的多样性、观察者与参与者的融合、定性体验的特征。"④ 在与人类共同的生活中，我们没有将自己与他人分离，而是体验一种将我们统一起来的个体联系。"审美参与就是要让自然、环境、艺术以及鉴赏者都充分地向对方敞开，从而消除物我二分、形成一种混融状态。"⑤

二、参与美学与公民美育的关联

进入 21 世纪以来，公民参与在我国逐渐兴起并呈现出蓬勃发展的态势：

---

① 阿诺德·伯林特. 生活在景观中——走向一种环境美学 [M]. 陈盼，译. 长沙：湖南科学技术出版社，2006：11.

② 阿诺德·伯林特. 生活在景观中——走向一种环境美学 [M]. 陈盼，译. 长沙：湖南科学技术出版社，2006：112—113.

③ 李立. 审美社群体验的在世想象——后现代社会的"美学共同体"批判 [J]. 河南师范大学学报（哲学社会科学版），2011，38（6）：10—13.

④ 阿诺德·伯林特. 生活在景观中——走向一种环境美学 [M]. 陈盼，译. 长沙：湖南科学技术出版社，2006：117.

⑤ 高树博. 审美无利害性与参与美学 [J]. 哲学动态，2011（10）：95—100.

参与主体的多元化、参与领域的广泛化、参与方式的多样化。党的十八届三中全会提出了"扩大公民有序政治参与"的政策目标。公民参与涉及公共政策、公共事务、公共生活的一切活动,大到政治选举,小到社区问题。公民参与领域涉及立法、环境保护、公共预算、城市规划、城市管理、绩效评估、公共服务、社区治理等公共领域等。

参与美学能够促进公民在环境问题上的参与。参与美学打通个体与周围环境的隔阂,并让主体之间相互向对方敞开,从而把自己与社会、他者形成一个体验的共同体。参与美学的"连续性"思想让环境保护上的公民参与成为可能。

作为环境保护的公民审美参与,不仅仅要有一种欣赏、审美的行为,还要有营造美丽环境、保护美丽环境的连续行动。就美丽中国建设而言,审美参与的内容包括审美、造美、护美。这是参与美学与公民美育相联系的必然与必要。当前公民参与普遍存在问题。公民参与存在问题为,公民参与的制度性渠道不足、组织化程度偏低,面临着可持续性的挑战。[①] 而参与美学所需的情感体验让公民参与成为一种审美投入的公民参与。

审美参与的方法是知识学习与行动学习的结合。参与是一种教育过程。公民美学不仅需要增加知识学习,也要提升公民参与的意识和能力。这是参与美学与公民美育相联系的有效途径。伯林特的环境美学思想认为,审美经验是一种欣赏者置身于所欣赏对象之内的投入性参与,强调欣赏者全方位地投入及其感官融入自然环境。[②] 他强调的审美经验还是一种感知与体验。

但是,这种参与美学观点与我们想要主张的参与美学在环境保护中的价值还是有一些差距。我们认为,还应拓展参与美学的理解,以更好地支持作为美丽中国建设的公民美育。就生态环境的保护、治理与维系而言,这种基于参与美学的公民参与具有重要的价值和意义。环境保护需要的是对环境的情感参与,而非冷静、抽离的科学认知。与物质世界打交道是无需情感的。杜威在《艺术即经验》中指出,人生活在一个猜想的、神秘的、不确定的世界中。"推理"必定无助于人。经验艺术哲学接受了生活与经验的全部不确定、神秘、疑问,以及半知识,并转而将这种经验运用于自身,以深化和强化其自身的性质——转向想象和艺术。[③] 在他看来,经验本身就是审美的,即具有令人满意

---

① 郭小聪,代凯. 近十年国内公民参与研究述评 [J]. 学术研究,2013 (6):29—35.
② 卡尔松. 从自然到人文——艾伦·卡尔松环境美学文选 [M]. 薛富兴,译. 桂林:广西师范大学出版社,2012:293.
③ 约翰·杜威. 艺术即经验 [M]. 高建平,译. 北京:商务印书馆,2010:35—36.

的情感性质,拥有内在的、通过有规则和有组织的运动而实现的完整性和完满性。因此,审美不能与智性经验截然分开。"艺术以某种方式拥有理性内容的蛋糕而又拥有吃这块蛋糕时的感性的快乐。"① 艾伦·卡尔松(Allen Carlson)的环境美学思想非常强调科学知识在自然审美欣赏中的核心作用,被称为科学认知主义的环境美学。卡尔松认为,参与美学是否成功地满足环境保护的下面三项要求还不清楚,即严肃欣赏、客观性和伦理参与方面似乎比较薄弱。② 伦理参与是指环境保护主义者希望将审美欣赏与保护和维持具有生态健康环境的伦理责任联系起来。③

审美参与的目的即形成一种审美共同体。这也是参与美学的结果。伯林特认为,审美不参与会产生灾难性的后果。那么参与之后又会怎样呢?环境是什么呢?伯林特认为:"环境是相互联系、相互依赖的人群和地区在其相互交往过程中形成的共同体。"④ 也就是说,参与美学的审美结果就是形成大家一致共同的态度。这是参与美学与公民美育相联系的结果。审美经验是一种文明生活的显示、记录与赞颂,是对一个文明质量的最终的评判。这是因为,尽管它为个人所生产与欣赏,这些个人的经验内容却是他们参与其中的文化所决定的。⑤ 这种文化决定性使得审美经验具有一定的公共性或者说共同性。如果说文化是一种集体经验,那个人的审美经验最终是在艺术作品的审美中形成了个人审美经验与文化的共同经验的整合,个人审美经验得到了扩展,进入一种更广泛、更完满的经验。"经验的共有性质"与真正交流的可能性是密切联系的。通过审美经验交流,审美者之间形成了一种意义共契的共同体。"只有吸收了来自于我们自己的人文环境不同的生活态度而经验到的价值,从而使经验得到了扩展,不连续的效果才能被消解。"⑥ 参与美学的文化性与美的普遍性,让审美参与最终走向了一种共同的意义理解。这种"美美与共"的审美共同体正

---

① 约翰·杜威. 艺术即经验[M]. 高建平,译. 北京:商务印书馆,2010:288.
② 艾伦·卡尔松认为伯林特的模式至少有三个问题:(1)仍然"主要关注感官与形式属性";(2)没澄清自然美的欣赏是否是主观的;(3)"将艺术欣赏与环境欣赏的原有屏障再次树立起来。"所以,"自然欣赏尽管是敞开的、参与式的和创造性的,但如果要使得对其的审美欣赏更加严肃而非琐碎的话,这种欣赏必须被知识与理解所指引"。艾伦·卡尔松. 从自然到人文——艾伦·卡尔松环境美学文选[M]. 薛富兴,译. 桂林:广西师范大学出版社,2012:294.
③ 卡尔松. 从自然到人文——艾伦·卡尔松环境美学文选[M]. 薛富兴,译. 桂林:广西师范大学出版社,2012:288.
④ 阿诺德·伯林特. 生活在景观中——走向一种环境美学[M]. 陈盼,译. 长沙:湖南科学技术出版社,2006:11.
⑤ 约翰·杜威. 艺术即经验[M]. 高建平,译. 北京:商务印书馆,2010:362.
⑥ 约翰·杜威. 艺术即经验[M]. 高建平,译. 北京:商务印书馆,2010:373.

是一种沟通公民情感与公民理性的教育场域。

第四节　人与环境的审美关系

参与美学强调了人与环境的包含性与连续性,包括了自我与他人的相互交往,这一审美模式具有伦理属性。美本身就是沟通真与善、知与行的中介。当前人们对环境的关注不仅具有审美性,也具有伦理性。环境的审美与环境的道德整合起来成了公民美育的重要理论支撑。

一、人与环境的关系之历史变迁

人与自然环境的关系大致经历了以下三个阶段。

第一,在原始社会与农业社会,人类屈服于自然。在农业社会,人类与自然能够和谐相处,是因为人类还不能与自然抗衡,受制于自然。在中国传统农业社会,农业就是看天吃饭。相应地,中国式的哲学强调天人感应或天人合一,这是一种无奈被动的屈服。对自然环境的恐惧既诞生了很多优秀的艺术作品,也赋予了自然种种神奇的魅力。例如,在古代诗词里,绿色并不是今日现代人所珍惜与喜欢的颜色,而是一种恐惧的象征。"伤心一带寒山碧""长亭外,古道边,芳草碧连天。"荒野是危险的区域,绿色代表自然对人类社会的一种入侵。

第二,在工业社会,人类征服自然。借助于科学技术和近代工业,人类征服和改造自然的能力与日俱增,人类似乎得以"真实"地认识自然和战胜自然,出现了人与自然的相互对抗。"人与自然的关系就颠倒了过来,自然成了人们居高临下地审视和奴役的对象。这也即是韦伯所谓的现代化进程中,理性在合理化过程中对自然予以祛魅,但它却最终导致了人与自然关系的异化。"[①]

在工业社会里,工业文明的基本价值理念持一种机械自然观,把人与自然中分离出来,把自然看出一架没有生命、可任由人类拆解、重组和控制的机器。自然不是意义和价值的领域,只是一堆有待人类利用的资源。这种具有强烈人类中心主义色彩的自然观为现代工业发展提供了辩护。"启蒙精神导致的机械的自然观认为自然不是一个有机体而是一架机器,它可以被还原为一些基

[①] 张军. 审美现代性的意义:以阿多诺为例——兼谈实践派的美学观点[J]. 湖北大学学报(哲学社会科学版),2010,37(2):11-15.

本的要素如原子、电子、质子、中子乃至夸克等等。"① 自然的价值取决于人的需要。"工业化毫无节制地发展，终于造成了对自然资源的过度攫取。于是，自然环境遭到破坏，由此形成了当代社会的另一个突出问题——自然环境的恶化问题。"② 这种无机论的自然观是今日环境污染的重要原因。当然事实也证明，人战胜了自然，但最终危害到自己在"自然无道德"的认识下，工业文明对自然造成了极大的破坏，才产生了今日"以环境污染、生态破坏和资源短缺为表现形式的全球性生态危机"③。

对当代环境问题的原因分析，观念层面的原因主要是人与环境的工具关系。所谓工具关系，就是指人把自然视为征服、利用、攫取的对象。马丁·海德格尔（Martin Heidegger）在讨论现代技术的特质时指出，现代技术是一种解蔽，"在现代技术中起支配作用的解蔽乃是一种促逼，此种促逼向自然提出蛮横要求，要求自然提供本身能够被开采和贮藏的能量"④，比如开采煤炭和矿石。自然成为能量的主要贮备器，供人类开采利用。在现代社会，人类借助科学技术的力量，更确信"人是世界万物的主宰"的现代观念。在这种观念支配下，人类对自然界的探索和开采成了理所当然的事情。"这样的实践又导致了对探索和开发自然工具的需求，于是调动理性制造工具的行动出现了，其结果就是工业社会形成。相应地，工具理性的观念也同时形成。"⑤ 当代技术与社会分工提高了工业社会的生产效率，推进了西方工业化进程的深化发展。"西方工业化的持续深化，一方面带来了极其富足的物质生活，另一方面却带来了人格的分裂和对自然环境的破坏。"⑥ 所以，一般认为环境问题是工业社会的结构性特征，生态危机是工业文明的必然产物。

第三，当代社会人与自然环境的和谐共处阶段。自20世纪70年代以来，世界绝大多数国家经济高速增长，科技发展也是突飞猛进，但是环境问题却日益突出，人类不得不反省自己的价值观和行为模式，探索人类的可持续发展的

---

① 张军. 审美现代性的意义：以阿多诺为例——兼谈实践派的美学观点 [J]. 湖北大学学报（哲学社会科学版），2010, 37（2）：11-15.

② 徐辉. 追思自然——论环境美学的根基 [J]. 陕西师范大学学报（哲学社会科学版），2006（6）：62.

③ 余谋昌. 环境伦理学，一门新的伦理学 [J]. 阴山学刊，2010（5）：16.

④ 马丁·海德格尔. 演讲与论文集 [M]. 孙周兴，译. 北京：生活·读书·新知三联书店，2005：12-13.

⑤ 徐辉. 追思自然——论环境美学的根基 [J]. 陕西师范大学学报（哲学社会科学版），2006（6）：62.

⑥ 徐辉. 追思自然——论环境美学的根基 [J]. 陕西师范大学学报（哲学社会科学版），2006（6）：62.

道路——环境与人类社会协调发展的途径。其中最突出的是环境问题的全球化,各国的环境治理也从个别行动逐步转向全球行动。1979年第一次世界气候大会上,气候变化首次作为一个引起国际社会关注的问题提上议事日程。在联合国的组织下,各国关于气候变化问题进行了马拉松式的谈判,也签订了《联合国气候变化框架公约》(1992)、《京都议定书》(1997)、《巴黎协定》(2015)等一系列国际性的环境治理法规。虽然这些法规不如主权国家内部的法律法规有效,但是凸显了可持续发展的全球理念逐渐为人所接受,人与自然的和谐关系为现代人所重视。更重要的是,全球性的生态环境危机也激发了相关的理论思考。"20世纪70年代,各个学科领域相继进行了'环境转向',环境生态学、环境生物学、环境物理学、环境伦理学、环境心理学等环境学科纷纷涌现,联系的、有机的观念取代了孤立的、割裂的观念,生态学思维范式取代了机械论思维范式,一种基于有机整体和普遍联系的当代环境思想逐渐形成。"[1] 环境伦理学、环境美学、生态伦理学、生态美学、环境教育等思潮及其实践更是对人与自然环境的关系与环境治理进行了深入思考,提出了不少环境治理的真知灼见,对现实的人类生活和生产也起到了积极的作用。

二、环境伦理的人类中心与环境的文化属性

环境伦理学作为一门新兴伦理学,"它的主要特征是人类道德对象从人与社会领域扩展到生命和自然界;它的基本问题是:确认生命和自然界的价值,确认生命和自然界的权利,从而尊重自然,保护自然,以确保人类对自然的持续利用"[2]。环境伦理学批评了工业社会里人与环境的工具关系,认为当前"以环境污染、生态破坏和资源短缺为表现形式的全球性生态危机"是"自然无道德"的观念的产物。与传统伦理学相比,环境伦理学强调了自然是有内在价值的,而不只是满足人类生存需求与欲望的工具,因此,忽视人与自然的伦理关系是导致现代环境污染问题的重要根源之一。20世纪中叶以来,西方环境伦理学有两种主要观点、四种主要派别。两种主要观点为传统的泛道德主义和基于生态科学的、以生态为中心的环境整体主义。这两种观点又有四个主要派别:新人类中心主义、动物解放论、生物中心主义和生态中心主义。它们的基本理论问题包括自然价值论、自然权利论。[3]

---

[1] 杨文臣. 当代西方环境美学研究 [D]. 济南:山东大学, 2010:11.
[2] 余谋昌. 环境伦理学,一门新的伦理学 [J]. 阴山学刊, 2010 (5):16.
[3] 余谋昌. 环境伦理学,一门新的伦理学 [J]. 阴山学刊, 2010 (5):18.

第二章 公民美育的理论基础

从环境伦理学的分支理论和争论来看，环境伦理可以分为人类中心和非人类中心两大流派。人类中心视人类为自然环境的道德代理人，如环境保护主义者提倡的观点，但是物种歧视与人类沙文主义都是错误的。非人类中心持一种生态整体主义立场，批判了人类中心主义，强调动物的权利、敬畏生命等。关于环境伦理，也有一些不同的看法。有人认为环境伦理应该走向生态伦理，彻底消除人与自然的对立，因为"环境"一词仍具有较强的人类中心主义特征。

但是我们仍然主张要持一种人类中心主义立场。理由如下：

第一，环境问题最终是人的问题。环境伦理的重要内容之一就是自然价值论。自然的价值分为内在价值和外在价值、科学价值和美学价值等。环境伦理的产生是从伦理角度解决环境污染问题，也就是说，环境伦理的价值最终也是为了人类的利益。自然保护主义者遭遇到的两难是如何既享受城市－工业社会的好处，又能拯救自然。英国布里斯托大学的威廉·贝纳特（William Beinart）与彼得·科茨（Peter Coates）认为，西方的民众环境主义是一种"饱肚子"现象。[①] 因为这主要由中产阶级推动。这些人认为自然是优质生活的一部分。在现代消费社会里，绿色食品、洁净的水和空气都是他们追求的。更重要的是，环境问题的普遍性意味着环境污染后果为所有人承担，其间的权利、责任与后果之间的关系是否符合正义，又牵涉出福祉与资源的不公正分配的问题。可见，环境问题本质上还是人类社会的问题、政治问题、经济问题。于是这又引申出环境正义、环境保护与发展的矛盾等问题，仍有待环境伦理对此做出解释。人与自然的矛盾根源在于人与人的关系。所以，环境伦理要秉持它的初衷，才能最终走向一种环境政治的解决。环境正义也成了环境伦理的重要领域。因此，环境伦理的分析不仅仅是把传统的伦理道德简单移植到人与自然的伦理关系上，更重要的是把握人与自然的关系的文化性。

第二，环境的文化属性。从环境伦理的词义来说，"环境"本身就是一种人的视角。环境一词本身就具有文化含义。因为环境，或多或少都是由人来建构的，自然也是一种文化建构。英国的威廉·贝纳特和彼得·科茨根据环境的历史分析得出结论："自然的概念永远都是文化的表述。"[②] 环境不仅仅指自然环境，还包括文化环境、生活环境。即使是"荒野"，也有着文化印记，比如

[①] 威廉·贝纳特，彼得·科茨. 环境与历史：美国和南非驯化自然的比较［M］. 包茂红，译. 南京：译林出版社，2008：119.

[②] 威廉·贝纳特，彼得·科茨. 环境与历史：美国和南非驯化自然的比较［M］. 包茂红，译. 南京：译林出版社，2008：3.

原始人通过技术操控来改造自然。一部人类历史，就是人类征服自然的历史。① 道德或伦理本身是人类文化的特有属性。从文化的角度来分析，环境无关价值，环境的价值是对人而言的，是人所赋予的。环境污染问题是人自身的问题，即人类自身对人与自然关系的重新调整。自然环境的文化属性恰恰说明环境伦理不能脱离人来谈论。伦理专属于人，这是不会被动摇的。环境伦理仍是如此。虽然他们强调自然的权利、动物的权利，但是从这种"赋予""理解"，这些权利仍是人给予的。环境是人化自然。强调环境的文化属性不是自然中心，也不是人类中心，而是以人与自然的关系为中心。环境问题在于人要认识到环境与人的价值关联和审美关系，更要认识到以环境作为中介的人与人之间的关系。因此，环境问题是文化问题。所以，"罗马俱乐部的创始人贝切伊认为，我们面临的危机实际上是文化的危机，文明的危机。这就意味着，要想解决环境问题就必须从文化上进行深入反思，必须发动一场世界观、价值观的变革"②。

三、环境伦理与环境美学的整合

环境美学也是与环境伦理学一起产生的新兴学科领域。当代美学大致可以分为传统艺术哲学、环境美学、日常生活美学三大类型。环境美学研究的主要问题大致为：人与自然、艺术与环境、审美与生活、美学与伦理之间的关系；同时，环境美学也在景观评估、环境立法以及城市规划、环境设计等方面有着重要的运用。③

环境美学与环境伦理学具有密切的联系。有人认为两者是同一硬币的两面④，有人认为两者多半是同义词。⑤ 环境美学与环境伦理学的关系本身也成了环境美学研究的重要问题。环境的美与环境的伦理是难以分开的。常识告诉我们，一个不珍视自然审美体验的人在道德上总是缺了点什么。⑥ 以农村环境

---

① 强调 the artificial world 与 the natural world 的区别。Heather L Reynolds, Eduardo S Brondizio, Jennifer Meta Robinson. Teaching Environmental Literacy: Across Campus and Across the Curriculum [M]. Bloomington, Indianapolis: Indiana University Press, 2010: 72—73.
② 徐崇温. 全球问题与人类困境 [M]. 沈阳：辽宁人民出版社，1986: 72. 转引自：杨文臣. 当代西方环境美学研究 [D]. 济南：山东大学，2010: 11.
③ 杨文臣. 当代西方环境美学研究 [D]. 济南：山东大学，2010: 1.
④ Ingmar Persson. Environmental Ethics: An Aesthetic Approach [M] //King-Tak Ip. Environmental Ethics: Intercultural Perspectives. New York: Rodopi, 2009: 43.
⑤ 阿诺德·伯林特. 环境美学的发展及其新近问题 [J]. 世界哲学，2008 (3): 22—36.
⑥ Marcia Muelder Eaton. Merit, Aesthetic and Ethical [M]. New York: Oxford University Press, 2001: 176.

美为例，当前美丽乡村建设是美丽中国建设的重要组成部分。但是，美丽乡村是农民辛苦劳作的结果，而认为"乡村"美丽的人则是外乡人。这一劳作者与审美主体之间的错位使得我们在审美时难免追求一种形式主义的评价。"谁知盘中餐，粒粒皆辛苦"，农民的辛苦却在审美中只字未提。这也说明城里人的审美是传统静观的审美。在农民眼里，农业劳动并没有美感。至于农业环境美，无非就是田园风光，而农家乐似乎也把环境美与功利性结合起来，把生产价值与生态价值、生产价值与审美价值统一起来。关于城市环境美，我们都认为，山水园林城市是人类理想的生活环境，历史文化名城则是最具魅力的城市，但是并没有考虑城市垃圾处理问题。如前所述，对于自然环境和生活环境的审美是一种参与性的审美，那么价值问题、伦理问题自然是无法回避和分割开来的。

环境伦理最终走向环境美学。为什么要关心环境或者说保护环境？如前所述，把一般伦理理论运用于环境伦理是不恰当的。以后果论为例，一般人认为，"环境伦理是后果主义立场，它允许你采用自己喜欢的方式对待具有道德地位的人类，只要总体的环境后果足够的好"[1]。但是，"自然秩序是不平等和不公正的。因此，从功利主义最大化和正义的观点来看，自然秩序远不是道德的，它也许甚至在道德上是不可证明的。……环境伦理学的目标不等于后果主义者的道德的目的"[2]。因此，生态规律"弱肉强食"似乎与人类伦理相违背，但这正是环境伦理的重心和基础。"自然秩序包括了尤其多的非正义（一种道德方面，功利主义）。"因此，应该在人与自然的关系中审视环境伦理。瑞典哥德堡大学哲学系教授英格玛·佩尔松（Ingmar Persson）以保护旧建筑为例，解释了如何解释（证明）环境伦理的目的。他相信，环境伦理的目的表征了一种审美理想而不是道德理想。因为建筑没有欲望和意识，因此对建筑来说，无所谓好坏，也无所谓伤害或损害。但是我们保护它们是为了我们从它们的历史中学到什么。同样，保护自然环境也是如此。第一，因为它是美丽的、庄严的和令人敬畏的；第二，它能告诉我们关于地球历史演变和地球上的生命进化。从环境伦理的观点来看，我们更关注美丽和壮观的生命物质。[3] 这是两者合流

---

[1] King-Tak Ip. Environmental Ethics: Intercultural Perspectives [M]. New York: Rodopi, 2009: 47.

[2] King-Tak Ip. Environmental Ethics: Intercultural Perspectives [M]. New York: Rodopi, 2009: 50.

[3] King-Tak Ip. Environmental Ethics: Intercultural Perspectives [M]. New York: Rodopi, 2009: 50.

的最重要之处。因此，英格玛·佩尔松认为环境伦理不是伦理学的分支，主张以环境关注（environment concern）取代环境伦理学。[①] 审美价值是一种环境对自然美丽的持有者特别是人类的价值。"但是如果环境伦理学的审美途径是正确的，那么人类中心说又回到了环境伦理，因为对审美的需求是人类中心的。我们也有理由来保护自然环境，因为我们发现它很美丽，是一种丰富的信息源泉。"[②] 正因为此，才需要欣赏自然的美，而非工具关系般视万物为刍狗，前者才是人性的体现。如果我们要使审美和创造性问题超出艺术范围，那么我们就必须得生产一种新的现代视野：环境美学是一种概括美学在决策中的作用的领域。这已经不仅仅是审美或运用艺术领域的形式主义要素来看待自然和环境的审美的问题。这也就意味着环境伦理走向环境美学。环境问题是人的问题和社会问题，这意味着人与环境道德的审美关系具有了道德含义，即以环境正义批判对自然美丽环境的破坏。这是一种环境伦理与环境美学的整合。

从自然的价值来看，环境伦理学强调自然的内在价值，而审美是发现自然内在价值的重要方式。对自然的审美体验，营造美丽的生活环境，这既是一种审美，也是在过一种有价值的生活。环境是具有道德、审美和精神意义的空间与场所。这里还存在一种"价值空间"——价值在环境与人之间来回移动的空间，这一空间基本上修订了我们对自我与环境之间的边界的感知。这种价值空间具有转换性意义。价值空间的选择性建构集中在"有意义的联系"概念。[③] 人与环境的联系不仅不是物质交换，即物理环境影响我们的物理的、化学的和技术的交往，也被这些物理的、化学的和技术的交往所影响，更要注意人类价值与非人类交往中的价值之间的相互依赖。[④]

环境美学与环境伦理一样都强调文化性。生态主义、文化主义是环境美学的哲学基础。"文化主义的立场是人的价值、人的利益；生态主义的立场是整个地球的生态平衡，是宇宙的和谐存在与运转。兼顾生态平衡与人类的利益是当前人类所面临的最大问题。环境美学的哲学基础只能是生态主义与文化主义

---

① Emily Brady, Pauline Phemister. Human-Environment Relations: Transformative Values in Theory and Practice [M]. New York: Springer International Publishing, 2016: 150.

② King-Tak Ip. Environmental Ethics: Intercultural Perspectives [M]. New York: Rodopi, 2009: 51.

③ Emily Brady, Pauline Phemister. Human-Environment Relations: Transformative Values in Theory and Practice [M]. New York: Springer International Publishing, 2016: 9.

④ Emily Brady, Pauline Phemister. Human-Environment RelationsTransformative Values in Theory and Practice [M]. New York: Springer International Publishing, 2016: 9.

两种哲学的统一。"① 人与环境的审美关系在于文化与环境的整合。这实际是环境美学与环境伦理学的整合,即人与环境的审美关系。

环境伦理与环境美学都强调人的主体地位。如前所述,我们强调人类中心的环境伦理。美不是自然的内在价值,而是人的内在价值。也就是说,自然环境的美是针对人而言的价值属性。美国北得克萨斯大学的贝尔德·克里考特(Baird Callicott)认为:当审美个体退出画面,只留下生物共同体作为尊重和道德考虑的目标,那么这种美是没有意义的。② 自然环境离开了审美主体,就没有审美对象,也就没有了美。王阳明游南镇时发表了一番关于花树的言论。他的朋友说:"如此花树在深山自开自落,于我心亦何关?"王阳明则说:"你未看此花时,此花与汝心同归于寂;你来看此花时,则此花颜色一时明白起来,便知此花不在你的心外。"③ 这番话很好地解释了自然环境的文化属性,也解释了我们为什么要持一种人类中心的立场。又如,荒野的美可能吗?其实美学中的移情说、联想说、想象说、拟人说等,都强调自然的类人性。只要在人的关照下,自然便不是自在的自然了,而是人化的自然。所以,荒野之说不是很确切。陈望衡认为,在对自然的审美中,人是不可或缺的力量,不能把人从与自然的关系中去掉。而"自然全美"有可能走向反人文。自然美是生态与文明共同的产物,自然创化与自然人化共同创造了自然的审美潜能。自然创化是指生态意志与生态力,即一种原始力的作用,其中生态意志是指支配生态调节的客观必然性,生态力是指生态(生物圈)运动的力量。自然人化则是指人的活动。④ 人与自然的审美关系是环境美与环境伦理整合的基础。

环境伦理与环境美的整合的另一基础是美与责任的整合。"从逻辑上说,一个人不应该毁坏美;从心理上讲,一个人不希望毁坏美。这样的行为既不是不情愿的也非勉强而为的,绝非对另一件事物的不情愿的责任所限制的;这是一种愉悦的关心,是责任,因为其正面动机是可依赖的和有效率的。这种伦理是自然而来的。……责任就是通常所说的在人类社区里'欠'别人的,最紧密联系的是经典的伦理的道德共同体;并且现在环境伦理包含了生物共同体,一种土地伦理。欠动物的,欠植物的,欠物种的,欠生态系统的、山脉和河流

---

① 威廉·贝纳特,彼得·科茨. 环境与历史:美国和南非驯化自然的比较 [M]. 包茂红,译. 南京:译林出版社,2008:69.
② King-Tak Ip. Environmental Ethics: Intercultural Perspectives [M]. New York: Rodopi, 2009:47.
③ 陈望衡. 环境美学 [M]. 武汉:武汉大学出版社,2007:183.
④ 陈望衡. 环境美学 [M]. 武汉:武汉大学出版社,2007:229.

的，欠地球的——这是一种适当的尊重。"① 被扩展的美学包含了责任。美学也建立在自然历史的基础上。环境伦理需要这种扩展的美学。② 人类与环境的关系通过审美实践得以沟通。

四、美境是尊严的象征

美与道德的关系是个重要的哲学问题。康德的名言"美是道德的象征"已然道出了美学与道德的关联。西方古希腊时期，柏拉图和亚里士多德都认为："所有艺术均具有道德性（moral nature），因为艺术会影响我们看待世界的方式，会影响我们与世界的关系。"③ 维特根斯坦也认为，伦理学和美学是一回事。所以，哲学家们似乎都赞同美与道德的正联系。

那么，这一关系在环境问题中是否成立呢？我们认为，环境美与环境伦理的整合，最集中的表达应该是"美境是尊严的象征"。美境是指美丽的生活环境与自然环境。居住在美丽的生活环境与自然环境里，即所谓的"诗意地栖居"，是人们向往的一种审美存在状态。生态性与人文性、自然性与人工性的矛盾与统一是环境美学研究的基本问题。环境是我们的家，故环境美最根本的性质是家园感，在环境美的视域内，宜居进而乐居是环境美的首要功能，乐游是它的第二功能。

这种宜居乐居、诗意地栖居，更多是在精神层面的道德理想。所以，一种美境固然可以反映其拥有者和创造者的财富收入和社会阶层，也更是他们的精神境界和人格品质的反映。一个人吃穿是锦衣玉食，住的房屋也是雕梁画栋、庭院深深，这无疑是美的生活环境与自然环境。在这种情况下，美境是身份与等级的象征。如果一个人吃的是粗茶淡饭，穿的是粗布衣裳，住的是绳牖木床、茅屋简庐，但是他仍无忧无惧、安之若素；衣服有补丁，但仍干干净净；房屋很简陋，但仍整洁干净，这也是一种生活美境。在这种情况下，美境是尊严的象征。这既可能是中国古代的道德理想，如安贫乐道、陋室铭精神，也可能是西方启蒙时代的权利主张，美境无关贫富，而是人的权利和尊严，即使是破茅屋，也要"风能进，雨能进，国王不能进"。这两种情况都是人性和尊严的体现。

---

① 阿诺德·伯林特. 环境与艺术环境美学的多维视角 [M]. 刘悦笛, 译. 重庆：重庆出版社, 2007：168.

② King-Tak Ip. Environmental Ethics: Intercultural Perspectives [M]. New York: Rodopi, 2009：43.

③ 舍勒肯斯. 美学与道德 [M]. 王柯平, 高艳萍, 魏怡, 译. 成都：四川人民出版社, 2010：13.

第二章 公民美育的理论基础

美境体现了生活环境层面伦理与审美的整合。美丽中国建设关涉中国人的生活幸福与人格尊严问题。生活清贫仍保持衣食住行的整洁,这是保持为人的尊严。处困境厄运之中仍保持对美好生活的向往,这更是为人的尊严。《米娜的食谱》(Mina's Cookbook)记叙了这样一段历史。位于捷克的泰瑞辛集中营"监禁了中欧犹太人中最优秀的诗人、将领、音乐家、艺术家、企业家和学者,纳粹给他们有限度的自由,准许他们创作、制作小型歌剧、教小孩绘画写生,甚至举办专题学术讲座,为的是要哄骗全世界,让大家以为法西斯对犹太人其实没有传说的那么坏。"① 但是到了战争末期,希特勒失去了耐性,这里成了赴奥斯威辛毒气刑场的中转站,生活条件非常糟糕。"从大人的素描与生者的见证看来,我们知道在最后的日子里,囚犯每天获得的可能就是一碗用豆粉冲开的汤;很多老教授和法官丢弃了尊严,向别人乞讨多余的食物;尚有余力的青年则开始剥刮树皮……米娜就是在这样的情况底下,荒谬地写起她的食谱,预备留给她不可能有机会重逢的女儿。……泰瑞辛的妇女们开始回忆她们吃过煮过的东西,她们想起中欧犹太人过节吃的煮鲤鱼,想起人人都爱而且自己也会动手酿制的啤酒。那些食物的味道如此美好,围绕着它们的记忆是如此愉快。她们眼前是酷寒的冬天,杯子里是稀薄如水的豆汤;但她们还是笑着谈起匈牙利牛肉炖汤的香浓,仿佛当下面对的尽皆幻象,不如回忆真实。"② 米娜于1944年饿死在泰瑞辛集中营。临死之前她千方百计地把她编写的食谱转交给一个德国朋友,请他转给远在巴勒斯坦的女儿。由于没有地址,她的朋友根本不知从何寄起,以致这份来自集中营的菜谱在二十年后才到了她的女儿手里。这份纸片发黄、手工装订的食谱体现了纳粹摧毁不了的人的尊严。这种尊严意识需要教育来发掘,公民美育正是这样一种教育形式。人的尊严、权利意识以及独立、自由、平等人格的形成,才是公民美育真正的意义或价值。至于对环境保护的责任感,也是在人的尊严的基础上才能产生的。无尊严,也就无责任感。

美是最容易被损害的,美丽的自然环境与整洁的生活环境也是最容易被损害的。但是对于这些最容易被损害的美的事物的维系和向往,则体现了人的精神之不堕、人性和尊严。中国传统文化中"清心寡欲"的人生理念并不仅仅是在人得不到满足时抑制欲望,更是主动抵制诱惑,控制自己的欲望。在环境保护过程中,消费公民也是被讨论较多的话题。对于靠刺激人的欲望来取得经济

---

① 梁文道. 味道之人民公社 [M]. 桂林:广西师范大学出版社,2013:188.
② 梁文道. 味道之人民公社 [M]. 桂林:广西师范大学出版社,2013:189-190.

发展的消费社会，保持人不被欲望所奴役和支配，这不仅可以减少在过度消费过程中产生的大量温室气体的排放，也是我们常说的"环境保护，从身边的小事做起"，同时，这也体现了人的主体性，即个体拒绝被这种过度消费背后的权力与资本所支配而成为一种"消费动物"，比如慢生活、简生活，都是一些具有环境保护性质的生活方式理念。生活环境的变化即是一种生活方式的变革。中国古代社会里士大夫阶层追求一种干净的生活环境，并寄情于自然风景，追求一种田园生活，这是一种整合了人生价值与人生美学的生活方式。如唐代诗人王维，他参禅悟理，信奉老庄之道，深受清贫思想的引导，在官场沉浮几十年，后半归隐。从他的诗中，我们可以体会他的淡泊，如《辋川闲居赠裴秀才迪》中的"寒山转苍翠，秋水日潺湲。倚杖柴门外，临风听暮蝉。渡头余落日，墟里上孤烟。复值接舆醉，狂歌五柳前"。看到他描绘的生活环境，自然让人生发向往之意。

总之，人对自然环境与生活环境的态度，既有审美意义，更有道德意义。环境的审美态度与伦理思考在具有公共性的环境问题里整合起来，为公民美育提供了具有中国特色的理论基础。

第三章 公民美育的内涵、特征与内容

公民美育既兼有公民教育的性质和特点，又含有美育的属性和功能。因应美丽中国建设的时代要求，公民美育不仅仅是公民教育与美育的结合或拼贴，还有着自己独特的内涵、特征、价值、目标和内容。公民美育丰富与拓展了公民教育和美育各自的内涵和功能：美育成为公民教育的新的突破口和发展方向，同时又超越了传统美育的内容和功能，给予美育以新的属性和新的含义。

第一节 公民美育的内涵

一、目的：为了公民的美育

公民美育是指通过营造、保护优美整洁的生活环境和自然环境来培养学生的公民意识、公民能力和公民情感态度的一种公民教育理念和模式。

有一种看法认为，公民美育就是培养作为公民的学生的审美素养。这样，公民美育就是对一个国家里的公民实施的美育。这一理解将公民美育归属到美育。这一理解有诸多不确之处。第一，这一理解仍游离于公民教育之外。公民美育的目标是培养公民的品质。审美素养要与公民品质结合起来，否则这种所谓的"公民美育"仍然就是美育，并没有使美育产生新的变化，也就没有必要提出"公民美育"这一概念了。美育因为与公民教育整合必然产生改变。公民美育促进审美素养与公民品质之间相互作用。第二，美育传统因公民教育而发生变化，而公民素质因有了审美素养而具有了新的面貌。美育与公民教育的整合使公民教育具有了新的属性，而非归属于两者之一。另外，这一理解也窄化了当代美育的发展范围。如前所述，当代美学已经不局限于基于艺术的传统静观论，愈来愈强调审美活动要参与和介入审美对象，还产生了生活美学、公共美学。相应地，美育也不仅仅是培养审美素养，或者说局限于传统的艺术教育。传统美育的模式主要基于艺术美而产生，而社会美、自然美、生活美的审美教育大多移植于前者。这种基于艺术审美的美育思维忽视了社会美、自然美、生活美的审美特性。而后者却与公民美育有着密切的联系。因此,公民美育必然要求美育途径不能局限于静观式的艺术审美活动,而要探讨自然美、社会美这类环境美的审美特性及其审美教育。

因此,公民美育的目的仍在于培养公民,美育是公民教育的渠道或途径,公民品质要融入审美素养。

传统艺术教育也曾是公民教育的重要途径。这已如前所述,如古希腊时期的戏剧就是公民教育的重要方式。

在现代社会,美育更是重要的公民教育途径。范昀通过分析卢梭和狄德罗关于戏剧的教育价值的不同看法探讨了美育的公共维度。在《论科学与艺术的复兴是否有助于使风俗日趋纯朴》一书中,卢梭对科学和艺术持批评态度。他认为,人的知识愈多,人心反而愈险恶;科学和艺术愈繁荣,社会便愈奢靡成风,人们耽于生活的享受和财富的追逐;所谓的文明,只不过是看起来像文明;所谓的进步,实际上是在堕落。因此,科学和艺术无助于道德和风尚的改善,反而使其更加堕落与腐化。[①] 但是,狄德罗针对西方近代的社会生活的变化,强调了戏剧表演对公共生活的重要作用。一个优秀的演员需要去观察人类,钻研人性,以及比较和揣摩每一次的表演,才能取得好的表演效果。他认为,"剧场表演的目的是为了将情感传达给台下的观众,这种传达的有效性靠的不是满腔赤诚,而是技巧。在陌生的大城市中,人与人之间的有效交往和互动,依托的也是这种非人格的技巧。……一个演员在台上真情流露,未必能造成台下观众的共鸣,反过来,台上的演员刻意制造的感情,却能更有效地激发观众的情绪"[②]。范昀认为,现代社会是一个陌生人的社会,人们需要了解他人,同时控制自己的言行和情感,这也是公共空间里必备的意识和能力。"在'社会'这个空间里,存在着大量的互不相识的陌生人,这就需要人们重新探寻人际交往的方式。戏剧表演在那个时代恰恰为这种新的交往方式的确立提供了指引与导向。……狄德罗看到,戏剧艺术教会人学会如何扮演,学会如何控制自我的感情,学会如何有意识地制造人为的情感,这种情感将有助于交流对象的有效接受。戏剧艺术确实能够充当一位生活的教师,它通过潜移默化的方

---

① 卢梭. 论科学与艺术的复兴是否有助于使风俗日趋纯朴 [M]. 李平沤,译. 北京:商务印书馆,2011:译者前言 5.
② 范昀. 戏剧美育与公共生活——论卢梭与狄德罗的戏剧之争 [J]. 美育学刊,2012,3 (6):71.

式教导了人们公共空间中的相处之道。"① 也就是说,戏剧表演为陌生人社会里的人际交往提供了指导。"在现代社会生活中人们只有像演员在舞台上那样节制情感扮演角色,才能达到人际间良好的互动。"② 这实际是通过戏剧角色的扮演与体验,让观众学习了公共生活里的社会交往。由此,卢梭与狄德罗形成了对人的教育价值与公民教育价值的分歧。"卢梭与狄德罗的戏剧美育之争,根源在于个体的人格教育与社会的公民教育之间的区分。在卢梭的意义上,他想用个体性真诚性的政治来取代公共性模仿性的政治;而在狄德罗的意义上,个体性是个体性,公共性是公共性,两者分属不同的领域。"③ 当然,范昀对狄德罗的支持戏剧表演、重视社交文化做过过度的诠释,但是他提出的问题以及人的教育与公民教育的割裂的确是一个很有价值的教育问题。公民美育的重要价值之一即是弥合人的教育与公民教育的分裂。

即便是静观审美的代表康德,其提倡的美学也与美育有着重要联系。席勒认为,美育是一种情感教育,它凭借美的力量达到和实现感性和精神力量的整体和谐。④ 美育的情感陶冶在于能够凭借审美产生自由愉快的美好情感,净化掉人的情欲中那种原有的自私和粗野,使之上升到一种纯净而高尚的境界。席勒在《论崇高Ⅱ》中说道:"假如没有崇高,美就会使我们忘记自己的尊严。我们被接连不断的快感弄得虚弱松懈,就会丧失性格的朝气蓬勃,而且我们被存在的这种偶然形式紧紧缚住,我们永恒的使命和我们真正的祖国就会在眼前消逝。只有崇高与美结合起来,而且同等程度地培养我们对两者的敏感性时,我们才是自然的完美公民,因而不会是自然的奴隶,也就不会在只能靠理性而不能靠感性来认识的世界中丧失公民权。""崇高应该联合美,以便使审美教育成为一个完整的整体。"⑤ 优美的活动范围小,大致局限于生活领域;而崇高

---

① 范昀. 戏剧美育与公共生活——论卢梭与狄德罗的戏剧之争 [J]. 美育学刊, 2012, 3 (6): 71.

② 范昀. 戏剧美育与公共生活——论卢梭与狄德罗的戏剧之争 [J]. 美育学刊, 2012, 3 (6): 71.

③ 范昀. 戏剧美育与公共生活——论卢梭与狄德罗的戏剧之争 [J]. 美育学刊, 2012, 3 (6): 72.

④ 弗里德里希·席勒. 审美教育书简 [M]. 冯至, 范大灿, 译. 北京: 北京大学出版社, 1985: 108. 情感的陶冶对人来说之所以重要,不仅仅是由于情感作为客体能否满足主体需要所产生的情绪体验,是人的一切活动的力量的源泉(要是没有需要的驱动和情感的激发,也就不会有人的行动),而且还由于人的心理结构是一个整体,在知、意、情三者之间,任何一种因素的变化,都会影响和辐射到其他两极,导致整个人格的改变。这就充分显示了情在人的整个心理结构中的重要地位。

⑤ 席勒. 论崇高Ⅱ [M] //席勒散文选. 天津: 百花文艺出版社, 1997: 108. 转引自: 王元骧. 美育并非只是 "美" 的教育 [J]. 学术月刊, 2006 (3): 121.

则是大的、无限的，或者说超越的。这样，崇高超越了个体有限的经验，进入一个超我的境界。这可以是精神境界，也可以是社会境界，也可以是自然环境。因此，崇高与环境问题、宏观审美联系起来，逐步具有了培养具有高远境界、责任使命感、超越自我利益的公民的教育价值。崇高的这种超越性为公民人格或公民品质提供了重要的基础。

基于环境问题的公民美育具有弥合人的教育与公民教育的分裂的作用。追求美丽环境，无论是自然生态环境，还是日常生活环境，既是"爱美之心，人皆有之"的必要，也是人格尊严与幸福体验的体现。美丽中国建设面临的环境问题，既有空气、土壤、水体遭到污染等生态自然环境问题，也有人们日常生活环境的脏乱差的问题。追求一种整洁宜居的生活环境，意味着公民美育的行动既有欣赏美丽环境，也包括营造、保护这一整洁美丽环境的任务。

尤其我们提出的公民美育是针对具有公共性的环境问题，即建设美丽中国的，无论是就个人与国家的关系，强调基于国家认同与为了国家认同，还是就个人与生活环境、自然环境的关系，强调对公共环境的责任，都是针对公民身份的核心即公民品质的培养。

更重要的是，当前公民美育有利于或专注于公民情感的培养或优化，使得公民美育比传统的公民教育更具有针对性和独特性。与当前强调培养理性能力的现代公民教育相比，公民美育更强调公民对公共环境、公共事务的热情、想象、态度、品位等公民品质的培养。这些因素更具有个体性，更是个人与公民之间的融合。因此，公民美育是使得好人与好公民不再错位割裂的一种可能方式。

二、机制（途径）：审美、造美、护美

美丽中国建设从国家角度谈美丽环境的造就，这自然就突出了环境治理、环境保护、环境维护，并将其置于个体与国家的关系中来审视。因此，参与美丽中国建设，自然就具有了公民教育的功能。换句话说，学会欣赏中国美丽的自然环境，营造美丽整洁的生活环境，并保护自然环境和生活环境的持续美丽，这是绝佳的公民教育实践。在审美、造美、护美的公民教育实践中，公民品质和公民人格随着这种自由愉悦的与美交往的活动逐渐形成。

（一）审美

欣赏美是公民教育的传统途径。国家认同感形成的文化因素包括民族语文、民族艺术、历史地理知识和名胜古迹、传统的道德理想和信念。前三者几乎都与美和美育密切相关，比如让学生欣赏祖国隽永的文学作品、美丽的大好

河山、优秀的传统艺术，这在潜移默化之中增进了学生对自己祖国的山川、艺术和文化的精神依恋与情感认可。

在早期西方现代民族国家形成时期，艺术是培养公民的国家认同的重要工具。例如在19世纪90年代的澳大利亚，兴起了新的民族精神，要求成为一个与英国平起平坐的独立国家。依据本尼迪克特·安德森的观点，大众传媒是营造"想象的共同体"的重要手段。"在19世纪最后二十年间，澳大利亚各地的报纸杂志成为民族主义者陈述民主和倡导自由的阵地：一些资产阶级激进派开始为悉尼的《悉尼公报》等报刊、布里斯班的《飞旋镖》等杂志撰写文章，鼓吹独立运动。与此同时，文学、艺术、音乐等形式也直接步入了表达澳大利亚独特意识的天地。这些均为澳大利亚民族主义运动的发展奠定了思想理论基础。"[1] 19世纪90年代，澳大利亚人的形象集中表现为"丛林人"。"丛林人"以其蔑视权贵而著称，还具有忠实于伙伴和独立民主的意识。例如"伙伴情谊"被认为是澳大利亚的重要价值观。因此，澳大利亚美术界、新闻界、文学界都争相表达这种价值观。[2] 文学家、艺术家激发了澳大利亚人的民族情感。19世纪80年代，澳洲民族文学在澳洲民族主义运动中应运而生。1880年成立的《公报》（*The Bulletin*）极大地唤醒了澳大利亚的民族自我意识，主张"澳大利亚特性"，具有里程碑的意义。有人这样评价道："这一时期的文学作品散发着丛林的质朴气息，洋溢着民族独立的精神，将人对自然的崇敬与征服、澳洲人的乐观豁达与坚忍不拔，以及患难与共的'伙伴情谊'提升到民族性格与民族精神的高度。"[3] 1908年，22岁的澳大利亚诗人麦凯勒在伦敦《旁观者》（*The Spectator*）杂志上发表了题为《我心中的至爱》（*Core of My Heart*）的诗歌。这首诗后来被改名为《我的祖国》，流传至今，是推动澳大利亚民族主义运动的代表性作品。"诗人十几岁时随父亲游历了欧洲许多国家，受过良好的教育。小时候在澳洲牧场的一景一物已在她的心里烙上了深深印迹，对这片土地强烈而深沉的爱正是澳洲大陆孕育的潜在的民族认同感。诗作节奏感很强，后有人将其改编成歌曲传唱，客观上对当时民族主义运动起到了积极的推动作用。"[4] 这就是艺术的公民教育作用。

优美的自然环境也具有同样的公民教育功能。我们认为，艺术有助于欣赏者形成良好的艺术修养、敏感爱美的心灵，这种心灵是对环境的护美和造美的

---

[1] 姜天明. 澳大利亚联邦史略 [M]. 沈阳：辽宁大学出版社，2000：91.
[2] 吴祯福. 澳大利亚历史（1788—1942）[M]. 北京：北京大学出版社，1992：243-244.
[3] 张勇先. 澳大利亚研究纪念文集 [M]. 北京：外语教学与研究出版社，2010：146-148.
[4] 张勇先. 澳大利亚研究纪念文集 [M]. 北京：外语教学与研究出版社，2010：146-148.

审美基础。如果是作为公民美育的审美活动,那么欣赏对象的公共性非常重要。欣赏优美的国家自然环境的作用与上述艺术的公民教育作用是一致的。自然环境是一个国家的地理环境,这是国家的物质存在,具有公共性、全民性,因此对国家的自然环境的审美具有了公民教育的作用。祖国的壮丽山河作为个体认同符号增强了爱国情感,甚至一些美丽风景成了国家的象征,如中国的长城、日本的富士山等。长江长城、黄山黄河、锦绣中华,这些词语的描绘体现了一种爱的情感、一种因美丽而激起的爱国情感。

(二)造美

营造美的环境是公民的责任。美丽中国建设自然不只是静观式审美,更是一种审美的介入。介入既包括美境建构,也包括环境保护。这里所说的"营造"不是指个人家里的装饰,而是指维护公共环境的美丽整洁干净,大到民众自发组织修建社区的小花园、平整草坪,小到自觉地捡拾垃圾、打捞河里废弃物。

早在 20 世纪 80 年代,赵宋光便提出"美育是一种立美教育"的看法。[①]他指出,传统的美育忽视了立美与审美的关系。立美是审美的前提。立美就是建立美的形式,即人类按照美的规律来塑造物体,也按照美的法则塑造自己。审美是认识美之所在。[②] 赵宋光非常强调"形式"。例如,自然美如果不考虑人类因素(即人类运用自然规律的实践活动)则是乏力的。"儿童对自然美的兴趣常以本能的方式流露,若得不到正确引导,可能出现两个结果:一是兴趣停留在短暂、肤浅、狭窄、零散的水平上,成为对儿童智能发育的干扰(功能性障碍);二是随着年龄长大,个人狭小范围内实用事务的忙碌,这种兴趣就逐渐淡薄乃至消失了。审美教育有责任把儿童天生的爱美兴趣引导到对于自然规律性形式的热爱,使其成长为对自然规律的强烈求知欲,提高为对自然规律在人类实践中重要意义的深刻领悟。"[③] 他以对彩虹、雪花的审美为例,指出现代人对自然美的审美意识内容远远超出古代文艺作品的范围。这就强调了欣赏自然美中科学知识的重要性。

古代人往往由各种自然物的外观引申到拟人化的类比联想而加以观赏,而

[①] 赵宋光. 论美育的功能 [M] // 瞿葆奎. 教育学文集:美育. 北京:人民教育出版社,1989:50.

[②] 赵宋光. 论美育的功能 [M] // 瞿葆奎. 教育学文集:美育. 北京:人民教育出版社,1989:50.

[③] 赵宋光. 论美育的功能 [M] // 瞿葆奎. 教育学文集:美育. 北京:人民教育出版社,1989:81.

科学成了现代人对自然审美的一种背景,强调"真"(合规律性)成为现代自然美育的重要特点。不过,也正因为此,对自然的敬畏、神奇的惊叹也少了许多。

但是,关于造美,普通民众与专业艺术家是有区别的。民众的造美只是生活中的立美,比如一些支持美化公共环境的行为,如在窗台布置花卉、给外部墙壁涂上亮丽色彩以及打捞河里垃圾、捡拾沿途的塑料袋纸屑等垃圾废弃物之类的行为,都是营造美丽生活环境的行为。而低碳生活则是在营造美丽自然生态环境。

(三)护美

爱护公共环境的美丽,保护环境免于污染,这更是公民的积极责任。公共环境最容易产生"公地悲剧",而个人未必有能力、有权利约束别人的破坏公共环境的行为。因此,护美是公民建设美丽中国的最高任务。面对城市化及其流动性,不同文化、不同社会阶层的人聚居在一起难免出现公共空间环境里的矛盾,尤其是一些破坏、损害公共环境的行为,我们如何来制止、约束,这是个考验公民勇气和智慧的问题。

护美是一种基于审美的环境管理(enviroment steward)。以社区环境管理为例。"我国对社区环境建设起始于20世纪80年代的城镇化发展。随着科学发展观和可持续发展观的提出并深入人心,国家政府、各级党委以及理论专家学者对社区环境建设日益重视,不断探索、实践论证。民政部在促进城市社区建设,推动社区管理的意见中曾提出:美化社区环境,要大力整治社区环境,净化、绿化、美化社区。提高社区居民的环保意识,社区居民应充分了解社区的环境状况,搞好社区环境卫生,努力打造干净卫生、清新整洁的美好社区。"[①]

但是我们更关注自下而上的民众参与环境管理。[②] 普通民众的护美行为也存在着如何处理人类与环境之间的关系的问题。现代西方国家以命令-控制为主的管理策略是建立在自然与社会分离的二元基础之上的。[③] 这也是自然环境产生问题的重要原因。公民美育的理论基础之一即人与环境的审美关系,这也是一种伦理关系,即个体与环境的和谐共处状态。因此,构建一种自下而上、

---

① 邱玥. 百步亭花园社区环境管理研究[D]. 武汉:湖北大学,2014:3.
② 肖雷波. 后人类主义视角下的环境管理问题研究[J]. 自然辩证法研究,2013,29(9):53-59.
③ 肖雷波. 后人类主义视角下的环境管理问题研究[J]. 自然辩证法研究,2013,29(9):53-59.

富有弹性的环境管理体系是重要的护美方式。

民众的护美行动包括两种类型：一是个体行动，一是集体行动。在制止对自然生态环境和日常生活环境的破坏上，个体行动和集体行动有所不同。一般而言，保护自然生态环境在个人层面的行动比较多，而保护日常生活环境在集体层面比较多。

新的《环境保护公众参与办法》规定了公民、法人和其他组织对环境保护公共事务进行舆论监督和社会监督。如第十一条："公民、法人和其他组织发现任何单位和个人有污染环境和破坏生态行为的，可以通过信函、传真、电子邮件、'12369'环保举报热线、政府网站等途径，向环境保护主管部门举报。"这一规定相较以前有所改进，但是整部《环境保护公众参与办法》都是针对"环境保护主管部门"而言的，规定了这些部门的职责，体现了政府主导的传统，而并未从民众的角度来思考问题。《环境保护公众参与办法》并没有过多地强调公众的参与权利及其做法，只是强调监督是民众护美的主要方式。但是公众参与的前提是民众具有保护美丽环境的权利和责任。护美不只是权利，一种社会权利，更是一种责任，一种主动的环境守护。所以，有人建议完善公众参与原则，建立环境权体系，因为公众参与的理论基础就是环境权。

总之，作为公民而言，美丽中国建设包括三个部分：审美、造美、护美。获得相应的知识、能力、技能是公民美育的重要内容。当前一些美育实践只局限于艺术教育，或把审美素养培养局限于艺术教育，是不适于美丽中国建设这类情况的，也不利于让学生作为公民积极参与到环境的治理与保护中来。

三、实质：营造审美共同体

在环境问题上，公民美育从美育和审美视角看待公民在环境问题上的参与。我们用"公民美育"概括这种从美育角度看待公民参与环境保护的各种实践行为。公民参与的美育视角是一种什么视角？首先它强调移情和想象，对美丽事物的敏感，让审美与情感产生了联系。这一点与一般美育相同。其次，与一般美育不同的是，公民美育强调的审美对象为公共环境的美丽整洁与否，如小区卫生、社区环境和区域内的土壤、水体、空气是否被污染，以及社区的其他排污问题等。对这些环境的美育参与，一方面强调社区民众能够维护美的环境，以及主动创造美的环境，并欣赏这一美的环境。这里涵盖了对美丽环境的保护及与之休戚相关的意识等。另一方面，社区民众不一定每个人都会积极参与进来，那么如何让那些对美丽事物不敏感，也不愿加入造美、护美的行动的民众能够参与呢？这涉及一个更重要的问题，就是如何形成一种共同感。通过宣传、联系使边缘人和旁观者参与进来，在护美、造美的行动中培养这些人对美丽环境的敏感，尤其移情、想象让这些人能够理解环境保护的意义，在这一行动和教育的过程中，让不积极参与的民众发生思维、态度、价值观乃至审美素养的积极改变。这一改变最终可让这些民众相互之间的关系、民众与环境的关系发生积极改变。其中一个积极的结果就是"共同体"的形成。因为环境保护成了一个重要的目标，也是一个大家休戚与共、普遍受益的问题，所以在解决这一共同问题的过程之中，共同体意识慢慢产生了，边缘人和旁观者逐渐成为共同体的成员。

公民美育源于现实生态环境治理的时代要求，即致力于解决美丽中国建设的主体问题，培养公众自下而上的主动参与和责任担当精神。当前的一些建设行为如社区花园的建造、河流水质的监测与监督，其中有什么价值观呢？对本地区环境的保护，就动机而言可以分为两种：一是个人利益，二是审美偏好。但这两者都是基于个体来思考问题的。而公众参与环境问题需要超越个体利益做整体的思考。如果为了个体利益，哪怕是个人社区利益，就可以把垃圾倾倒在别人的区域，例如当前发达国家把垃圾运往发展中国家，城市把垃圾运往农村。这实际上涉及一种共同利益的评判。所以，这些现实的参与体现了人与环境的关系，其根本还是人与人之间的关系问题。

环境保护的最终目的是建构一种共同体，一种基于共同利益的人与他人、人与自然的和谐关系。因此，公民美育需要思考和探索公民的环境责任。在我们的调查中发现，各地政府进行宣传的内容最多的是"绿水青山就是金山银山"。这实际上揭示了美与责任之间的联系。

但是这种责任并不是没有情感的属性。公民美育强调了对他人尤其是同胞、其他国民的一种情感，例如对他们的苦难的感受，从而形成共同感。郑慧子从空间的角度、文化的角度探讨了环境伦理的合理性问题。所谓空间角度，就是从共同关系结构，他认为是"共同体或系统"，即"由生命以及与生命发生着各种关联的事物所形成的那个确定的空间"[①]。虽然他也从 community 的角度来解释共同体的概念，但是这与现代性研究中的"共同体"有一些差异。不过，在强调共同体中的联合、交往等属性上两者都是一致的。郑慧子认为，环境伦理要以人为逻辑起点，探讨了三种人与自然的关系状态。首先是自然共同体，这是一种人与自然之间的一种最初始的空间结合形态，是自然占主导力

---

① 郑慧子. 走向自然的伦理 [M]. 北京：人民出版社，2006：106.

量的人与自然的关系。自然共同体中，人在荒野中，受到必然性的支配。① 其次是社会共同体，这是真正属于人的世界，人类成为共同体的真正主体，而自然处于被征服、被支配的角色。荒野成了人力的生产和生活区域了。人类的生存活动区域正在覆盖整个地球自然，自然走向终结。人与自然是一种工具的关系，又分为动物式的和科学意义上的两种情况。② 最后是区域共同体。这是郑慧子认为最理想的人与自然的关系。为什么用"区域"呢？因为作为一个地理学概念，区域天然地以人地关系作为研究主题，而且这一概念能够统筹原本处在分裂或对立状态的自然和文化两个空间系统，从而能够对作为一个统一的对象进行人地关系研究。这种"区域"类似于生态系统，即一种人与自然形成的一个真正意义上的共同体，"人在自然中，自然在人中"③，类似于"天人合一"的境界。当人与环境之间形成了一种共同体的关系，那么个人对共同体就有了责任感，即在对这个共同体的维系中承担起自己相应的责任和义务。移情和想象是形成共同体的一种重要途径。移情，就是对他人感同身受，形成一种共同感。想象更是穿透人与人之间的时空、情感、利益等方面的隔阂，即使没有面对面，也能够具有共同感。责任与情感成为公民美育的两大基本内容要素或价值要素。

如何获得公共环境中的移情和想象能力呢？这是美育的任务。但是，如果美育限定在艺术教育，那么公共环境中的这种移情和想象力也很难得到发展，更不用说当前艺术教育实践存在的去道德化问题。但是如果美育的范围扩展到社会美育、生活美育，强调学生的积极参与美丽环境的营造与保护，那么这种美育对于移情和想象力的培养就具有积极作用。"公民"与"美育"的结合，从个体层面探讨如何联结个人与家园的新关系。而且这些共同体治理行为运用了一种"情感机制"——公共情感。这一"情感机制"冲击了现代社会对自然的工具关系和利益视角。如果形成了一种"共同体意识"，让公民认识到环境是自己的"家园共同体"，那么对社区环境的改善具有重要作用。如前所述，公民美育是通过营造、保护优美整洁的生活环境和自然环境来培养学生的公民意识、公民能力和公民情感态度的一种公民教育理念和模式，那么，这种家园共同体的形成过程就是公民美育的过程。

因此，公民美育的实质就是通过自然环境保护和日常生活美境营造来淡化

---

① 郑慧子. 走向自然的伦理 [M]. 北京：人民出版社，2006：125—126.
② 郑慧子. 走向自然的伦理 [M]. 北京：人民出版社，2006：138—153.
③ 郑慧子. 走向自然的伦理 [M]. 北京：人民出版社，2006：175.

个人与社会之间的疏离与隔阂进而形成一种生活共同体。这是公民美育理论的核心命题。在个体化的现代社会里，传统文化的影响与陌生人社会的特性使得个人自由与社会团结难以结合共存，人的生存环境也因此受到破坏。公民美育培养人的公共情感，致力于解决这一现代性问题。①

第二节 公民美育的特征

"公民美育"并不是全新的概念，公民环境教育、生态教育、自然美育、生活美育等方面的有关论述都试图把美育、环境审美教育、公民教育整合起来。

环境审美教育是相关领域中研究得最多的领域。陈望衡的《环境美学》最后提及了环境审美教育。他概述了环境审美教育的四个特性："环境审美教育是价值教育，通过这种教育，使人意识到环境至于人的意义及价值。……环境审美教育是尊重教育，通过这种教育，培养人的敬畏之心及谦逊之德。……环境审美教育是情感教育，通过这种教育，重建人与环境的审美关系。……环境审美教育是通向责任的教育，通过环境美的欣赏，激发人们保护环境的责任感。"②崔映霞的《公民环境教育新论》讨论了环境审美教育。"环境审美教育以对自然爱的情感为核心，通过自然之美打动人心，以情动人，以情攻心，唤起爱的良知，激发人的情感动力，追求与热爱自然之美，从而使人成为审美的人、心理结构完善的人、个性全面发展的人、与自然和谐统一的人。"③她也强调培养公民为自然美的接受者、爱护者和创造者。环境审美教育就是把人的原初情感、天性赋予的最初审美可能性变成现实的审美活动，使感性理性化。"环境审美教育所指向的情感是审美主体与审美客体的主动性和受动性的双重转化，是一种感性与理性、情感与理智、主体与客体互动建构的对立统一的产物。"④她认为，环境审美教育的情感性和非功利性使得公民在耳濡目染、潜移默化中强化了公民环境意识。环境审美教育把环境教育与美育整合起来。因此，环境审美教育与公民美育都强调了美育和审美在培养公民意识方面的途径作用。我国《中小学环境教育实施指南》也明确指出："环境教育旨在引导人

---

① 刘长星. 美学共同体与环境美育——从阿诺德·伯林特谈起 [J]. 美育学刊, 2015, 6 (3): 49-54.
② 陈望衡. 环境美学 [M]. 武汉：武汉大学出版社, 2007: 415.
③ 崔建霞. 公民环境教育新论 [M]. 济南：山东大学出版社, 2009: 190.
④ 崔建霞. 公民环境教育新论 [M]. 济南：山东大学出版社, 2009: 192.

们关注家庭、社区、国家和全球面临的环境问题，正确认识个人、社会和自然之间相互依存的关系；帮助人们获得人与环境和谐相处所需要的知识和技能，养成有益于环境的情感、态度和价值观；鼓励人们积极参与面向可持续发展的决策与行动，成为有社会实践能力和责任感的公民。"从这个意义上讲，环境教育的终极旨归是培养具有环境人权意识、良好美德和责任意识、世界主义理念以及生态意识的公民。环境审美教育无疑与公民美育高度契合。

生活美育在维护日常生活的公共环境方面也与公民美育有共同之处。生活美育基于日常生活审美化，强调"美是生活"，让美回归生活世界[1]，打破了静观与疏离于生活的审美传统。中国台湾地区的陈其南等人大力主张培养文化公民，大力提倡生活美学运动以培养全民美感素养与环境意识，掀起了"公民美学运动"和"生活美学运动"。[2] 公民美学运动不仅强调审美的参与，更强调审美带来的社会后果，即通过营造和保护整洁卫生的生活环境培养公民的责任感。刘悦笛认为，21世纪的中国新美育观的建设，一方面要"告别启蒙范式"，另一方面要"回归生活世界"。所以说，"生活美育"的目标，就是对"生活艺术家们"的塑成，而人人都是艺术家则是其终极社会理想。美育作为生活的准备，这是启蒙主义的观念。美育就是生活，这才是"生活美学"的基本观点，"生活美学"的实现最终要落实到"生活美育"之上。[3] 苏联诺维科娃的美育理论强调："美育的使命就是促进塑造积极的、有创造性的人，这种人不仅能欣赏美好的事物，而且要为美好的事物而奋斗，并且能够'按照美的规律'来创造生活。"[4] 苏联教育学者赋予美的概念以深刻的社会意义。其代表人物为马卡连柯。马卡连柯主张生活的美、环境的美、集体的美等。他认为，美化生活、美化环境、美化集体、美化行为都是美育。所以他的美育工作除了图画、音乐之外，还把更多的项目列入美育的内容和途径，其中环境的造美是重要途径，如创造舒适和美好的学习环境，保持整洁，培养文明的行为和习惯。关于整洁，他说，必须使儿童经常生活在清洁卫生、秩序井然的环境之中。马卡连柯对环境整洁的要求非常高，他所领导的学校，到处都摆放着花盆，不仅窗台上有、走廊上有，而且楼梯上也有。而且，他绝对不允许在学校

---

[1] 刘悦笛. 生活美学与艺术经验 [M]. 南京：南京出版社，2010：101-102.

[2] 黄明月，廖翊恬. 整齐清洁——生活美学的核心，社会教育的实践 [M]//台湾师范大学社会教育学系，台湾社区教育学会. 百年来社会教育的回顾与展望. 台北：师大书苑，2011.

[3] 刘悦笛. 走向生活美学的"生活美育"观——21世纪如何建设中国的新美育 [J]. 美育学刊，2012，3 (6)：24-30.

[4] 诺维科娃. 苏联美育理论的发展 [M]. 吴盘生，译//王佩雄，黄河清. 教育学文集：美育. 北京：人民教育出版社，1989：164.

里到处摆放乱七八糟的杂物。马卡连柯建立了严格的整洁检查制度,检查时用一条洁白的手帕到处去擦,如果手帕上沾了一点灰尘,便判罚为不整洁,并且给予相应的处罚。① 这些已经是我们部分学校的常规做法。这就是生活美育的内容。

生态文明教育是当前社会关注的热点。关于生态文明教育,有两个概念与公民美育也非常相近。第一是生态审美教育。曾繁仁认为,生态审美教育是1972年人类进入生态文明时代之时提出的一种审美教育的新的形态,目的是以生态美学观教育广大人民确立审美地对待自然生态的态度。其基本立足点是当代生态存在论审美观,所凭借的手段是生态系统中的关系之美,所借助的审美范畴是"共生性""家园意识"与"诗意地栖居"。其性质是人体各感官直接介入的"参与美学"的教育。② 第二是生态公民教育。徐梓淇在《生态公民》一书中提出,"生态公民的养成是一个复杂而长期的过程,需要从个体内在与外部环境两方面促成公民向生态公民的转化,通过观念自觉和外在培育促进生态公民群体的逐渐生成。生态公民的培育包括生态环境意识、生态法治意识、生态科技知识在内的观念培育;包括环境知情权、享有权、参与权、监督权以及相应的生态宣传义务、生态保护义务、生态奉献义务、生态自律义务在内的生态公民权利与义务培育;包括由生态社会公德、生态职业道德、生态公民品德构成的生态公民道德培育"③。生态公民教育被认为是环境教育的新的发展阶段,即当代环境教育要着力培育公民的生态意识、生态道德与生态审美。环境教育是"帮助公民成为具有环境知识、拥有技能、具有献身精神的公民。这样的公民,无论是个人或集体,都志愿为获得维持生活质量与环境质量的动态平衡而努力工作"④。

公民美育涉及环境问题,与自然美育有着密切的联系。自然美育是比较传统的美育方式,致力于自然与人的内心的联系沟通交流。中国古代的美育中,自然是一个重要的美育途径。而在现代社会里,自然也是现代人的解毒剂。芬兰的桑佳·索维玛认为,与西方哲学以人为中心界定美不同,东方哲学以自然为中心来界定美,认为美是自然的内在本性,美根源于自然,美是自然与心灵

---

① 葛采. 马卡连柯的美育思想和实践[M]//王佩雄,黄河清. 教育学文集:美育. 北京:人民教育出版社,1989:279—280.
② 曾繁仁. 试论生态审美教育[J]. 中国地质大学学报(社会科学版),2011,11(4):11.
③ 徐梓淇. 生态公民[M]. 南京:江苏人民出版社,2014:121—142.
④ 田友谊. 环境教育:迷思与廓清[J]. 中国德育,2017(8):27—31.

的联系。① 这实际也是人与自然的审美关联。正因为此，中国古代的一些美育内容被认为是自然美育的典范，如山水画、田园诗等，让人产生一种寥廓、浩荡、恢宏、绵延的时空感，即宇宙感、历史感和人生感的总和，即意境，使人的视野为之开阔，心胸为之舒展，精神为之升华。自然美育有两种形式：感物兴怀、身与物化。自然美育体现了中国"天人合一"的思想——"天人感应""天地与我并生，而万物与我为一"等，其成为中国古典美育的核心思想。②桑佳·索维玛认为，自然美具有现代性价值，即"发展意味着完美我们的生活，它以心灵的精神美为特征。自然美应该在环境中得到重视"③。自然美育也为苏霍姆林斯基所重视。苏霍姆林斯基不仅把艺术，而且把大自然周围生活、社会现实、日常生活都纳入美育的范围。他认为，美育是塑造个性的最为重要的条件之一；在美育体系中，大自然具有重要的作用。"他把儿童带到花园、树林、田野和河边，让他们倾听大自然的音乐。'我们陶醉于春日草地的美妙音乐之中而流连忘返……这种音乐有助于儿童理解、发现和感受生活在美好事物之中的欢欣……我希望，这种绝妙的音乐能触动儿童的心灵，展示周围世界的美。'……接触大自然逐渐成为个性的审美需要，激发人的智力，强化他的求知欲。"④ 自然美育是公民美育的重要基础之一。但是，这种"自然"在现代技术、现代制度下，也逐渐消失了，需要人们保护，并为之担责。

公民美育即培养公民保持整洁生活美境和优美自然生态环境的责任和能力的教育形态，即通过公民自己在公共空间或环境里的审美参与、打造美境、维护环境整洁等提升公民的责任感或培育公民意识与公民品质。与上述这四种教育形式相比，美丽中国建设语境中的"公民美育"一方面集中于个体与环境（生活环境与自然环境）之间的审美关系，这是一种对"国家"这一语境下的环境的情感依恋；另一方面它强调公众积极参与对美丽中国的营造和保护。这样，公民美育在以下三个方面与上述相关教育形式有所区别。

第一，在主体上，与传统美育相比，公民美育更强调实践性，即"以美境的营造与保护为主要途径"。

传统美育是一种静观式审美教育，也是一种个体化审美教育。虽然有一些

---

① 桑佳·索维玛. 重估现代生活中自然美的价值 [M] //陈望衡. 美与当代生活方式. 武汉：武汉大学出版社，2005：21.
② 姚全兴. 审美教育的历程 [M]. 上海：上海社会科学院出版社出版，1992：134.
③ 桑佳·索维玛. 重估现代生活中自然美的价值 [M] //陈望衡. 美与当代生活方式. 武汉：武汉大学出版社，2005：26.
④ 诺维科娃. 苏联美育理论的发展 [M]. 吴盘生，译//王佩雄，黄河清. 教育学文集：美育. 北京：人民教育出版社，1989.169-170.

实践，但都只是一些技能训练。虽然有一些集体项目，如合唱团，但更强调培养一种合作意识。从总体来说，传统美育实践缺乏公共性。"尽管从理论上说，教育学界长久以来就警惕着以艺术教育化为代表的美育狭隘化倾向，然而在美育实践中，由于艺术教育行为的可操作性较强，艺术教育在教学设置安排中仍然无可避免地成了美育的最主要最直接实施手段。"[①] 这就使得当前中小学美育大多局限于艺术教育。

在美丽中国建设语境里，公民美育是通过环境问题的参与如造美、护美，基于审美情感来培养人的爱护环境、保护环境的意识和能力。置身于环境（无论是自然环境还是生活环境）参与的审美不仅是全身心、全感官的体验，更是强调了一种人与自然、环境关系的改变。这种改变本身也是一种实践。美丽中国建设既需要能够维护美丽环境的公民，又需要能够营造美丽环境的公民。即使审美，当代美学都已经超越了静观式的审美，转向参与美学、欣赏美学、景观美学等。如前所述，公民美育的理论基础之一即参与美学。当代的参与美学甚至景观美学、生活美学都强调了环境审美的参与性。因此，与传统美育相比，公民美育不再是修身养性的艺术休闲教育，而是重在环境保护与美境营造的公民实践，从人与环境的审美关系的角度来思考人的环境利益和环境福祉等问题。

第二，在时间上，与环境审美教育、生态教育、自然美育相比，公民美育更强调整合，即致力于建设美丽中国这一自然-文化共同体。

本书所指的环境既包括生活环境，也包括自然环境。在现代科学技术的帮助之下，人类几乎已经踏足地球生态圈的所有区域，原生态的自然环境几乎不存在。而且我们更强调以人为中心来考虑环境保护问题，以生态、自然的整体主义或中心主义的思考脱离不开人的视角。这实际上就是说，自然已经人文化了。在第二章的理论基础部分我们已经阐明，自然已经打上了人类的烙印，而且自然的伦理意义在于与人类的联系，如果脱离了人类世界，自然是无意义的，也是无善无恶的。不过，我们如果以环境伦理来思考环境保护的正当性，那也很难从生态主义的角度来加以辩护，而且如果以环境的独立价值来作为环境伦理的基础，实际上就取消了环境的伦理属性。这也是一些学者主张环境伦理最终走向环境美学的原因。我们为什么要保护环境？这仍是出于人类自身的利益和立场。环境问题本身仍是人类自身的问题，即一部分对环境的过度掠夺牺牲了全球人类社会的整体利益。因此，与环境审美教育、生态教育、自然美

---

① 林清凉. 2014 年中国美育研究述评 [J]. 美育学刊，2015，6（4）：40-53.

育相比，公民美育更加强调与环境相关的美育的文化性，或者说强调自然的文化性。

当前我国一些地方的环境教育实践存在两个向度的能力：第一，政府自上而下地推动企业、社会进行环境整治与生态保护，如关停部分污染严重的企业，提高企业生产的排放指标。第二，加强宣传教育，发动群众自下而上地保护环境。对民众而言，改善生活环境是主要途径，也是公民美育强调的途径。生态文明建设更强调生活方式的革新，如讲文明、树新风，革除生活陋习，养成良好的卫生习惯和文明习惯。有些地方的学校还组织了"对校园及周边垃圾、食堂油烟排放和使用煤炭及柴草做燃料、厕所粪便乱排放、校园污水乱排放、噪音等此类环境污染问题认真排查，并快速落实整改"①。这些环境教育实践实际上已经成了一种生活方式的转变，即从一种比较粗鄙的生活方式转变为一种"更加文明"的生活方式。所谓"更加文明"使之更体现作为人的有尊严的生活。美丽中国建设不仅关涉中国人的生活幸福与人格尊严问题，更是对国民素质与社会风气的改造。因此，公民美育也是近代以来国民性塑造的历史延续，它不同于一般美育针对的是人的完善，而是更强调国家发展、社会和谐与新一代国民品格塑造的价值。

公民美育在教育属性上是一种公民教育形态，自然需要从个体与国家的关系的角度来思考环境保护问题。立足于美丽中国建设的公民美育最终培养的是美丽中国的建设者。生态文明教育也最终服务于这一目的。这一现实逻辑起点凸显了公民美育的政治性。如前所述，美丽中国是一个自然－文化共同体，是中国人精神层面的美丽家园和栖息地。这也是公民美育的最终归宿。在个体化的现代社会里，传统文化的影响与陌生人社会的特性使得个人自由与社会团结难以结合共存，人的生存环境也因此受到破坏。公民美育培养人的公共情感，致力于解决这一现代性问题。公民美育不是着眼于一个个强调权利的个体，而是把这些权利个体通过审美实践、责任担当联结整合为一种自然－文化共同体。在这种共同体中，公民美育弥合个体与社会的隔阂，处理好人与好公民的错位割裂。这也体现了公民美育的整合性。

第三，在空间上，与生活美育相比，公民美育更强调公共性，即"美境是公德的象征"。

美丽中国建设决定了公民美育在空间上致力营造一种共同体。这种共同体

---

① 于永军. 蒙城县多举措开展环保教育全力建设美丽生态校园[EB/OL].（2017－05－12）[2017－09－01]. http://jyt.ah.gov.cn/xwzx/jcjy/31580151.html.

第三章 公民美育的内涵、特征与内容

在美丽中国建设这一特定话语情境里是一种审美共同体。所谓审美共同体就是一种宜居乐居的生存生活空间,更强调一种内心的体验,如愉悦舒心的体验。

生活美育缺乏对公共环境领域的关注。近年来,"公共空间在近代中国的扩展与自觉,使我们的生活发生了不小的变化,意义不菲。但公共空间的维持并不容易,如绿地被毁、马路被占、言路受阻等。"① 因此,对公共环境的悉心维护既是每个公民的权利,更是义务与责任。这是公民美育的重要任务。

关于生活环境的美化与教育,其实是我国自近代以来国民性改造的重要任务。以晏阳初提出的"卫生教育"为例,他从事平民教育动因源于下层中国人的较低国民素质。他说:"在外华人做出许多有失国体的事,例如在火车上食花生,弄得满地皆皮;车上吐口水。"② 他认为这一切都是人的问题。晏阳初强调公德的培养实际强调的就是公民教育。他把缺乏公德心的"能人"描述为"自私自利的卖国奴","这种人缺乏公德心,一举一动,只知有自己的祸福利害,不顾国家社会的祸福利害;所有知识、经济,只足以供其为恶之资;所作之恶,常比有知识无能力者高出万倍"。③ 平民教育的目的就是教人做人,做"整个的人",即有知识力,有生产力,有公德心。④ 爱护环境自然成为培养公德心的平民教育的重要任务。民国时期开始于1934年的新生活运动更集中于提升国民素质。在新生活运动发起阶段,"先从规矩与清洁两种运动开始进行","规矩"运动在内容方面规定:"本运动包括礼貌仪容,行为态度,社会秩序,办事条理各项,以矫正一般言语粗暴,行为鄙野,服装怪异,日用奢华,办事凌乱,秩序纷扰等现状,养成重礼仪,守规律的良好习惯,整齐划一的社会秩序,有条不紊的办事方法为目的。"⑤ "清洁"运动在内容上规定:"本运动包括个人家庭,及公共场所之清洁问题,由此运动之兴起,以除去今日社会人人之污秽,减少疾病,而养成国民健康身体与良善习俗。"⑥ 新生活运动从个人、家庭、社会、公共卫生四个方面明确所提倡的各项要求。后来进一步提倡"生活艺术化",这实质就是一种生活审美化了。

美丽整洁的公共环境是一国一地民众公德的检验标准,或者说"美境是公

---

① 雷颐. "公共空间"的自觉与扩展 [J]. 南风窗, 2001 (3): 78—79.
② 宋恩荣. 晏阳初文集 [M]. 北京:教育科学出版社, 1989: 1.
③ 宋恩荣. 晏阳初文集 [M]. 北京:教育科学出版社, 1989: 28.
④ 宋恩荣. 晏阳初文集 [M]. 北京:教育科学出版社, 1989: 26.
⑤ 温波. 重建合法性——南昌市新生活运动研究(1934—1935)[M]. 北京:学苑出版社, 2006: 86.
⑥ 温波. 重建合法性——南昌市新生活运动研究(1934—1935)[M]. 北京:学苑出版社, 2006: 86.

德的象征"。公民美育延续了改造现代中国人不爱护环境的这一历史使命。上述生活美育的主张针对的是当时的生活环境问题。这是个人现代化的体现之一。但是今天的环境问题不仅仅是生活环境问题,还有自然生态环境问题。当然,"脏乱差"的传统环境问题仍然存在。公德与私人道德相对应,指公共道德,是调节在公共场合里人与他人、人与环境的关系的行为规范和社会意识,如社会责任感、共同利益意识等。这也是人的社会属性的体现。乱扔乱吐乱倒、污言秽语、挤车抢位、占用公共空间乱搭乱建等等,都是缺乏社会公德的表现。人们常用一个大型集会之后集会场所的干净与否来衡量某一地区的民众的素质。例如一项大型演唱会后,会场竟然没有一片碎纸屑、没有一个矿泉水瓶,那么这个地区民众的素质无疑是非常高的。在我国一些县城和乡镇,可以看到一些随手乱扔垃圾的情况少有人监督和指责,一些人缺少这样的环境意识。城市脏乱差是城市化过程中的城市环境综合征。关于自然生态环境如大气、水体、土壤的污染,一般民众对此无能为力,这些也不是生活污染的产物,情有可原。但是对于日常生活环境中的脏乱差情形,尤其是维持公共活动空间的卫生整洁,一般民众不能逃避自己的责任,例如,公共活动空间包括公园、街道、社区花园、城市广场、野营地、风景区等,这些地区的整洁与否就是一个地区民众公德水平的检验标准。反过来说,部分城市的公共空间的脏乱差表明我国公共道德水平有待进一步提高。我国传统文化是以血缘和家族为中心,在"私德"高度发展的同时,"公德"没有得到充分发育。部分城市的公共空间的环境脏乱差现象提示我们当今中国公共道德建设的紧迫与必要。[①] 因此,公民美育既是美丽中国建设的当代要求,也是改造国民性的历史延续。当代"美丽中国"建设再次让教育复归最初的问题,因为保持生活环境与自然生态环境这些公共环境的整洁美丽需要公民的公共意识。因此,需要围绕着公共环境治理与维护,重新确定公民美育的时代意义。

第三节 公民美育的内容

公民美育强调通过对公共环境的审美、造美、护美来培养公民的保护环境、爱护环境的责任、意识和能力。环境中的审美、造美、护美是如何培养公民品质的?在公民美育视角下,公民品质包括哪些内容?这就引出了公民审美

---

① 代迅. 广场舞:意识形态、审美文化与公共空间 [J]. 西南民族大学学报(人文社科版),2015,36 (11):178—184.

素养这一概念。公民品质与审美素养的结合即是公民审美素养，这是公民美育的重要目标。公民审美素养的培养所需要的途径、资源、方法，以及展开的一系列活动，成了公民美育的内容。

一、美之公民品质：公民审美素养

"公民教育"主要是关于公民身份（citizenship）和公民品质的教育。关于公民身份的教育包括知晓作为一国公民所拥有的权利和义务以及获得实现的知识和能力。关于公民品质的教育指实现公民角色过程中需要的一些价值和态度如理性、宽容、独立、平等、自由、批判等。公民品质的教育无疑是最根本的。

公民美育也是如此。美丽中国建设的公民品质是指在环境保护之中公民所需要的一些价值观念与情感态度。这也是一种公民性质的审美素养。那么，公民审美素养包括哪些内容呢？

关于审美素养，有人概括道，审美素养是人文素养的一个重要组成部分，对个体的全面发展具有重要的意义。综合目前的文献来看，对个体的其他素养讨论较多，如"媒介素养、信息素养等"，但对"审美素养"却缺乏有针对性的讨论，为数不多的审美素养研究也大多是泛泛而论，因而目前对于"审美素养"，学界还没有一个共识性的概念界定与内涵结构划分。当论及审美素养时，多数情况下更集中表现为对审美素质、审美能力、艺术素养等方面的论述。[①]

何谓审美素养？杜卫认为："审美素养是个体在审美经验基础上积累起来的审美素质涵养，主要由审美知识、审美能力和审美意识三要素组成，其中审美知识是审美素养的基础，审美能力是审美素养的核心，审美意识是审美素养的灵魂。"[②] 赵伶俐等在其研究项目"中国公民人文素质现状调查与对策研究"中，将审美素质界定为"以审美常识、审美观念、审美行为为主要反应指标的审美心理，是公民群体与个体关于审美的基本常识、意识价值观和行为品格的总和，并以审美常识、审美行为和审美观念三个维度及若干下位指标对中国各类群体人员审美素质调查，形成审美素质报告"[③]。这两个定义大同小异，综合起来，就是将审美素养归为审美的三个要素：知识经验、行为能力和意识观念。这是一种心理学的操作性分析方法，即主要根据个体的心理结构来做出分

---

① 贺文凯. 大学生审美素养研究 [D]. 重庆：西南大学，2017：6.
② 杜卫. 论审美素养及其培养 [J]. 教育研究，2014（11）：24.
③ 赵伶俐，汪宏. 中国公民审美心理实证研究 [M]. 北京：北京大学出版社，2010：35.

析。这两个界定对公民美育而言有两点不足：第一，缺乏审美情感要素。在德育实践中，虽然审美情感与道德情感不同①，美育是一种情感教育，但是情感要素在素养结构里也不能被忽视。霍尔泽（Holzer）解释道："审美地研究包括我们的认知、感官的运用、我们的情感，通过各种亲身参与的实践。"② "审美的情感或敏感性（sensibility）可以被描述为一种文化倾向——把艺术视为一种满足历史上需要满足密集主观经验（类似艺术的经验），以及看待、理解人类状况的新方式的手段，这种审美的情感或敏感性就是审美素养。"③ 因此，上述审美素养界定的不足之处在于缺乏情感这一要素。第二，没有反映出美学和美育的特殊性。基于知、情、意、行的心理素养结构只是一种中性的描述，既缺乏教育维度的价值引导，也忽视了审美活动的社会属性，尤其是公共性质。

公民美育的过程是公民对自然环境和生活环境的欣赏、营造和维护过程。本书结合公民美育的三大途径"审美""造美""护美"，依据公民审美素养的社会属性与情感属性，将公民审美素养划分为公共审美情感、审美批判能力、审美参与能力这三个要素。从公共审美情感、审美批判能力到审美参与能力，这是公民美育遵循的教育逻辑。

（一）公共审美情感

公共审美情感是特殊的审美情感。公共审美情感是指对具有公共性的生态自然环境和生活环境的审美与欣赏所产生的美感，进而滋生的情感，包括一种依恋的情感。美育是一种情感教育。情感自然是公民美育所要培养的首要品质。曾繁仁、高旭东分析了美育的情感性质，他们认为："审美教育作为情感教育中的'情感'，不是一般的情感，而是'审美情感'。审美情感往往是以非功利主义的面目出现的。"④ 他们概括了审美情感的特点，如无利害性、非功利性、自由性、创造力等。⑤ 但是公民审美素养中的审美情感是一种具有公共性的审美情感。公民美育要求的情感是个体对公共环境的审美情感和内心

---

① 审美情感是对审美对象取一种非功利、无利害的观照的态度。曾繁仁，高旭东. 审美教育新论［M］. 北京：北京大学出版社，1997：101.
② Chantale Lussier. Aesthetic Literacy: The Gold Medal Standard of Learning Excellence in Dance ［J］. Physical & Health Education Journal，2007，76（1）：40—44.
③ Wallace, David. Aesthetic literacy and modernity: a study of D. H. Lawrence's Women in love and its reception ［D］. Vancouver: Simon Fraser University, 1986: 14.
④ 曾繁仁，高旭东. 审美教育新论［M］. 北京：北京大学出版社，1997：100—101.
⑤ 曾繁仁，高旭东. 审美教育新论［M］. 北京：北京大学出版社，1997：103—105.

体验。

公共审美情感的公共性源自两点：第一是美的判断的普遍性。康德认为，美的判断是普遍有效的。"凡是那没有概念而普遍令人喜欢的东西就是美的。"[①] 也就是说，美的判断与善的判断不同在于，前者是"感性的、具体的、形象的、有个性的、千姿百态和千变万化的"[②]，而后者是抽象的、客观的。这种普遍性本身就体现了公共性中的共同的一面。公共审美情感因审美对象的公共性而更加强了美的判断的普遍性。第二是审美对象为具有公共性的环境。就环境问题而言，公共审美情感是公众处理人与环境关系的实践交往行为、方式是否符合自己的审美需要而产生的内心体验，是公众对人与环境的审美关系的认同和共鸣。

（二）审美批判能力

理性能力是公民的重要品质，而美育是感性教育，公民审美素养或许是一种矛盾的结构。但是我们认为两者并不矛盾，感性与理性的沟通正是美育的本质功能。

在环境问题上，感性与理性的融合是非常自然的。公共审美情感让人对环境问题有着强烈的批判的动力或欲望。审美情感要求护美，而这意味着要对一些践踏美境、破坏美境的行为进行抵制或批判。同时，批判对环境的破坏或践踏的行为，体现了一定的理性，至少是善的层面的思考。为审美批判是强调基于审美理性与审美正义的审美批判。因此，公民审美素养也需要一定的理性品质。

审美批判有广义和狭义之分。狭义的审美批判是指一种艺术批评，它关注艺术中的价值和意义以及审美方式和美的本质，这也可以理解为一种传统的审美批判。广义的审美批判关注的对象超出了艺术作品，延伸到自然、社会和人类自身，进入文化研究与文化批判的范围。从当前已有的研究来看，广义的审美批判大致有三种理解：（1）以审美为目的的批判，即为了审美的批判，通过批判消极的审美体验，达至人的一种自由愉悦的存在状态；（2）以审美为手段的批判，即通过审美来批判，以审美为方式方法来看待和介入自然、社会与自我；（3）以审美为过程的批判，即在审美之中批判，"以自由准则为前提，以感性解放为先导，以不可动摇的批判立场作为寻求社会全面变革的途径"[③]。

---

① 伊曼努尔·康德. 判断力批判 [M]. 邓晓芒, 译. 北京：人民出版社, 2002：54.
② 易中天. 破门而入：美学的问题与历史 [M]. 上海：复旦大学出版社, 2014：72.
③ 施立峻. 西方批判美学局限研究 [M]. 哈尔滨：黑龙江人民出版社, 2007：10.

（三）审美参与能力

与传统美育相比，公民美育要求参与实践。这种实践的做法是一种以行验知、以行固知的学习，更是一种审美的方式。一项关于大学生多样化参与是否有助于积极公民养成的研究表明："同类型的学生参与在影响公民参与意愿的过程中，公民认知、国家认同与责任起中介作用，且表现出一定的顺序性，链式中介效应显著：学生参与通过公民认知影响国家认同与责任感并进一步影响公民参与意愿。在学生参与政治社会化功能的实现过程中，公民认知、国家认同与责任是实现既往学生参与行为转化为未来公民参与意愿的关键变量，在既往学生公民行为与未来公民参与关系中起联结作用。"[①] "在参与过程中引导学生通过审慎思考现有经历与自我价值信念之间的关系，内化知识，澄清自我，强化积极自我信念，并在此基础上让个体逐渐感觉到一种情感纽带，意识到自己的角色和责任，形成对国家的责任感和归属感，促进个体支持政治共同体的公民参与行为。"[②] 因此，公民美育需要"参与式"地造美、护美，通过公民自己在公共空间或环境里的审美参与、打造美境、维护环境整洁等行动来提升自己的责任感或公民意识与公民品质。

审美参与能力在解决环境问题中有着特殊的地位与作用，因此关于审美参与能力，重要的是"参与的审美性"。第一，作为参与手段的"审美"。审美参与能力即在解决环境问题方面做得漂亮、完美。这是基于现时的要求，要求参与者具有一定的审美素养，比如艺术修养。第二，作为参与目的的"审美"。这是针对未来、远距离的要求，要求参与者具有一定的想象力。如科技时代的西方责任伦理学是一种超越时空的伦理。而环境伦理就是如此，对后代、对远距离地区的影响，正是环境污染的危害性中最容易被人忽视的一点。因此，公民美育所要求的公民审美素养意味着参与者要具有一种社会的想象力和未来的想象力，才能激发他们对参与的价值和目的的高度重视，从而提升参与的质量和效度。第三，作为参与过程的"审美"。环境美学是一种参与性和介入性的美学，这就决定了公民美育非常重视公民的审美实践，强调社会层面（社会生活－自然生态环境）的（审美）行动、参与。审美是一种"参与"，造美、护美则更是一种"参与"了。因此，在造美、审美、护美的参与过程中，公民审

---

① 吕催芳. 学生参与与积极公民养成：公民认知与情感的链式中介作用［J］. 教育学术月刊，2016（4）：89.

② 吕催芳. 学生参与与积极公民养成：公民认知与情感的链式中介作用［J］. 教育学术月刊，2016（4）：95.

美素养慢慢得以养成。

（四）审美认知能力

审美认知对于公民美育、对于培养公民审美素养也是非常重要的。如果说审美认知能力在造美、护美方面具有积极价值，这很容易理解，但是如果说审美需要科学知识，则存在一定争议。卡尔松主张："我们的自然欣赏是审美的，并且与艺术在性质上和结构上均类似。两者重要的不同是：艺术欣赏中，艺术范畴和知识由艺术批评和相关艺术史提供；自然欣赏中，范畴是自然范畴，相关知识则是由科学所提供的自然史。"[①] 他的科学认知主义理论主要关注如何恰当地欣赏自然，结合"肯定美学"[②]，提出关于传统自然美学和环境保护的一些理论，培育人们对自己所生活的这个世界的审美潜能更深入地理解与欣赏。[③] 本书认为，除了审美批判所需的审美理性之外，一些无关审美的知识也有助于美丽中国建设与环境问题的解决。

但是，本书不准备专门讨论审美认知能力及其培养的问题。从我们的调查来看，当前环境教育方面，对于环境方面的知识宣传做得比较多，人们在关于环境的"知"的方面也具有了普遍的提升。杨咏梅教授认为，"目前中国人的环境意识尚停留在认知层面"，中国的环境教育已经完成了公民环境意识启蒙的任务，在面向全社会普及环保常识方面，成效显著。[④] "沙尘暴、缺水、缺电、空气污染等跟每个人息息相关的环境事件，以及媒体的宣传教育，使得无论是孩子还是大人，几乎没有人不知道环保。大中小学生，更是环境意识比较高的群体。可可西里从几年前只有少数环保人士关注到如今拍成电影、成为文化事件，特别在大学生中反响强烈，正证明了环境保护的观念日渐深入人心。"[⑤] 因此，有人指出，今后环境教育应该重视从观念转向行为、从泛泛的"蓝天绿地清水"转向汽车消费、水电开发、能源利用等更为深入的领域。"毕竟，人们的认知影响到态度，态度影响到行为，这一过程是无法逾越的。科学发展观的树立，不能建立在个人的良知上，宣传教育也不是万能的，还得有相

---

① 艾伦·卡尔松. 从自然到人文——艾伦·卡尔松环境美学文选 [M]. 薛富兴, 译. 桂林：广西师范大学出版社, 2012：105.
② 肯定美学是这样一种理论：它坚持自然, 特别是野生自然只有积极的审美价值. 艾伦·卡尔松. 从自然到人文——艾伦·卡尔松环境美学文选 [M]. 薛富兴, 译. 桂林：广西师范大学出版社, 2012：3.
③ 艾伦·卡尔松. 从自然到人文——艾伦·卡尔松环境美学文选 [M]. 薛富兴, 译. 桂林：广西师范大学出版社, 2012：316.
④ 杨咏梅. 我们的环境教育教了什么？漏了什么？[N]. 中国教育报, 2004-12-22 (T00).
⑤ 杨咏梅. 我们的环境教育教了什么？漏了什么？[N]. 中国教育报, 2004-12-22 (T00).

应的制度，比如调节水价来促成节水、塑料袋改免费为收费来抑制一次性消费等，以帮助公众将接受的环境教育内化为自己认可的价值观"。① 正是在这些日常的环境保护行为中，公民参与能力逐步增强，相应地，在整合公共审美情感、审美批判能力的基础上，公民审美素养逐步提升。

二、公民美育的过程：建构审美共同体

公民美育的关键的问题在于个体为什么能对公共环境产生眷恋的情感。这种情感成为个体保护公共环境美丽整洁的动力。如前所述，审美产生的普遍美感和共通感以及审美对象的公共性，让个体能够超越一己之私，产生公民情感。这成为公民采取一致行为参与环境保护的重要情感基础。美境是公德的象征。如果公共环境比较脏乱，说明民众没有形成较好的审美素养。

当前关于情感的讨论，人们大都从心理学的角度出发，但是情感也越来越具有社会性，或者说心理学的分析无法解释一些社会性的情感包括公民情感。苏霍姆林斯基就提及了公民的荣誉感和自豪感，认为这种情感始于对崇高的道德行为的审美享受，对道德美的审美体验是认识人的伟大的社会意义的重要条件。② 哈迪特（Haidt）的工作与近来实证心理学运动中的理论研究一道，强调了美的体验能引导出道德情感，并能导致道德行为的倾向……承认道德美可以导致道德情感，特别是体验"崇高"的道德情感能导致道德行为的倾向。哈迪特提出："道德情感的一个初步定义，认为总的看来，它们是那些与社会利益或社会福利相联系的，或最少与他人利益相联系的情感，而不是一种判断或行动。哈迪特描述了'道德情感的两种标准特点'：'无私的启发者'和'亲社会行为的倾向'。"③ 虽然这一道德美与环境美不同，但是由审美而产生的情感及其价值是相同的。

关于公民与情感的关系的探讨，都会提及卢梭。虽然在卢梭的思想里，存在好人与好公民的分裂，但是他认为自我是公民美德的情感基础。"在卢梭看来，德行的基础不是理性，而是情感，具体地说，就是所谓的自爱（self-love）"；在卢梭看来，公民美德是以自爱为心理和情感基础的，并受到同情心的强化。④

责任是传统的公民教育的重要目标和内容。公民的权利与责任是公民身份

---

① 杨咏梅. 我们的环境教育教了什么？漏了什么？[N]. 中国教育报，2004-12-22（T00）.
② 苏霍姆林斯基. 育人三部曲[M]. 毕淑芝，译. 北京：人民教育出版社，2015：574.
③ 转引自：瑞特·狄斯纳. 美和道德教育[J]. 罗蕊，汪宏，译. 重庆工学院学报（社会科学版），2007（1）：17.
④ 刘训练. 卢梭论公民美德的情感基础与动力机制[J]. 世界哲学，2012（5）：32-39.

第三章 公民美育的内涵、特征与内容

教育的重要内容。但是公民责任具有较强的理性或客观性特征。因为个体的公民责任是一种社会赋予个体的地位结果。但是个人可以对此作出自己的选择，即接受与拒绝。而这两种选择的重要依据就是情感。如果一个人对自己的身份予以认可，也得到了一种正面、积极情感的激励，因此从内心里接受了这种结构赋予的责任；反之，则予以拒绝。无论怎样，如果没有情感的中介，那么这种公民责任就失之于强制性，没有考虑个人的具体性和参与的情境性。

在美育情境中，本来没有道德的地位，如认知无道德论（cognitive immoralism）。[①] 不过，舍勒肯斯认为，认知无道德论是无法实现的。[②] 一些艺术作品虽然作为艺术无须服务于道德目的而成为优秀作品，但是它还是可以得到道德论证的。一般讨论美与道德的关系都集中在价值如自由、尊严等，但是却很少谈及情感因素。一般认为，道德和审美都是人的基础存在方式，"审美经验不在于给人以知识，而在于唤起和培养人的道德敏感意识"[③]。美的道德的关联在于情感的作用。

马克思认为，人类生产不同于动物生产，在于不仅按需要的法则，而且按美的法则。[④] 这一美的法则即是人的兴趣，一种审美的兴趣。他说，热爱美的事物，憎恶丑的事物，这是审美兴趣的表现，也是道德感情的表现。"审美活动过程其实就是在实践中形成、培养人们对于美好事物的热爱，对于丑恶事物的憎恶之过程。"[⑤] 为什么法兰克福学派研究美学？其重要的目的之一就是要恢复人的审美兴趣，这是真正属于人的性质，而美育能够促进人的解放，达到自由，从人的异化到人的复归，"从而它能把他自己造成他所希望的样子"[⑥]。爱美之心人皆有之是一种人性！

公民美育期待情感与责任的融合。公民美育因审美而让责任具有了情感基础，即一般情感衍生出公民责任感。公民与情感的关系具体体现为责任与情感

---

① 舍勒肯斯. 美学与道德[M]. 王柯平，高艳萍，魏怡，译. 成都：四川人民出版社，2010：76.
② 舍勒肯斯. 美学与道德[M]. 王柯平，高艳萍，魏怡，译. 成都：四川人民出版社，2010：76.
③ 美和道德的纠葛与统一[EB/OL]. (2019-11-03)[2019-12-25]. https://www.jianshu.com/p/b1bf995ef1f2.
④ 中共中央马克思恩格斯列宁斯大林著作编译局. 1844年经济学哲学手稿[M]. 北京：人民出版社，2000：57-58.
⑤ 洪毅然. 论美育[M]//王佩雄，黄河清. 教育学文集：美育. 北京：人民教育出版社，1989：20.
⑥ 弗里德里希·席勒. 审美教育书简[M]. 冯至，范大灿，译. 北京：北京大学出版社，1985：21.

的关系。一般认为，责任感是一种主观责任，但责任感更多的是一种对责任的内心认同。美国学者莎伦·R. 克劳斯认为："理性无法独立负担起做出决定的重任，一旦排除激情，人类将无法做出决定。"① 激情如何参与到公共行为之中？这表现为两个方面：一是感性与理性的融合，二是情感的动力功能。这两者都激发了公民参与公共事务的热情。

情感与责任的融合形塑了参与者之间的共同体感。公民美育的过程就是由情感与责任促进感性与理性的融合，做出自由自愿行动的过程。参与公共环境的公众在创造和维护美丽环境的过程中，也创造了一种公共空间及其中的公共生活。首先，参与公共环境的保护产生了一种共同情感。这是公民身份资格的重要内涵之一。"所谓共同情感指的是在同一政治共同体或亚文化群体之中形成的集体情感，需要特别指出的是它与上述人情社会中的'私情'有本质区别。它具体分为共同归属感、集体满意度、共同情感期待三部分。归属感主要是指个体成员对于所处社会的投入感、依恋感、喜爱感、熟悉感、安全感、献身感等的程度。满意度指对所处共同体或亚文化社区的生产分配、民主参与、文化信仰、道德理念等的赞许程度。最后，情感期待是建立在前两者之上，对于其理想社会的终极价值期盼，是对其所热爱之民族、国家、文化群体的未来情感愿景。"② 其次，公民美育形成的这种共同体是一种情感共同体。迈克尔·J. 桑德尔（Michael J. Sandel）将共同体区分为三种类型：工具式共同体、情感式共同体、构成式共同体。情感式共同体指人们彼此有一定的善意，也会建立起稳定的合作关系，以为他们都想互利互惠，有愿意肯定集体生活的价值。但是情感式共同体的共同体意识仍然不足，因为它仅仅产生某种相关性的关系，却建立不起真正相互依存，须臾不离的决心。③ 公民美育的过程就是一个建构一种情感共同体（祖国、家乡、家园、人类共同体等），并且保持共同体的开放（即与内外群体之间自由平等的交流），参与其中的过程。这一情感审美共同体是大家共同珍惜的环境。参与公众为了这一美境，在共同享有美丽环境的同时，更共同努力去保护。这样，这种共同体就是一种生命共同体、一种精神家园。因此，公民美育的实质就是通过自然环境保护和日常生活美境

---

① 莎伦·R. 克劳斯. 公民的激情：道德情感与民主商议 [M]. 谭安奎，译. 南京：译林出版社，2015：4.
② 杜沙沙，文婷，李静. 公民性之重构：城市化进程中的权益与情感——读施芸卿《再造城民》[J]. 宜宾学院学报，2017，17（4）：21－22.
③ 迈克尔·J. 桑德尔. 自由主义与正义的局限 [M]. 万俊人，译. 南京：译林出版社，2001：178－182.

营造来消除化解个人与社会之间的疏离与隔阂进而形成一种生活共同体。

三、公民美育：美丽中国建设者的教育体系

依据人与环境的审美关系和参与美学理论，本章勾勒出来的公民美育的三个途径（审美、造美、护美）与三个公民审美素养要素（公共审美情感、审美批判能力、审美参与能力）有助于将公民美育看作一个培养公民审美素养的教育体系，并在此基础之上建构了公民美育的三因素模型（见表3-1）。

表3-1 "公民美育"的理念模型

培养 \ 公民审美素养	审美	护美	造美
In（在……）	审美体验	审美批判	审美参与
By（通过……）	公共审美对象	理性与知识	实践与经验
For（为……）	公民情感与责任意识（审美地把握人与环境的关系）	审美批判意识与能力（批判地把握人与环境的关系）	审美参与意识与能力（实践地把握人与环境的关系）

从我国各地与公民美育、环境教育相关的中小学校内外实践来看，认知与行为方面的活动比较多，其中认知方面集中在让学生知晓科学（环境教育）方面的知识，而行为方面集中于学校的各种宣传活动、主题班会和专项活动，但是从知到行、从感性到理性之间还缺乏沟通和设计。我们认为，公民美育正是在我国现有的实践的基础上得出从知晓和知识、通过情感激发、批判反思再到达参与实践，从而形成学生比较稳固的倾向（爱的情感）、意识、责任、能力，更好地成为美丽中国建设的主人。

审美情感教育是公民美育的基础内容，也是公民美育的独特之处。美育是情感教育。但是从实际的情况来看，学校美育的艺术化、情感教育的私己化，都与公共环境教育相去甚远。公共审美情感教育最终形成了情感共同体。与工具性共同体、构成性共同体相比，"情感共同体"具有中枢作用：一方面它致力解决现代社会里工具性共同体带来的人的异化问题；另一方面它是走向一种

构成性共同体的桥梁或基础，因为现代社会里个体最终要从家元共同体①走向一个个构成性共同体。情感共同体是现代的理性建构和人为建构的共同体所不具备的。情感是族群共同体与工具共同体的催化剂、润滑剂、黏合剂。公民美育正是借助环境保护问题致力于建构一种情感与理性交融的共同体。第四章将主要关注关于生态自然环境保护和日常生活环境治理中的公民审美情感教育。

公民美育强调公共审美情感的基础性作用，也强调参与美学理念下的公民审美参与实践。但是从情感到参与之间，一种"批判"起到了重要的中介作用。一般涉及生态自然环境污染的问题，需要专门技术人才与有关制度变革，普通民众难以参与其中，大都只是起到一种监督作用。但是在日常生活环境问题的治理上，公民既要起到一种监督作用，也要能够发挥主导作用。无论何种情况，公民的监督作用都非常重要，都需要一定的批判理性与环保知识。美的情感滋生了对现实环境污染问题的批判抵制与改良行动。第五章将详细讨论公民审美批判能力及其培养问题。

公民美育理论的一大支柱是参与美学。但是在环境问题的情境里，参与不仅仅是投入审美对象之中的审美参与，而且是与公民参与环境的治理与保护相结合，形成对美丽环境的营造与保护。在参与过程中，所有相关的知识、技能、方法与态度、情感，在价值观的支配下，形成了相应的公民品质。公民的审美参与教育是在环境保护过程中培养公民性。关于参与的传统指导思想即是实践美学，即按照美的规律和法则来改造自然和社会，包括人类自己。但是这一思想体现了较强的工具理性主义。环境问题上的公民参与要基于人与自然的审美关系，因此第六章将提出关于培养公民审美参与能力的一些教育教学策略。

以此概述作为基础，本书将提出关于公民美育的一种初步的理念模型。

---

① 家元共同体即人的原初的、基于地缘、血缘形成的共同体。构成性共同体也相当于一种族阈共同体（张康之，张乾友. 共同体的进化 [M]. 北京：中国社会科学出版社，2012：1.）。但是该著作并没有谈及情感在族阈共同体中的地位和作用，也未提及从家元共同体到族阈共同体、合作共同体演化中的作用。情感问题正是现代性的核心问题。即使麦金泰尔也对情感持一种贬抑态度，"情感主义"是现代社会里道德的实际状况。女性主义对启蒙主义的批评的价值也在于此。

第四章　公民审美情感教育

公共审美情感及其培育是公民美育的第一要素。培养公共审美情感是公民美育首要的和独特的教育目标和教育内容。公共审美情感是一种什么样的情感？在环境问题上，环境审美滋生的情感为何是公共的？它与公民及公民教育能否相容？公共审美情感在美丽中国建设中有何价值与意义？公共审美情感是如何形成的？怎样培育？这是本章所要讨论的问题。

第一节　公共审美情感：从各美其美到美美与共

公共审美情感是因公共物品审美而滋生的情感。公民美育的逻辑起点为个体之美。从人之美的原点出发，以公共审美情感为动力，公民美育通过对公共环境的审美、造美、护美，逐渐形成了美的环境、美的社会（共同体）、美的国家、美的世界。在美丽中国建设语境里，各美其美、美美与共，形成了国家意义上的审美情感共同体，在一定程度上打破了个人与社会的割裂、个人与国家的疏离这一现代性困境。

一、公共审美情感的含义

（一）审美情感

谈美育自然绕不开情感问题，公民美育也不例外。美育的本质被视为情感教育。蒋孔阳先生在总结自己的审美经验时认为，审美教育是情感教育，"美是和感情联系在一起的，美不美，就在于能不能调动人的感情"[①]。美被康德划归为判断力，与情感相对应，情感是艺术的本体。这一划分原则为席勒所继承。席勒最早提出"审美教育"概念，因而美育划入了情感教育范畴这一原则为人们所认可。

[①] 蒋孔阳. 谈谈审美教育［M］//曾繁仁，高旭东. 审美教育新论. 北京：北京大学出版社，1997：97.

美学和美育所涉及的情感不是普通的、自然的情感，而是审美情感。审美情感是审美主体对审美对象的一种主观体验和感受，通过审美活动过程中对审美对象所产生的快感和厌恶表现出来。审美情感不同于道德情感、理性情感。①

1. 审美情感是一种非功利情感，是对日常情感和自然情感的升华

"审美情感是以生活和艺术中的美丑关系、悲喜关系等为对象，在此基础上所产生的愉快、不愉快、爱、恨、悲哀、愤怒、喜悦、神往等情感。"② "审美情感是一种经过主体想象力加工过的形式化、距离化的情感，它既是创造主体生命情感的对象化实现，又是鉴赏主体生命情感进行同样对象化实现的契机。它既是旺盛生命力的一种外化，又是对旺盛生命力的一种激发。"③ 审美情感是对日常情感的再体验。这一方面是指艺术创造与审美的情感，另一方面是指日常生活的感性化。

2. 审美情感是一种社会情感，是主体对客体的一种审美态度

有人以诗歌鉴赏为例分析审美情感的这一特性。"诗人的审美情感不是先验的东西，而是社会实践的产物，它来源于审美实践活动。诗人在对客观对象的审美观照中，受生活信息的刺激引发了相应的情感，这就是所谓的'因感而兴情''触景而生情'。"④ 审美情感的社会性更鲜明地体现在"当代审美泛化"之中。当代社会经历了双重的审美化：一是生活的艺术化，特别是日常生活审美化的孳生和蔓延，即美向生活的散播给生活赋予了审美情感；二是艺术的生活化，艺术与日常生活的界限日渐模糊，即审美日常生活化。⑤ 这一变化带来了审美情感的后现代转向，即从一种传统审美情感走向当代审美情感。"传统审美情感即是指基于传统艺术美育和美学的，超越科学、道德、实用之上的无利害关系，不依赖概念的直觉性，趋向永恒性、无限境界的超越和纯粹的愉悦性；而当代的大众文化则趋向于与日常体验打成一片，不再保持过去的那种纯净，它沉湎于当下的感情快乐，不追求永远，不渴求灵性，没有创造和超越。当代大众文化为了推销或消费贫乏无味的情感，他们用富有深意的形式将自己

---

① 曾繁仁，高旭东. 审美教育新论 [M]. 北京：北京大学出版社，1997：101-105.
② 左洁. 论自然情感如何升华为审美情感——尹朝阳绘画艺术分析 [D]. 石家庄：河北师范大学，2006：9.
③ 吴立忠. 积极情感与和谐社会——论科学、道德、审美情感对构建和谐社会的积极意义 [D]. 长沙：湖南师范大学，2008：27.
④ 徐润润. 论诗人的审美情感 [J]. 上饶师范学院学报，1991（6）：46-49.
⑤ 傅守祥. 审美化生活的隐忧与媒介化社会的陷阱 [J]. 文艺理论研究，2007（2）：106.

打扮起来。"① 生活审美化凸显了审美情感的社会性和生活性。

（二）公民情感

如果说情感是艺术的本体，那么理性则是公民的本体。理性能力一直是公民的核心能力。理性能力是公民处理公共生活的普遍问题的重要能力，包括推理能力——创造、运用规则或制订行动计划的能力。公民意识在某种意义上更多地依赖公民是否有合理的常识概念，是否有合乎逻辑的分析与判断思维，对数据和结论是否运用了科学的分析方法，而这些内容都属于关乎公民教育的重要能力。培养批判性思维是欧美国家公民教育的重要教育目标。徐贲根据自己对西方国家的观察和研究认为，逻辑和说理是一项基本的公民能力，说理的民主秩序与理性公民的高素质是相辅相成的。"理性话语是民主社会的特征，而非理性话语则常常伴随不民主而生，不讲理的话语可能存在于任何社会，但只会在不民主不说理或者说歪理的社会中大行其道，甚至成为通行于社会和人际交往的话语。学校教育重视学生理性话语能力，从社会作用来说，是一种维护民主公共生活秩序的公民教育；从公民修养、禀性来说，则是一种提高国民素质的人文教育。"② 因此，公民教育长期被认为是理性的训练。这也是西方公民教育的主流观点。

美国学者莎伦·R. 克劳斯挑战了这一主流观点。西方政治理论中的理性至上观点认为：在有关重要政治问题与基本正义问题的商议时，一般做法就是把激情从商议过程中完全剥离出来，因为他们认为，"情感性的意识方式会模糊我们的理性，从而妨碍健全的道德判断、公正的司法判决以及公平的政治商议所需的无偏倚性"③，而且根本不存在理性与激情的恰当结合。但是，莎伦·R. 克劳斯认为，这种理性观念的缺陷在于把慎思主体与人类行动的动力之源割裂开来，而这些动力之源恰恰存在于主体被要求与之疏离的情感性依恋关系与欲望之中，这就把作为慎思者的自我与作为行动者的自我分裂开来。④ 当代神经科学和神经心理学的研究表明："决策制定依赖于重要的情感体验，

---

① 周效柱. 审美态度在当代大众艺术情感上的蜕变［J］. 湖北社会科学，2006（10）：125-127.
② 徐贲. 统治与教育：从国民到公民［M］. 北京：中央编译出版社，2016：545.
③ 莎伦·R. 克劳斯. 公民的激情：道德情感与民主商议［M］. 谭安奎，译. 南京：译林出版社，2015：2.
④ 莎伦·R. 克劳斯. 公民的激情：道德情感与民主商议［M］. 谭安奎，译. 南京：译林出版社，2015：2.

尤其是依恋、嫌恶和欲望。"① 对决策制定来说，情感与理性一样是必不可少的，事实上，情感乃是实践合理性本身的一部分。莎伦·R. 克劳斯以"关切"为切入点分析了这一观点。"关切综合了情感性的与认知性的意识方式，它既包括依恋、个人信仰以及我们在情感上念念于心的东西（无论是人还是原则），同样也包括利益与经过反思的欲望。……关切是包含着反思性评价与关心的情感状态，这种评价与关心引发我们决定和行动的意向。"② 莎伦·R. 克劳斯在休谟意义上理解情感（sentiment），认为情感状态不仅包括情绪和关切，也包括欢乐与痛苦。实践慎思不可避免地包含着情感，我们所能做的就是与不偏不倚的要求相调和。"道德情感确实包含着公共的情感沟通和一种精微的同情能力，而正义会要求某些此前静默的情感在公共舞台上发挥新的影响。但情感的沟通已然在我们周围发生，商议如其所是地浸染于激情之中。我们面对的挑战在于把我们无法回避的、实践理性无法完全超越的激情文明化。要实现无偏倚性，就要有努力，要有培育与自我培育的广泛实践，它们将培养起一种日益具有包容性且更为敏感的道德情感能力。"③ 理性协商与情感的结合就是公民的激情。公民激情有两种表现形式：一是在不偏不倚的慎思立场中体现的个人情感，二是对公众共享的公共价值的顾念。这些激情在政治意义上是"公民的"，或者与特定公众及其构成性价值联结在一起，它们指向的是塑造国家体制的特殊价值。④ 莎伦·R. 克劳斯关于公民思考与行动中的激情的分析为公民美育中的情感与理性的恰当结合提供了一种深刻洞见。美育本身致力于感性与理性的融合，公民美育自然也就很好地实现了公民的激情。

公民情感是公民参与过程中的情感态度与心理体验。公共性是公民情感的重要特点。公民情感的公共性主要针对公民情感的对象而言。公民情感是公民在讨论、协商、处理、决定公共事务过程中产生的情感，是人们在发现、选择、感受、体验、判断、评价和创造的过程中所产生的情感。美国哲学家阿拉斯代尔·查莫斯·麦金泰尔（Alasdair Chalmers MacIntyre）认为，西方启蒙

---

① 莎伦·R. 克劳斯. 公民的激情：道德情感与民主商议［M］. 谭安奎，译. 南京：译林出版社，2015：3.
② 莎伦·R. 克劳斯. 公民的激情：道德情感与民主商议［M］. 谭安奎，译. 南京：译林出版社，2015：9.
③ 莎伦·R. 克劳斯. 公民的激情：道德情感与民主商议［M］. 谭安奎，译. 南京：译林出版社，2015：29.
④ 莎伦·R. 克劳斯. 公民的激情：道德情感与民主商议［M］. 谭安奎，译. 南京：译林出版社，2015：23.

时代以来产生情感的特征为"情感主义"①。解决这一情感现代性问题的途径之一就是培养人的公民情感或者情感社会化。具体而言，就是从个体情感向社会情感的深化。在环境治理与保护过程中形成的情感是重要的公共情感。公民美育所要培养的也正是这种公民情感。

（三）公共审美情感及其合理性分析

公民美育涉及的情感既是审美情感，也是公共情感，因此是一种公共审美情感。公共审美情感是审美情感与公共情感的整合。在这一结构中，审美情感是公共审美情感的性质，即关涉感性与理性的融合；而公共情感是公共审美情感的社会结构，关涉个体与公共的统一。

公共审美情感是环境治理与保护过程中非常重要和非常需要的一种情感。生态学者何塞·卢岑贝格在其所著的《自然不可改良》中分析了西方基督教文化将人与自然对立起来的传统。他认为，这种对立正是科学与人文对立这一启蒙主义时期某种文化观念的体现。这是一种错误的世界观和环境观。他提出了一种新的生态观，命名为"盖娅原则"，这也是一种美学观。这一原则要求人类将地球视为大地女神，给予应有的关怀和爱护，要以亲和的美学态度来尊重、热爱、关注如大地女神一般美丽而充满生命力的地球。这一原则将科学主义与人文主义统一起来，也将感性与理性统一起来，这就是美学态度。② 公共审美情感将理性与感性相融合正是人与自然的审美关系的体现。因此，公共审美情感是一种情理交融、公私互通的情感。

感性与理性、个人与公共这两对关系在公共审美情感中如何融通呢？公民情感与审美情感相结合的合理性在于美的共通感、普遍性、超功利性，审美对象的公共性，以及审美情感的理性。

第一，美的对象具有公共性。公民美育的审美对象是生态自然环境和日常生活环境。生态自然环境是我们存在的共同的物质基础。日常生活环境是我们共同栖居、交往的空间。这两类环境都是我们共同拥有和共同需要的空间，其公共性是不言而喻的。这已在前文论及。对这一公共空间的审美情感是这两类环境符合生活在环境中的人的审美需求而产生的情感体验。当然，产生情感的前提之一是这一公共空间具有美的特征。公共审美情感正是民众判断这一美境是否满足自己的精神需要以及对自己进行内省所形成的主观体验和态度。

---

① 阿拉斯代尔·查莫斯·麦金泰尔. 追寻美德[M]. 宋继杰, 译. 南京：译林出版社，2003：14.
② 曾繁仁. 现代美育理论[M]. 郑州：河南人民出版社，2006：75—76.

第二，美的普遍性和共通感。康德在其《判断力批判》中提出了美的判断的四个特征，普遍性和共通感是其中两个重要的特征。审美情感具有普遍的适应性。歌德（Göthe）曾经说过："一个特殊具体的情境通过诗人的处理，就变成带有诗意和普遍性的东西。"① 例如，"思乡、怀亲是人们日常生活中经常会体验到的心理活动内容，李白的'举头望明月，低头思故乡'，王维的'独在异乡为异客，每逢佳节倍思亲'等诗句之所以在人们口头传诵，就在于其以独特的艺术形象表现了人们类似的情感"②。爱美之心，人皆有之。对于美的标准，每个人因自身的生活经历、受教育状况不同而有所差异。但是已有研究表明，对自然环境的一些共同审美情感，如崇高、壮美、优美、愉悦等，具有很大的相似性。这就为人们形成具有共同的、普遍的审美情感奠定了基础。共通感是人与人之间的一种共同的和相通的感觉力。③ 各不相同的审美趣味背后暗伏的是"审美共通感"。"美的活动确实具有一种'可普遍化'的力量，同时，这种力量是建立在'主观认同'的基础上的。美的普遍性与特殊性、共通性与个别性、社会性和随机性都是在言说这种关系。"④ 这种审美共通感保证了审美情感的公共性。

第三，超越一己之利。审美本身具有非功利性，因此，审美情感先天就具有了公共性的潜质。在环境的审美、造美、护美之中，审美情感与道德情感等融合在一起。这与艺术欣赏是不一样的。艺术欣赏可以有暴力美学，但是环境欣赏却不可以。有人比较了生态关怀与生态审美，较好地阐述了这一特性。与审美相类似，生态关怀也是超功利的，没有外在的功利目的，而且也是使人愉悦的。在生态系统中，一切生物都是自然界长期进化的物种，都是自然界中"美丽的花朵"。人们与这些"美丽的花朵"朝夕相处，共同生存，自然会产生愉悦之情，由愉悦而关爱，由关爱而不忍损伤。这就是生态关怀。可见，生态关怀中包含着人类生活中的审美因素，或者说，生态关怀需要一种审美式的、非功利的生活态度和生存方式。这种态度正是审美的态度，同时也是生态关怀

---

① 艾克曼. 歌德谈话录 [M]. 朱光潜，译. 北京：人民文学出版社，1978：6.
② 徐润润. 论诗人的审美情感 [J]. 上饶师范学院学报，1991 (6)：46-49.
③ 刘悦笛. 生活美学与艺术经验 [M]. 南京：南京出版社，2010：166.
④ 刘悦笛. 生活美学与艺术经验 [M]. 南京：南京出版社，2010：165.

所要求的态度。①

第四，审美情感具有理性。对于公民美育最大的批判可能来自"唯情感论"。如果公民需要一种理性能力，那么审美情感的强调是否过于滥情或限于情感主义？我们认为，审美情感是一种感性与理性交融的情感。席勒提倡美育的一个重要理由是通过审美弥合现代人存在的感性与理性之间的割裂。唯情感论批评的合理之处在于，感性与理性的割裂或者关系失衡。失之于滥情或情感主义是一种自然情感或欲望的主导或支配。而审美情感作为一种升华了的自然情感，是感性与理性的融合。对于艺术创作过程中情理交融，人们一般都没有疑问，但是对于审美过程中是否情理交融还存在分歧。审美情感是审美者或欣赏者被理性化表达的艺术作品诱导出来的实际情感，它不是作品表达的情感（这是情感的一种理性表达），而是审美主体自己的情感。例如自然、诗歌、动物等，"任何美丽的事物激励了我们的时候，我们就能直接地感觉到情感的形式"②。审美是直觉地感受到美，而不是用知识和概念去理解或进行理性判断。审美情感的理性表现为一种"审美愉悦感产生于想象力与知性在理性形式之内的自由和谐"③。正是这种理性框架中的和谐让审美的普遍性成为可能。有人分析过，在审美过程中，伦理与审美的相互关系是一种动态发展的过程——"理性"与"非理性"精神的交替上升。④ 因此，审美情感本身是完美公民教育的必要需求。

二、培育公共审美情感的意义：走向情感共同体

公共审美情感是美丽中国建设主体的首要素质，也是公民审美素养的要素之一。公共审美情感对美丽中国建设具有重要意义。如前所述，公共审美情感具有双重价值：一是弥合人的感性与理性的分裂；二是处理个人与群体的疏离，真正形成具有公共性的情感。

---

① 沈晓阳. 生态关怀：一种准道德、准宗教、准审美的情感 [J]. 延安大学学报（社会科学版），2003（6）：26—29. 当然，有人认为，人类的生态关怀不是出于某种狭隘的、直接的功利目的；然而从最终意义上说，生态关怀还是有功利目的的，或者说是合乎功利目的的，只不过这种功利目的不是着眼于眼前利益，而是着眼于长远利益。"无功利的功利性"，显现出了生态关怀与单纯的审美情感的根本区别。因此我们说生态关怀是一种准审美情感，或者说是一种非审美的审美情感。

② 苏珊·朗格. 情感与形式 [M]. 刘大基，傅志强，译. 北京：中国社会科学出版社，1986：459.

③ 车辕. 理性的情感——论共通感在康德哲学中的证明和作用 [J]. 北京社会科学，2017（8）：80.

④ 李原. 审美自由旨趣与情感共通感的伦理价值辨析——兼论李泽厚后期美学思想的转变 [D]. 西安：陕西师范大学，2015：1.

公共审美情感的培育致力于形成美丽中国建设者的一种共同体意识,最终形成一种情感共同体。这正是美丽中国建设的目标。在第一章中我们已经论及美丽中国的三个文化意义:价值观念、环境伦理和家园情感。那么,公共审美情感的培育能否体现这三种含义呢?

第一,公共审美情感的培育最终形成一种情感共同体。公共审美情感中,"共同的情感"包括两种:(1)共通感。如上所述,审美活动具有一种"共通感"。刘悦笛分析了人与人之间因审美而产生的从审美共通感到情感共同体的进化。不过他认为,共通感是情感共同体的结果,因为"从人类交往的角度来看,'审美共通感'作为一种感觉共通性(普遍性),实质上就是一种与他人'共在'的情感,它是以'情感共同体'为现实生活基础的"[①];审美共通感是一种共同的"大我"的情感,而不是某种私人的"小我"的情感。但是我们认为,情感共同体也是共通感的一种结果。共通感的形成有赖于人与人之间的交往,它是在历史中形成的整个群体、整个阶层、整个民族乃至整个人类所固有的那种"不假思索"的判断。[②] 共通感接近集体无意识,导致共同性的感受,与真理共识内在相通。"'审美共通感要求':在共通的审美语境之中,人们都能从自身的审美能力出发积极地参与美的活动。"[③] 这一参与性正是公民美育所期望的结果。(2)意义共享。公共审美情感在人与人交往上更加有利于环境保护。对自然美境的审美是一种参与式的。审美主体在环境之中。而在审美过程中,作为审美对象的环境成了审美主体交往的空间。在这种非功利的审美氛围中,不同主体相互交往,在公共审美情感的联结下,逐步建构成为了一种情感共同体。如果各个审美主体能够在这一自然美境中平等交往,那么包容各自的差异,和而不同,就成了必要的共同体交往原则。乌尔里希·贝克等在《自反现代化:现代社会秩序中的政治、传统与美学》中提到了"共享意义"概念。"共享意义"即共享世界。他们认为,激进的美学个人主义是一种混杂偶然与欲望的个人主义,这种欲望几乎不可能形成共同体。[④] 如果过于强调差异,就会遮蔽必要的意义共享。他们认为,任何形式的团体、社群、民族特性和其他集团特性之所以可能的前提,绝不是解构一切根基,而是在于某种为"我们"所共享的意义存在,这是共同在世(being-in-the-world)的本体

---

① 刘悦笛. 生活美学与艺术经验 [M]. 南京:南京出版社, 2010. 169.
② 刘悦笛. 生活美学与艺术经验 [M]. 南京:南京出版社, 2010. 167.
③ 刘悦笛. 生活美学与艺术经验 [M]. 南京:南京出版社, 2010. 168.
④ 乌尔里希·贝克, 安东尼·吉登斯, 斯科特·拉什. 自反现代化:现代社会秩序中的政治、传统与美学 [M]. 赵文书, 译. 北京:商务印书馆, 2014:180.

性基础。① 他们说，从主体性到共同体的路径也许在于积极参与，在于共享世界中的人和事，"使思考和真理（和社群）成为可能的也许不是话语能指或结构能指的喋喋不休的噪音，而是日常社会习俗的业已共享的意义"②。"意义共享"这一概念很好地解释了公共审美情感最终在实践中如何形成了一种具体、实际的共同体。最终，"美美与共"成了公共审美的最后状态。

第二，培育公共审美情感所形成的共同体是一种伦理共同体，以正义为价值准则。例如，如果在一个共同体内，有不同职业的人，在收入上也有高低之分。如何对待垃圾，也是如何对待清洁工的工作。垃圾的认真分类处理也是对清洁工的尊重态度，这种"尊重"是形成共同体的重要因素。这种态度是一种个体文明的表现。如果共同体内有高低贵贱之分，那么共同体也就趋于瓦解崩溃了。虽然人人有不同的职业，但是维护公共环境应是共同利益所在。如果共同利益抵不过社会阶层的贵贱之分，那么审美共同体即宣告崩溃瓦解。

第三，培育公共审美情感形成的共同体是一种审美共同体。审美的个体性和差异性决定了审美的结果是"各美其美"。那么，如何看待和处理差异与共同之间的矛盾是思考"情感共同体"形成的重要问题。这就必须处理伦理与审美的关系。奥尔多·利奥波德（Aldo Leopold）在《沙乡年鉴》中讨论了关于户外休闲的公共政策：我们到自然中去，寻找的不是休闲，而是快乐。③ 这实际是一种非功利的美学态度。但是我们肯定、保护这种自然美境，却是伦理的立场。美丽的环境就是保护环境的原因。也就是说，美学态度是伦理的原因。这样环境伦理也是环境美学。如果一切以伦理的理由去保护、批驳环境保护的理由，就会陷入人类与非人类的纠结之中。如何欣赏这种自然美？他只提出"对自然进程的感知"④ 的主张。感受自然的美无需消费，无需削弱任何资源的作用。提倡感知是休闲事业上唯一具有创造性的部分，它具有改善"美好生活"的潜在力量。"感知是既不可能用学位，也不可能用美金去取得的。"⑤ 如果人人都只是去感知生态自然环境，不去按照自己的偏好改造生态自然环境，那么这自然就已经是在保护自然生态环境了。依据经济思维去改造生态自然环境正是当前环境遭到破坏的重要原因之一。利奥波德也指出，当前人与土地之

---

① 乌尔里希·贝克，安东尼·吉登斯，斯科特·拉什. 自反现代化：现代社会秩序中的政治、传统与美学［M］. 赵文书，译. 北京：商务印书馆，2014：181－182.
② 乌尔里希·贝克，安东尼·吉登斯，斯科特·拉什. 自反现代化：现代社会秩序中的政治、传统与美学［M］. 赵文书，译. 北京：商务印书馆，2014：189.
③ 奥尔多·利奥波德. 沙乡年鉴［M］. 侯文蕙，译. 长春：吉林人民出版社，1997：158.
④ 奥尔多·利奥波德. 沙乡年鉴［M］. 侯文蕙，译. 长春：吉林人民出版社，1997：163.
⑤ 奥尔多·利奥波德. 沙乡年鉴［M］. 侯文蕙，译. 长春：吉林人民出版社，1997：179.

间的关系仍然是以经济为基础的，人们只需要特权，而无需尽任何义务，土地在人们眼里只是一种财富。这是我认为的工具关系。但是审美关系也是一种伦理关系，因为这是一种情感依恋。① 人与自然的审美关系只是去感知自然，而非改造自然。

第四，培育公共审美情感所形成的共同体是一种家园共同体。美丽中国建设需要公民具备公共审美情感，最终形成了一种情感共同体——一种情感联结的深层次认同。这也是一种共有的精神家园。按桑德尔的分法，共同体分为情感共同体、工具共同体和构成共同体。工具共同体基于共同的利益，强调一种经济联结，虽然易于形成，但也易于崩溃。构成共同体强调一种合作理性的联结，但是失之于情感的单薄，容易让人丧失意义感，不能满足人的归属感。相比之下，情感共同体在满足现代人的情感寄托方面具有重要的意义，即通过情感共同体的形成解决了现代性的弊端，即个人与社会疏离这一现代陌生人社会的普遍问题。不过，情感共同体是人类社会比较原初的、小范围的共同体，在现代社会里无法成为主流社群或扩大范围。审美的普遍性就是情感共同体的范围。情感辐射范围大小决定了情感共同体的范围大小。在现实生活中，由于时代、地域、民族、文化、家族与家庭、个人经历、个人性格等条件的限制，人们的个体情感体验在"最大程度的普遍性"这一点上，永远是有差别的。

欣赏自然、环境之美形成的共同体，其联结仍在于情感，仍限于自然伦理。但是个人与社会的疏离也是生态自然环境问题的重要原因。我们强调共同体的情感联结，需要解决利益共同体、工具共同体的问题。培育民众这种公共审美情感是培育一种情感共同体。这也是一种审美共同体，因为个体的审美与社区的营造是一体两面，这是审美伦理化。同时，培育民众这种公共审美情感也是一种实现个体自由和个性解放的过程，这是伦理审美化。这两个方面相互克制，培育民众这种公共审美情感实现伦理与审美的相互提升，从而较好地解决了感性与理性的割裂和矛盾，以及自由与归属的矛盾。追求个人的自由和幸福是不言而喻的，虽然存在不同的理解。人是社会性动物，归属感也是其根本属性。18世纪德国诗人兼哲学家赫尔德认为，"人既需要吃喝，需要安全感与行动自由，同样也需要归属某个群体。假如没有可归属的团体，人会觉得没有依靠、孤单、渺小、不快活"。② 赫尔德说，"乡愁是最高贵的一种痛苦感。所

---

① 奥尔多·利奥波德. 沙乡年鉴 [M]. 侯文蕙, 译. 长春：吉林人民出版社，1997：192.
② 郑富兴. 当代学校组织的伦理基础 [M]. 北京：教育科学出版社，2010：134.

谓有人性，就是到某一地方能够有回家的感觉，会觉得自己是和自己的同类住在一起"①。个人对群体的依附，是人的本质的体现，这种依附是通过共同体生活来实现的。现代人重视个人的自由，但是我们又怀念共同体，这是因为我们怀念安全感，安全感是个人幸福生活的至关重要的品质。②

三、培育公共审美情感：体验与参与

公共审美情感教育是公民美育的首要领域。审美情感已经逐渐为人们所认可，并逐渐成为美育的核心内容或深层次的教育内容。从美育实践发展来看，美育经历了从外在工具论逐渐回归人类内在需要的过程。美育的主要途径艺术教育也大致经历了艺术技术教育阶段、艺术素质教育阶段、审美情感教育阶段的发展历程。③ 有观点认为："美育只有走到审美情感教育才是正途。非功利意义，注重精神情感追求，给予审美提升，就是它的要义。"④ 因此，美育的重点在于发展学生的审美情感。

当前一些学校的中小学环境教育缺乏情感维度和美育维度的思考。学校环境教育实践往往重视知识传递，不会过多关注学生是否具有热爱家乡、关心环境的情感。如小学的科学和初中的地理等课程中纳入了资源、生态、环境和可持续发展教育的内容，但科学、地理课程中的环境教育效果较差。

培育公共审美情感大致有以下三个途径。

（一）学会欣赏自然美与生活美

这是培育公民自身的审美素养。审美素养培育的基本途径仍然是艺术教育。由艺术教育得来的审美素养会增进主体对自然环境和生活环境的敏感性。艺术教育在内容上包括艺术创造与艺术欣赏两个方面。虽然美育的主要目的是提高个体的审美能力，不是艺术创造，但是一定的艺术创造经历会增进个人的审美感受性。艺术欣赏是艺术教育的主要方式。不过，除了艺术作品外，我们要学会欣赏自然环境和生活环境。卡尔松作为著名的科学认知主义自然欣赏派代表人物，在其《欣赏艺术与欣赏自然》一文中比较了这两种不同类型的美的

---

① 张谦. 民族精神再兴：论民族主义之善与恶（与柏林对谈）[M]//刘军宁. 直接民主与间接民主. 北京：生活·读书·新知三联书店，1998：214.
② 齐格蒙·鲍曼. 共同体[M]. 欧阳景根，译. 南京：江苏人民出版社，2003：179.
③ 周星. 美育应走向审美情感教育[N]. 学习时报，2006-10-16（009）.
④ 周星. 美育应走向审美情感教育[N]. 学习时报，2006-10-16（009）.

欣赏问题。"艺术与自然之间的比较是环境美学最基本的哲学话题。"① 他根据对象的导向将欣赏分为客观地欣赏和主观地欣赏。客观地欣赏是欣赏审美对象本身及其特性,并专为此而欣赏;主观地欣赏是欣赏者及其特性以某种方式将自己强加于对象之上,包括一些对象本身没有的东西。他说,将自然欣赏与艺术欣赏等同起来是错误的,艺术欣赏的无功利性阐释不太适合自然欣赏,因为它将欣赏对象与其他事物隔离开来。欣赏教育是一种训练,一种学习,需要训练自己去看那最多的美,看见最多的美,得到最丰富的欣赏。如何训练呢?他提出了八种要素的景观课程,包括形式、常识、科学、历史、当代应用、神话、符号和艺术。② 这八种要素体现了自然美育内容的丰富多样性,既有传统美育的因素如形式,也有科学知识,还有一些文化内容。关于人类环境的审美欣赏,他主张以日常生活美学为基础,以景观生态学的方法来审美地欣赏人类环境,而不是将之视为艺术作品,即"每一座建筑物、都市风景或景观,必须根据存在于其内部以及与更大的人类环境之间的功能适应来欣赏。若未能如此,便将失去许多审美趣味与价值。……我们将在那些最好地适应其环境者身上发现最大的审美趣味与价值"③。卡尔松认为,这种自然欣赏是一种综合性的教育,因为当代环境美学强调情感与知识、情感与认知的融合与平衡正是审美欣赏的核心部分。同时,当代环境美学"不只是对风景类的环境进行审美欣赏,也对其他自然环境——不只是壮丽的山景,也包括传统上风景逊色但具有审美意义和生态价值的环境,诸如沙漠、湿地、大草原、盐沼、牧场和丛林——进行欣赏,确实是对每一种自然环境进行审美欣赏"。环境审美可以通过整合我们对于环境的实用性关怀而使环境的美感得以深化。这样一种全方位的、不同于艺术教育的美育为培育公共审美情感奠定了基础。

（二）审美体验是情感教育的重要方法

朱小蔓认为:"体验作为情感教育理论中的一个重要范畴,既有认识论的意义,即通过体验的方式达到认知理解;又有本体论和价值论的意义,即体验是人的生存方式,也是人追求生命意义的方式。"④ 她强调情感教育是人的体

---

① 艾伦·卡尔松. 从自然到人文——艾伦·卡尔松环境美学文选 [M]. 薛富兴, 译. 桂林: 广西师范大学出版社, 2012: 译序 5.
② 艾伦·卡尔松. 从自然到人文——艾伦·卡尔松环境美学文选 [M]. 薛富兴, 译. 桂林: 广西师范大学出版社, 2012: 223.
③ 艾伦·卡尔松. 从自然到人文——艾伦·卡尔松环境美学文选 [M]. 薛富兴, 译. 桂林: 广西师范大学出版社, 2012: 240, 253.
④ 朱小蔓. 情感教育论纲 [M]. 南京: 南京出版社, 1993: 150.

第四章　公民审美情感教育

验过程。审美体验是审美教育的基本方式。"美育是一种整体生命体验教育，这体现了审美教育的本质。……美育过程，从根本上说，就是一种主体全身心投入的体验过程。"① 甚至有人认为，体验是审美教育的本体。② 自然环境和生活环境的审美体验自然就成为培育公共审美情感的重要方式。如何通过欣赏美丽自然、欣赏人类环境来获得人的审美趣味，当然是要到大自然中去，到户外人类环境中去，全身心投入环境中去体验、反省，滋生出审美情感。大自然中的教育本身也是许多教育家倡导的经典教育方法。如卢梭在《爱弥儿》中提出"自然教育是人的教育的重要方式"等观点。不过，卢梭式的自然教育是一种个人主义的教育，而公民美育所倡导的大自然中的教育则是一种伦理与审美相互融合、致力于建构情感共同体的教育。

体验有两种含义：第一是生命意义上的，或生存论角度的理解。"体验是美学，尤其是艺术美学中的核心问题，是贯穿于创作、欣赏、消费及传播之始终的精神活动。"③ 如汉斯-格奥尔格·伽达默尔（Hans-Georg Gadamer）所说的，体验是与人的生命、存在相关的，而且体验丰富和扩展了人的生命状态；在每一个人的生命历程中，他（她）无时无刻不在经验，但并不是每一种经验都是体验，只有体验方能使人的生命存在状态得以丰满。④ 第二是身体意义上的。体验要用所有的感知觉，这是"以体去验"。审美体验的主体性就是身体性，人对世界的感觉，不仅依靠视听和其他感官，而是整个身体向对象世界的全方位敞开。⑤ 这主要是环境美学学者的普遍看法。身体是情境存在的基础。"一个审美主体置身于优美的环境中，其审美体验与其在封闭的艺术馆中是不同的。环境中所拥有的一切，青山绿水，气候体验，人与自然的互相介入，都决定着审美过程的复杂性和审美体验的多元性。"⑥

环境中的审美体验将身体的体验与生命的体验统一在个体的经验之中，即两者之间的循环往复。这是作为培育公共审美情感的审美体验的重要价值所在。关于审美体验的过程，有研究做了较详细的分析："审美体验的根本特点是主体与对象始终处于相互交融、和谐统一的状态，它既是主体心理感受的发

---

① 汪远德，田汉族. 美育：一种完整的生命体验教育 [J]. 美育学刊, 2014, 5 (6): 108-111.
② 张小秀. 体验——审美教育的本体 [J]. 教育理论与实践, 2005 (22): 62-64.
③ 万书元. 论审美体验 [J]. 江苏社会科学, 2006 (4): 15-19.
④ 伽达默尔. 真理与方法 [M]. 洪汉鼎, 译. 北京：商务印书馆, 2007: 83-89.
⑤ 刘成纪. 什么是审美体验——海德格尔的艺术终结论与审美体验理论的重建 [J]. 中州学刊, 2006 (5): 284-288.
⑥ 陈国雄. 环境体验的审美描述——环境美学视野中的审美经验剖析 [J]. 郑州大学学报（哲学社会科学版）, 2014, 47 (6): 99-102.

展过程,也是审美对象的构成过程。"①

阿诺德·伯林特对体验作为美育方法的作用过程做了详细的论述。作为环境美学的代表,他关于审美体验的论述适合公民美育的分析。在他看来,环境审美更多的是一种参与美学,这种参与是一种全身心的投入,更接近于一种体验,即全身心地融入审美对象之中。在批评传统审美将审美与对象分离、自身与环境疏离的基础上,他分析道,体验即全身心的投入。首先是各种感官的打开。其次是多种感觉的融合:"环境体验不一定完全是视觉的,它是综合的,涵盖了所有的感觉形式。"② 最后,审美体验是一种经验交流。这一经验交流既是审美经验与日常生活经验的交流,也是个体的直接经验与间接经验的交流。伯林特将环境理解为一种物理-文化的领域,因此,鉴赏自然并不是一个观看外部景观的问题,而是身体有意识地积极参与到经验中的过程包括知识、信仰和态度,而且能够使我们建构和组织经验。"审美地介入环境,正如介入艺术那样,是我们拥有的知识、信仰、观念和态度这些经验的不可分离的组成部分,从起源上说,在很大程度上都是社会性的、文化性的和历史性的。"③ 依据杜威的经验论教育思想,这种参与式的审美已经是一种教育过程了。审美体验将个体在审美过程中产生的新的经验与个体在日常生活中的经验以及他所在文化中的经验整合起来,即获得各种经验之间的连续性,扩大或重组了个体原有经验,个人的内在存在世界因而扩大了。

这种个体经验的扩大与重组,也就纳入了他人的经验或者说文化的经验,这样或者扩大了个体所在的共同体范围,或者形成了一种新的共同体。更重要的是,当个体审美体验与共同体意识的形成一体相联时,一种审美情感共同体就形成了。虽然环境是一种物理-文化领域,但是环境审美体验最后形成的审美情感共同体却是一种精神家园。在柏林特看来,环境的审美经验是一种对环境的整体感受:"完整地感受世界,使用全方位的感知,这是在放大我们的经验、我们的人类世界、我们的生活。由此,它的目标是一种扩张的但有识别力的意识,作为整体地活动着的有机的社会生活的一部分。"④ 其实这样一种对环境的整体感受是"家园感"所具有的内涵。这种"家园感"必然成为环境审

---

① 苏宏斌. 试论审美体验的动态过程 [J]. 浙江学刊, 2001 (3): 76-81.
② 陈国雄. 环境体验的审美描述——环境美学视野中的审美经验剖析 [J]. 郑州大学学报(哲学社会科学版), 2014, 47 (6): 99-102.
③ 阿诺德·伯林特. 环境与艺术环境美学的多维视角 [M]. 刘悦笛, 译. 重庆: 重庆出版社, 2007: 15.
④ Arnold Berleant. The Aesthetics of Environment [M]. Philadelphia: Temple University Press, 1992: 24.

美的内在需求。陈望衡在《环境美学》中将环境美的根本性质界定为一种人所归属的"家园感",而对环境的认同感的最高层次是家园感。正是从这个意义上,我们将家园感视为环境美的根本性质。① 这种家园感,就是人对环境天然就有的一种"依恋感",就是人对环境的"既好像儿女依恋母亲,又好像夫妻相互依恋"②。这种家园感最切实地体现在环境宜居与宜游的统一性上。在这种审美体验中,个体与环境的互动建构起来的审美经验强调了主体与环境之间的一种交互关系。归属感、依托感、安全感是家园感的主要组成部分。而人类对环境的这种归属感、依托感、安全感通常表现为"恋地情结"。段义孚(Yi-Fu Tuan)认为:"'恋地情结'是一个新词,可被宽广定义为包含了人类与物质环境的情感纽带。这些情感纽带从强度、微妙性和表达方式上看彼此都有很大的区别。对环境的反应也许主要是审美的:这种反应会在从风景中感到的短暂愉悦到突然显现出的美所给予的同样短暂却更加强烈的愉悦之间变化。这反应也许是触觉上的,感觉到空气、流水、土地时的乐趣。更持久却不容易表达的感情是一个人对某地的感情,因为这里是家乡,是记忆中的场所,是谋生方式的所在。"③ 段义孚提出的"恋地情结"这一概念,表述了人类对物质环境的情感连结,人创造或者改变环境,并以各种方式回应环境,包括视觉和美学欣赏以及亲身接触。环境不是由若干自然物综合而成的空间,它与人类生活包括主体自己的经验和生命融为一体,因而成为个体的精神家园。家园情感是美丽中国的重要文化含义,对祖国山川、家乡水土的审美体验就是"托体同山阿",最终将自己投入这片土地,而这片土地也就是我们的温馨家园。

(三)积极参与美的活动

美的活动包括创造美境、维护美境的活动。所谓"参与"实际是创造一种"体验"的情境。这种造美、护美的行动大致可以分为两种。

第一种为利用现成的环境,如我国的农村田园教育、国外的森林教育。19世纪英国著名思想家威廉·莫里斯(William Morris)在《乌有乡消息》中阐述了一种森林教育。他认为,教育本身应该是个整体,孩子的成长过程与学校的所谓教育过程不可能泾渭分明。莫里斯的森林教育观圆融通透,打破了教育时空的隔阂,重塑了教育时间的连续性和空间的完整性,消除了体脑劳动的隔

---

① 陈望衡. 环境美学[M]. 武汉:武汉大学出版社,2007:112.
② 陈望衡. 环境美学[M]. 武汉:武汉大学出版社,2007:111.
③ Yi-Fu Tuan. Topophilia: A Study of Environmental Perception, Attitudes and Values[M]. New Jersey: Englewood Cliffs, Prentice-Hall Inc, 1974:93.

阂，在游戏中恢复了教育的完整性。莫里斯认为，作为自然的丰富性和多样性对人类审美趣味的培养起了更直接、更本源的作用；自然本身就是一切美之源泉，也是人类的终极理想之境。① 因此，莫里斯没有遵循一般美育从艺术欣赏入手的做法，而是直接转向自然。森林教育没有教材，也没有学科分类，而是将人囊括于自然的大美之中，与林木、鸟兽一起沐浴雨露风霜，亲身参与四季的更迭，热恋自然，熏染出真善美的性情。"乌托邦民众在森林中野营，与自然畅意游戏，尽情享受生活的乐趣。"② 这种森林教育也是对现代教育比较彻底的解构。

第二种为人为建构一种环境，如学校环境建设、小区绿地建设。学校学生或社区居民建设自己所在的美丽环境的过程本身就包含了一种审美体验。参与让这种体验更加深刻，同时多元主体的参与既丰富了参与者的审美经验，彼此之间的交流和行动又促进了一种审美实践共同体的形成。我们以北京自然之友·盖娅自然学校实践、美国康奈尔大学公民生态学的活动——"盖娅生态花园公民生态行动实践"为例。2014年，北京自然之友·盖娅自然学校在自己所在社区的闲置空间里建造了一个自然生态花园。该学校负责人召集了学校工作人员及志愿者开展参与式设计工作坊，听取使用者的想法，设计师作为工作坊组织者和设计过程的协作者，更多的是引导参与者表达自己的想法和观点。该项目负责人首先介绍了工作坊主题，再次由参与者分组观察及设计，然后为大家相互分享设计方案，共同制订了盖娅生态雨水花园的实施营造计划，最后在工作假期通过工作坊的形式让公众参与到"雨水花园"的生态实践行动中来。盖娅生态雨水花园的建造采用"共知共行"的方式，通过设计工作坊运用共同学习＋工作假期共同营建的模式。行动过程即教育，整个参与设计实施的过程是一个环境教育的过程。通过工作坊的分享，参与者之间形成了社群网络，彼此交流和行动，形成互动的有机社群。③ 这一项目让公众参与到盖娅生态雨水花园的生态实践行动中来。正是在大家共同参与盖娅生态花园建设的行动实践中，参与主体的共同审美体验形成了公共审美情感，慢慢形成了一个审美实践共同体。

---

① 威廉·莫里斯. 乌有乡消息 [M]. 黄嘉德，包玉珂，译. 北京：商务印书馆，1981：165.
② 张锐. 热恋自然——威廉·莫里斯的生态美育学启示 [J]. 美育学刊，2017，8 (1)：53—59.
③ 暴风来袭，除了看海还能做什么？数百志愿者两年前就开始，用4000小时在北京做了海绵城市花园！[EB/OL]. （2016-07-21）[2017-08-25]. https://www.sohu.com/a/10701567403458.

第二节 国家的美育意义：审美-情感共同体

美丽中国建设要求公民的公共审美情感教育具有一种国家意识。国家不仅是一种情感共同体，更是一种审美共同体。这里的审美共同体不是指政治审美化，而是指通过一种想象、体验获得一种共同体意识，以及通过激发公民的公共审美情感包括爱国情感形成一种共同体意识。"情感"与"想象"成为理解美丽中国的两个关键词。

一、公共审美情感与公民爱国情感

现代民族国家具有确定的地理边界与历史传统。生态自然环境与日常生活环境都是现代民族国家的重要建构因素。让民众营造美丽环境、保护美丽环境、欣赏国家的美丽环境是建构现代民族国家的重要途径。基于土地、河流、高山、森林等自然环境而对国家产生的忠诚情感是最朴素的也是最稳固的爱国情感。国家认同不仅仅是一种政治认同，更重要的是一种文化认同和环境认同。培养美丽中国建设主体的公民美育既是国家建设的途径，也是国家认同教育的过程。公民美育有助于民众共同体意识的形成，最终让现代民族国家成为个体的精神家园，从而重新"筑就我们的国家"[1]，而且不仅仅是环境治理与保护，更有精神层面的家园重建。

公民与情感的关系首要的体现是爱国情感。卢梭在其《对波兰政府的思考》中强调了公民对国家的情感。他相信："教育对于巩固恰当的民族性和民族自豪感起到至关重要的作用。教育将确保的是，'年轻公民把他们所有的热情都汇聚到对其祖国的热爱'。……必须保证通过性情、激情和必要性使人民成为爱国主义者。"[2] 他认为爱国主义和民族主义首先是一种情感。"缺乏足够的民族自豪感就难以形成有关国家大计的富有成效的辩论。如果一个国家想在政治筹划方面富于想象力和创造力，那么，每个公民都应该在感情上同自己的国家休戚与共——因国家的历史或现行的民族政策而产生的强烈耻辱感或炽热自豪感。当然，只有在民族自豪感压倒民族耻辱感的时候，这个国家才能在政

---

[1] 理查德·罗蒂. 筑就我们的国家：20世纪美国左派思想 [M]. 黄宗英，译. 北京：生活·读书·新知三联书店，2006：28.

[2] 转引自：德里克·希特. 公民身份——世界史、政治学与教育学中的公民理想 [M]. 郭台辉，余慧元，译. 长春：吉林出版集团有限责任公司，2010：61.

治上有所作为。这种情感倾注是十分必要的。"① 这种爱国情感是与国家界限密切相关的。

好公民的首要美德是"忠诚"。"忠诚是对于一个制度、一片土地、一个群体或者一个人的眷恋之情。这种眷恋感接近于认同感,它们通过博爱而联系起来的。忠诚同样来自于忠诚的对象所代表的价值的信仰。"② 忠诚是一种情感,可能与制度、领土和人口相关。"领土"意味着爱国情感也是一种对自己地域或土地的情感。

美丽中国建设,环境治理与保护,都是针对某一片土地而言的。当国家界限与土地综合在一起时,对土地的热爱、土地伦理,具有了与公民爱国情感同样的价值和意义。因此,在环境问题上,公共审美情感就等同于公民爱国情感。或者说,公民爱国情感就成为一种公共审美情感;反之,公共审美情感也是一种爱国情感。大自然的审美尤其如此。例如,美育被苏霍姆林斯基认为是培养爱国情感的重要途径。"在苏霍姆林斯基的教育体系中,以大自然的美来进行教育,是与以艺术语言、艺术形象和独立创作的美来进行教育紧密地联系在一起的,因为认识美是跨入美的世界的第一步,是情感教育的最重要的手段。"③ 这样,国家在培养公共审美情感上具有了重要意义。

二、国家：从政治共同体到审美共同体

何谓国家?"国家是人类社会基于理性的需要和对秩序的追求,而通过某种方式建立起来的制度、价值、组织体系,并在此基础上形成的人类共同体。"④ 国家首先是人类理性的产物,是一个由暴力后盾支撑的组织实体。其次,国家是一个情感共同体。"国家作为一个共同体,除了具有价值、制度、利益等纽带维系外,还具有很强的感情色彩。它一旦形成,便会与人的故土情结、家庭观念、族属认同等生活中的情感高度结合,使人们形成强烈的祖

---

① 转引自：德里克·希特. 公民身份——世界史、政治学与教育学中的公民理想 [M]. 郭台辉,余慧元,译. 长春：吉林出版集团有限责任公司,2010：61.
② 德里克·希特. 公民身份——世界史、政治学与教育学中的公民理想 [M]. 郭台辉,余慧元,译. 长春：吉林出版集团有限责任公司,2010：275.
③ 诺维科娃. 苏联美育理论的发展 [M]. 吴盘生,译//王佩雄,黄河清. 教育学文集：美育. 北京：人民教育出版社,1989：170.
④ 卢小平. 共同体的维度——现代国家建构中的族群问题研究 [D]. 北京：中央民族大学,2010：24.

国观。"①

"想象"是美国学者安德森提出的关于国家形成的重要方法。他认为，民族是一个想象的共同体，而现代国家亦是如此。安德森为历来模糊的"民族"概念提出了一个新的定义：它是一种想象的政治共同体，并且是被想象为本质上有限的，同时也享有主权的共同体。②虽然它谈的是民族，但实际是民族国家，一种建构的产物。"民族和国家都是欧洲历史上扮演重要角色的共同体，但在近代以前，这两种共同体的边界通常并不重合，在经历了法国大革命和浪漫主义时代之后，民族和国家这两大共同体才在欧洲完成了结合，催生了民族国家这一具有巨大生命力的共同体形式。"③

有研究者认为，"如果说安德森为我们讲述了民族如何想象，那么格尔茨笔下的《尼加拉：十九世纪巴厘剧场国家》则为我们呈现了国家如何想象"④，即一个国家如何在仪式化的表演中让所有"入戏的观众"得以想象国家的真实。格尔茨认为，"国家"通过仪式在想象与真实之间进行展示和表演。《尼加拉》展示了巴厘国家的君主们不遗余力地举行宏大的庆典，在这样的仪式表演中国家才得以存在和彰显。"在国家展演式的权力表达中，公共的意象、符号系统成为人们想象共同体的媒介。依照宇宙秩序而建的宏伟宫殿、场面壮观的火葬仪式、莲花宝座等等，都成为一种典范中心的隐喻，人们在这些符号和意象中想象、领悟、模仿，形成一个国家的共同体。"⑤

"地域"共同体是斐迪南·滕尼斯（Ferdinand Tönnies）划分的三大共同体之一。地域是历史与环境的统一，凝聚在人们的共同情感之中。因此地域共同体自然也成了情感共同体。国家的美育意义在于通过国家的风景与历史的整合激发出学生的审美情感。伊夫·安德烈认为，历史和地理具有三个目标：锻造民族特性，促进融合，传播价值观。其中地理锻造了学生关于自己国家领土的想象，"地理产生自我中心论的强调，它唤起了对祖国的热爱，强调地缘政治方面（如所反映的好战或带有冒险隐喻色彩），并酿造出集体文化；历史也

---

① 卢小平. 共同体的维度——现代国家建构中的族群问题研究［D］. 北京：中央民族大学，2010：25—26.
② 本尼迪克特·安德森. 想象的共同体：民族主义的起源与散布的新描述［M］. 吴叡人，译. 上海：上海人民出版社，2003：2.
③ 张海洋. 从天主教共同体到失败的民族国家——西班牙国家构建的历史考察［J］. 欧洲研究，2012，30（2）：49—68+160.
④ 王铭铭. 20世纪西方人类学主要著作指南［M］. 北京：世界图书出版公司，2008：365.
⑤ 舒瑜. 从"想象的共同体"到"巴厘剧场国家"［J］. 西北民族研究，2006（2）：198—203.

履行同样的功能"①。

美国哲学家理查德·罗蒂（Richard Rorty）在探讨如何达至社会团结时说，人类团结"不是通过研究探讨，而是通过想象力，把陌生人想象为和我们处境类似、休戚与共的人。如果我们对其他不熟悉的人所承受痛苦和侮辱的详细原委，能够提升感应相通的敏感度，那么我们便可以创造出团结"②。通过民俗学、记者的报道、漫画书、纪录片，尤其是小说，一种共同体意识逐渐形成，即"逐渐把别人视为我们之一，而不是他们"③。这种美育途径正是形成国家共同体的重要途径。"审美想象是审美体验的深化。"④ 与一般想象不同，审美想象的过程中始终伴随着强烈的情感活动。它是以强烈的情感为动力，以求美为目的的。这一审美想象的过程，也伴随着移情活动。在小说等文学艺术中，"那些希望自己的国家有所作为的人必须告诉人们，应该以什么而自豪，为什么而耻辱。他们必须讲述富有启迪性的故事，叙说自己民族过去的历史事件和英雄人物——任何国家都必须忠于自己的过去和历史上的英雄人物。每个国家都要依靠艺术家和知识分子去塑造民族历史的形象，去叙说民族过去的故事。从某种意义上说，政治领导权的竞争就是民族自我认同的不同故事之间的竞争，或者说是代表民族伟大精神的不同形象之间的竞争"⑤。总之，上述关于想象、地域的论述都凸显了审美想象、审美符号是现代国家形成的重要方式和手段。仪式、想象、各种符号实际上是让公民爱国情感获得了载体和渠道。这些审美因素形成的国家成了一种审美共同体。这种"审美"特性在国家形象问题上得到集中的展现。

一些关于国家形象问题的探讨也是一种审美的宣传。"国家形象是主权国家在国际交往中通过自身活动多渠道构建并获得国际社会普遍认可的形象。'国家'是其首要和核心的限定语。不论哪一种国家形象，它的本质都首先是一种历史形象。"⑥ 国家审美形象不像国家政治形象、经济形象那样直接强调意识形态性或以刚性数据为基础，这是一种柔性形象。它的历史性靠情感贯穿

---

① 伊夫·安德烈. 和平共处的责任、能力与愿望世界与地区：为学会共存而学习历史与地理[J]. 教育展望（中文版），1998（2）：34—35.
② 理查德·罗蒂. 偶然、反讽与团结[M]. 徐文瑞，译. 北京：商务印书馆，2003：7.
③ 理查德·罗蒂. 偶然、反讽与团结[M]. 徐文瑞，译. 北京：商务印书馆，2003：7.
④ 曾繁仁，高旭东. 审美教育新论[M]. 北京：北京大学出版社，1997：281.
⑤ 理查德·罗蒂. 筑就我们的国家：20世纪美国左派思想[M]. 黄宗英，译. 北京：生活·读书·新知三联书店，2006：1-2.
⑥ 刘颖. 城市文化生产中的农民群体与国家审美形象构建[J]. 海南大学学报（人文社会科学版），2015, 33（2）：59—64.

来表现。情感性与历史性二者相辅相成,缺一不可,这是其根本特点,也是与国家政治、经济等其他形象的根本区别。中国国家审美形象最基本的同构情感就是个体对家园故土的日常情感归依。正是在这种共同情感下,现代中国的众多差异空间,诸如城乡差异、民族差异、祖国大陆和港台地区的差异等才有了聚合为"中国"这个国家审美形象的可能。具体到农民群体来说,只有从这个角度展示出他们与其他群体的共性,才能真正在国家审美形象构建中显示出历史性。① 所以,那些自然风光、名胜古迹,就成为国家的象征符号,成了凝聚共同体意识的重要符号。这就是一种国家意识的形成。"历史性和情感性的统一已经可以构建出作为国家审美形象的地域文化特性。"② 这种情感及其表达的符号意象形成了国家审美共同体。

三、作为国家象征的国家公园

建立国家公园体制是党的十八届三中全会提出的重点改革任务之一,是我国生态文明制度建设的重要内容。2013年11月,党的十八届三中全会首次提出建立国家公园体制。2015年9月,中共中央、国务院印发的《生态文明体制改革总体方案》(中发〔2015〕25号)提出建立国家公园体制。2017年9月,中共中央办公厅、国务院办公厅印发了《建立国家公园体制总体方案》。

"国家公园是一个国家为保护自然环境而设置的地区。"③ 国家公园是培育公民公共审美情感的重要社会教育设施。从环境治理与保护来看,国家作为审美共同体最典型的表现就是国家公园,包括国家森林公园和国家自然保护区。在这个意义上,公民美育即国家美育。

国家公园的世界实践开始于19世纪的美国。美国于1872年建立了黄石国家公园。20世纪以来,欧美国家陆续建设了一批国家公园,如德国从1909年起开始实施国家公园政策,法国于1960年制定了国家公园法。④

国家是自然环境保护的主要责任者和有能力者。但是就国家与自然的关系来看,国家公园在培养公共审美情感上具有重要价值。"1918年5月13日,时任美国内政部部长的富兰克林·K.雷恩给国家公园局长斯蒂芬·马瑟写了

---

① 刘颖. 城市文化生产中的农民群体与国家审美形象构建 [J]. 海南大学学报(人文社会科学版),2015,33(2):59—64.
② 刘颖. 城市文化生产中的农民群体与国家审美形象构建 [J]. 海南大学学报(人文社会科学版),2015,33(2):59—64.
③ 杨平. 环境美学的谱系 [M]. 南京:南京出版社,2007:266.
④ 杨锐. 国家公园与自然保护地研究 [M]. 北京:中国建筑工业出版社,2016:前言.

一封信，阐述了他的国家公园管理的三条基本原则：第一，为了子孙后代同时也为了我们这一代的使用，国家公园必须维持其不受损害的形态；第二，国家公园的设立要为人们的使用、观察、健康和愉悦服务；第三，国家利益是制定公园决策的根本依据，不管这些决策影响到的是公众事业还是私人产业。……国家公园是国家认同感和民族自豪感的物质载体，是对全体国民尤其是青少年进行生动活泼的环境教育和科普教育的最佳场所，可以在提高国民科学、文化素养方面发挥重要作用。"① 当前，我国的国家公园建设大都被视为自然保护的一种重要措施，在生态保护、社会发展、经济稳定等方面有重要意义。但是，一些市场化、娱乐化的建设思维会损害国家公园的公益性，更损害国家公园在培养公众的国家认同、公共审美情感方面的重要价值。因此，我们要在美丽中国建设的语境下重新思考国家公园的美育价值。

（一）自然环境中蕴含的民族主义与国家意识

国家公园肇始于美国是因为它要彰显自己与西欧国家的不同。与西欧国家相比，美国没有悠久的历史，但是有广袤壮阔的自然风光，因此美国政府建立国家公园就是为了凸显美国在自然环境方面的独特优势，摆脱自己的文化自卑心理。由此可见，国家公园产生之初就彰显了强烈的国家意识。

国家公园是一个自然环境与民族国家融为一体的文化表述。由于现代民族国家是民族文化与国家政治的合体，"从实践的观点看，自然环境是国家形成与发展的物质基础，是人类生存与发展的基本资源，它本身必然构成国家精神的形成条件"②。因此，国家公园是自然与文化的整合表达，这同时也是美丽中国的性质。

德国学者约阿希姆·拉德卡（Joachim Radkau）对民族与自然环境的关系作了较深入的分析。他说："民族主义赋予一个民族的每一名成员的假想中的财富，就是一片超越本民族狭窄地域之外的辽阔土地。它将对这一财富的分享建立在大自然的基础之上。……（民族主义）创造了个体内心世界和外部大自然之间的和谐统一。"③ 文化是个体对自然环境的挑战的解决与回答。大自然造就了不同的个体和民族。不同地域的自然风光造就了不同的风土人情。福达（Fulder）的园林建筑师弗海尔（Vorherr）于 1808 年在其《论德国环境美化》

---

① 杨锐. 国家公园与自然保护地研究［M］. 北京：中国建筑工业出版社，2016：1.
② 雷礼锡. 早期环境观念与国家精神——兼谈创新美学研究方法的意义与方向［J］. 郑州大学学报（哲学社会科学版），2017，50（3）：10.
③ 约阿希姆·拉德卡. 自然与权力［M］. 王国豫，付天海，译. 保定：河北大学出版社，2004：266.

第四章 公民审美情感教育

一文中提出"将整个德国变为一座大花园"的口号。还有一德国人将"自由的森林"即森林原野颂扬为德国自由的自然基础。"自 19 世纪末以来,德国的自然保护和保卫家乡结伴同行,在法国也有大致相同的情形。保卫家乡的宗旨在于保存传统的农民建筑和乡村景色,人们可以在这两种势力之间建立一种对立关系:'家乡'反映出一种对安全的渴望,'自然'则是对自然的向往。但这并不一定说明二者相互矛盾。"① 在美国,对民族景观的想象要比在德国充实得多。因为美国缺少德国那样深厚的历史,比如没有那样的古老的城市和建筑物,所以他们从大自然中寻找一个民族身份,如河谷、高大茂密的辽阔森林、西部荒野等。因此,19 世纪 60 年代出现了国家自然保护公园运动。"这些雄浑浪漫的山地风光始终构成美国自然公园思想的指导画面。原始壮丽的山地景观烘托出一种自然身份,它与美国上升为世界大国的愿望不谋而合。"② 总之,自然与民族的相互交织促进了人们对民族主义的想象。利奥波德在《美国文化中的野生动物》一文中指出:原始人的文化常常是以野生动物为基础的。因此,野牛不仅为大平原上的印度安人提供了食物,而且在很大程度上决定了他们的建筑、服装、语言、艺术和宗教。他讨论了野生根基的文化价值。首先有一种存在于任何经验中激发的历史意识的价值,向我们提醒着我们独特的民族起源和发展的价值。这种意识就是"民族主义",他称为"拓荒者的价值观"③。

在中国,自然环境更是国家意识的鲜明表征。自然环境与国家精神融合为家国情怀。在古代诗词里,"山河"是个具有很强的国家色彩的诗词意象。陈望衡对此做了比较详细的分析。他认为,"山河"是出现在南北分裂时期的环境概念,一是指"山河"或"河山",二是指"江山"④。山河既指自然风景,更指国家的版图、国家疆土的含义。自此之后,"山河""江山"这两个概念在文学作品中屡见不鲜。但凡涉及国家主权时,"山水"这一概念就不太用,而多用"山河""江山"这样的概念⑤,例如"重振河山""城春草木深""国

---

① 约阿希姆·拉德卡. 自然与权力 [M]. 王国豫,付天海,译. 保定:河北大学出版社,2004:266.
② 约阿希姆·拉德卡. 自然与权力 [M]. 王国豫,付天海,译. 保定:河北大学出版社,2004:268.
③ 奥尔多·利奥波德. 沙乡年鉴 [M]. 侯文蕙,译. 长春:吉林人民出版社,1997:168.
④ 陈望衡. 中国美学的国家意识 [J]. 文学评论,2016(3):11.
⑤ 陈望衡. 中国美学的国家意识 [J]. 文学评论,2016(3):11. 如:"山河风景元无异,城郭人民半已非。"(文天祥《金陵驿》)"国破山河在,战地风来草木腥。"(元好问《壬辰十二月车驾东狩后即事》)"万里江山知何处?回首对床夜语。"(张元干《贺新郎·送胡邦衡待制》)"布被秋宵梦觉,眼前万里江山。"(辛弃疾《清平乐》)"千古江山,英雄无觅孙仲谋处。"(辛弃疾《永遇乐》)

破山河在"等。在辛弃疾、陆游等南宋词人的词里,这种江山、山河的意象更是充满对故国的怀念。陈望衡分析道:"自然山水审美导向家国情怀具有必然性。道理很简单,人民总是生活在一定的自然环境里,将这自然环境看作是自己的家园,这家园总会归属于一定的国家,而国家对它一定拥有主权。在平常的情况下,人们对于自然山水的审美不一定会导向家国意识,然而,在特殊的情势下,比如像上面引文中谈到的西晋亡后逃到江南的文人,他们眺望北方河山,其审美就必然会导向对故国、故土的思念。'山河''江山'概念的使用,当然也不都用在思念故国、故土,它也常用来正面歌颂自然山水的壮丽。"① 在近现代,艾青的诗《我爱这土地》鲜明地表达了这种基于土地这一自然环境的家国情怀:

> 假如我是一只鸟,
> 我也应该用嘶哑的喉咙歌唱:
> 这被暴风雨所打击着的土地,
> 这永远汹涌着我们的悲愤的河流,
> 这无止息地吹刮着的激怒的风,
> 和那来自林间的无比温柔的黎明……
> ——然后我死了,
> 连羽毛也腐烂在土地里面。
>
> 为什么我的眼里常含泪水?
> 因为我对这土地爱得深沉……

现在,长江长城、黄山黄河等更是成了中华民族的符号象征。所以,陈望衡说:"中国人对自己生活的这块土地充满着情感,大量的地理著作如《禹贡》《山海经》《水经注》等,还有无数的文学艺术作品,描绘了中国山河的壮美,体现了中华民族环境美学的重要特质——家国情怀。"② 正是古今中外这种对家乡故土的眷恋,才让国家成为具有浓厚爱国情感、环境审美的对象。而就国家公园而言,它依旧是一个把自然和国家融为一体的强有力的文化表述。

(二) 国家公园的美育意义

国家公园的个人美育意义已有很多研究谈及,如为市民提供休闲之所。更

---

① 陈望衡. 中国美学的国家意识 [J]. 文学评论, 2016 (3): 12.
② 陈望衡. 中国美学的国家意识 [J]. 文学评论, 2016 (3): 10.

重要的是,大自然是一个生动的课堂。美国早期环保运动的领袖约翰·缪尔(John Muir)认为,"将方丹湖、沼泽草原与丛林作为陶冶自己的课堂。从教育的角度看,大自然是培养我们认识自然、亲近自然的最佳场所。因此,缪尔主张到大自然中去旅行,'走进大山就是走进家园,大自然是一种必需品,山林公园与山林保护区的作用不仅仅是作为木材与灌溉河流的源泉,它还是生命的源泉'"①。"在穿越大自然的旅行中,一个人在许多方面得到直接而生动的教育和体验,比如审美愉悦、道德责任、保护意识、情感体验与科学认知等等。比起在枯燥的课堂,自然的教育显得更有活力和有趣得多。"② 这些国家公园会逐渐培养旅游者对自然界的责任意识。罗尔斯顿也分析了森林的美育意义:"从环境美学的角度来看,森林是典型的环境类型之一,是对自然进行审美体验的很好的原型和例子。森林具有明显的时间感和永恒性特征,带给人一种原始的神秘气息。虽然仅凭色彩和形式就可以欣赏森林,但只有通过科学达到由科学丰富化了的更深的审美体验时,森林才得到了恰当的认识。在科学知识之外,森林的审美体验需要主体的参与和全身心的介入。在森林中,人们更容易体验到崇高感,这种崇高感是与斗争相伴而生的生命之美。"③

但是,国家公园应更着眼于培养公民的国家认同和公共审美情感。缪尔对森林的热爱和体验让他强调了国家公园的环境保护意义。缪尔怀着对森林的热爱,批判了滥砍滥伐的野蛮行径:"在国家的殖民和文明化过程中,对于食物的渴求要比对于林木和美的渴求更重要。……正因为此,他们没有长远的眼光,那些虔诚的破坏者们发动了无休止的森林战争。木屑纷纷溅落,上百万株美丽的大树倒下了,被肢解得支离破碎,他们燃烧的浓烟冲上云霄已有200多年了。……粗暴的破坏正以前所未有的广度和速度在蔓延着。而后,热爱自己祖国的人们为光山秃岭而悲伤,如今大声疾呼:'救救我们剩下的森林吧!'这就不足为怪了。"④ 他认为,"世界上每一个文明国家都不得不去关注自己的森林,假如不能有效地制止浪费和破坏,使美国变得像巴勒斯坦和西班牙一样荒凉,那么我们也必须这样做"⑤。国家是一种组织。他说,普鲁士、法国、瑞士、俄国都将森林视为国家的财富,都立法禁止滥砍滥伐。而美国虽然拥有

---

① 杨平. 环境美学的谱系 [M]. 南京:南京出版社,2007:282.
② 杨平. 环境美学的谱系 [M]. 南京:南京出版社,2007:285.
③ 霍尔姆斯·罗尔斯顿. 森林中的审美体验 [J]. 张敏,潘淑兰,译. 郑州大学学报(哲学社会科学版),2012,45(2):5-11.
④ 约翰·缪尔. 我们的国家公园 [M]. 郭名京,译. 南京:江苏人民出版社,2012:230.
⑤ 约翰·缪尔. 我们的国家公园 [M]. 郭名京,译. 南京:江苏人民出版社,2012:231.

世界上最好的森林，但是政府却没有为它做出一件有效的事情，而是"像一个富有而愚蠢的人，将继承下来的一份完美财产肆意挥霍，将他的田野、草原、森林、公园随意出售、浪费和让人劫掠，自信这份财产多得取之不尽、用之不竭"①。但是国家也是一种建构的共同体。缪尔主张："为了公众利益，只有对属于每一个人的森林予以保护，并把剩下的每一英亩林地合并在一起由联邦政府管理，以此作为统一管理政策的基础。人们不会总被自私自利的对手欺骗，无论这对手来自木材、矿业公司还是来自羊的主人或投机者，也无论他怎样狡猾，打着什么神奇诱人的幌子。"② 国家公园的意义在于国家只是起保护作用。自然保护只有通过强有力的国家扶持才能达到目的。尤其在今天，环境污染来自工业生产，更需要国家的强制与施压才能够得以解决。

不过，当前的国家公园不仅未能发挥保护环境和培养国家认同的作用，许多国家公园还逐步成了公共休闲娱乐场所，有着越来越浓厚的市场化色彩，并且这种国家公园里的游玩也有了社会分层的迹象。如"威廉·塔克（William Tucker）提出，许多荒野爱好者坚持要把机动车辆排除出荒野地区，这种坚持代表了'娱乐的不同品位'，具有阶级的维度。在一种反时尚中，中上层阶级的环保主义者徒步旅行、划船，或者骑马，宣称那些不怎么宽裕的游客所青睐的汽艇和雪地摩托玷污了'真实'的荒野体验。塔克的结论是'荒野……本质上是中上层阶级的公园'"③。这就使国家公园失去了其公共性。如美国自然保护公园存在城市市民对自然的渴求与当地农场主和伐木工人的利益发生冲突的情况。④ 这些国外的教训和趋势也提醒我们，在推进中国国家公园健康发展的过程中，应该防止其变味、变质⑤。关于如何建设国家公园，有人建议："我国建立国家公园的选择和体制设计上决不能将概念和标准混同为以休憩和游览为主的传统意义上人们普遍认为的'公园'。其首要目标是生态系统完整性的保护，为公众提供对国家公园环境及其蕴含文化的体验、研究、学习和享受的机会，并且以全民公益性、民族自豪感、'留得住乡愁'和代际公平为主要特征，是最为公平的社会生态产品和生态文明代表。"⑥ 这实际上是强调了

---

① 约翰·缪尔. 我们的国家公园 [M]. 郭名京，译. 南京：江苏人民出版社，2012：233.
② 约翰·缪尔. 我们的国家公园 [M]. 郭名京，译. 南京：江苏人民出版社，2012：248.
③ 艾丽森·比耶雷. 风景的用处：如画美学与国家公园体系 [J]. 韦清琦，译. 外国文学，2002（3）：39-44.
④ 约阿希姆·拉德卡. 自然与权力 [M]. 王国豫，付天海，译. 保定：河北大学出版社，2004：269.
⑤ 杨锐. 国家公园与自然保护地研究 [M]. 北京：中国建筑工业出版社，2016：5-6.
⑥ 巴树桓. 建立国家公园体制的探讨与思考 [N]. 内蒙古日报（汉），2015-04-13（004）.

国家公园的管理与使用上要具有国家意识。

（三）国家公园中的户外教育

户外教育成为充分发挥国家公园的公民美育作用的重要方式。国家公园是一个很好的公民教育课堂。英国的威廉·贝纳特和彼得·利茨说："站在约塞米蒂瀑布脚下从某种程度上看就是一堂户外公民课。"[1] 因为公民美育与中小学基础教育的目的都是培养国家的公民，都是基于理性实施开展教育，两者高度一致。国家公园里的户外教育成了一堂绝佳的公民美育课。户外教育使学生在自然环境中滋生公共审美情感，激发出保护环境的责任。

何谓户外教育（outdoor education）？美国国家教育协会（National Education Association）的定义为："户外教育是所有学校科目知识与技能的结合，由教师运用环境资源去帮助学生了解各学科、环境与人之间的相互关系，以协助艺术、科学、社会研究的教学活动。"[2] 美国户外教育学者乔治·唐纳德森（George Donaldson）提出："户外教育就是在户外的教育，有关户外的教育，以及为户外而教育。"[3] 作为大自然亲密接触的教育形式，户外教育自然也是环境教育的重要方式。其实，环境教育是户外教育的重要内容。祝怀新介绍了这一情况："将户外教学思想引入环境教育并使之成为环境教育实践的基本手段的是英国。早在70年代，英国学者卢卡斯教授提出了著名的'卢卡斯模式'，即环境教育是关于环境的教育（about）、为了环境的教育（for）和在环境中的教育（in），在这一模式的影响下，英国环境教育界掀起了户外教育运动，主张在任何年级、任何学科，都应尽可能到户外寻求相关的学习主题，以便通过户外学习使学生取得最佳的学习效果。"[4] 户外教育让学生身临环境中产生对大自然的热爱，在情感上与自然融合，培育其环境审美情感，这自然成为他们参与环境保护的重要动力与情感基础。2017年9月教育部颁布的《中小学德育工作指南》开始推行"研学旅行"，希望我们能够在户外教育有所突破，不能只当作春游或秋游。

户外教育在实践过程中通常被认为等同于生态教育、环保教育、探险教

---

[1] 威廉·贝纳特，彼得·科茨. 环境与历史：美国和南非驯化自然的比较 [M]. 包茂红，译. 南京：译林出版社，2008：109.

[2] 转引自：赵霞. 青少年户外教育的国际经验及启示 [J]. 中国青年研究，2015（4）：115-119.

[3] 转引自：赵霞. 青少年户外教育的国际经验及启示 [J]. 中国青年研究，2015（4）：115-119.

[4] 祝怀新. 环境教育户外教学法理论初探 [J]. 环境教育，1998（1）：11-14.

育、挑战教育、体验教育等教育类型，但实际上不是完全等同的。户外教育与以上几种教育形式紧密结合，不可割离，户外教育的开展通常是运用了以上的相关领域的相关元素，或着重于某一方面，它的特征就是专注于这种教育的"户外"，这是因为教育目的和导向不同所导致的。① 如"英国的莱普兰德大学教师培训学校把户外环境教育作为常设科目，在与自然的直接交往中感受环境道德，例如他们的'远足技能教学'就包括：到附近森林旅行，旅行中要求学生为自己负责、看管好个人物品、对周围环境负责、不随意乱扔垃圾、离开时将环境收拾干净等；在森林远足，要求学生了解地形、动物、植物以及到开放地实践的合法权利；在国家公园划独木舟旅行，通过探险获得对国家公园存在的意义的体验；夜间滑雪旅行和三天的远足旅行，通过活动了解冬天的自然，自己负责安设帐篷、装备和食物，等等"②。这些做法虽然已经成为今日户外活动的常识，但也很好地诠释了作为公民美育的户外教育实践。

我国的户外教育活动开展得较少，主要囿于安全、经费问题，在内容上也比较单一。到森林中去，到自然中去，这是培养学生的公共审美情感的重要契机。

第三节 乡恋与公共审美情感

环境污染问题是现代化、工业化、城市化带来的问题。现代化最重要的特征就是人类不再那么恐惧自然，而是依靠科学技术征服自然，通过采掘自然资源获得舒适的物质生活。在现代制度化的技术系统、生产系统和市场系统下，这就带来了危害程度远远高于农业社会对土地的损害和滥用。蕾切尔·卡森（Rachel Carson）的《寂静的春天》就描述了现代农业技术与制度化或者说产业化之后带来的环境巨变。传统社会的生存型农业使用人力来生产，例如除掉杂草就用拔草、割草或者烧荒等方式，但是在现代社会里，尤其是20世纪中期以后除草大都采用施药的方式，结果所有的草科植物都消失了，靠吃草的种子生活的野生动物和鸟都死去了，结果地球上鸟的歌声消失了。蕾切尔·卡森的描述反映的就是现代生产方式产生了环境污染问题。所以笔者认为环境问题是一个经济问题，解决环境问题需要转变经济发展模式，转变产业结构，使之

---

① 余昭炜，兰自力，孙辉. 国外学校户外教育研究 [J]. 广州体育学院学报，2015，35（3）：121-124.
② 曾建平. 寻归绿色——环境道德教育 [M]. 北京：人民出版社，2004：158-159.

提档升级。

伴随着这种对土地的损害和滥用的是人类对土地的态度、情感和价值观的变化，自然环境从过去人类存在的基础、生存的资源、道德的来源转变为交换的商品、谋利的工具、无生命的物质。一种情感的淡漠让人们不再爱护脚下的土地，大地被损害被滥用也就不可避免。

一、人与土地的工具化关系

现代人对土地的工具化态度是产生生态环境问题的重要原因。土地是人类重要的生存资源。这是人类对土地的一种工具化态度。这一态度不仅带来了人类滥用土地、破坏资源的恶果，也造成了人类相互之间围绕土地的占有展开的战争与恶斗。

美国小说《愤怒的葡萄》就鲜明地揭示了农业机械化和产业化导致土地"工具化"和"背景化"。有人对此做了较好的分析："在经济利益驱使下，无论直接耕作的农民还是银行资本家和商人，都缺乏正确的生态意识，只把土地当作谋生或图利的工具，土地沦为一种'背景'或'工具'。他们滥用土地，违背自然规律，造成水土流失、土地资源浪费。……农民为了生存，必须种植能够换取更多价值的作物，而忽视土地养分的蓄积和农作物种植的轮换。人们不是把土地当作维系生态系统的重要组成部分，而是当作任人使用的工具。农民过度开垦土地，没有换茬轮作，种植方式也不合理，例如大量种植棉花，榨干土地所有养分，造成地质破坏，土地贫瘠。"[①] 为了谋生，他们忘了"土壤的退化，在漫长的人类历史中它曾经间或成为人类最大的环境问题。即便在当代它也十分棘手，因为土壤比水和空气更容易长时间地聚集有害物质"[②]。"人与土地之间的问题也引发更多人与人之间的问题，例如对土地的争抢让人与人之间的贫富差距越来越大，造成社会不公、部分人流离失所等等。当人失去了对土地的尊重时，人与人之间的尊重、人对自己的尊重也不复存在。"[③] 土地的工具化带来了土地的占有和使用问题，以及与土地相关的分配伦理问题，等等。

---

① 吴丽敏. 论《愤怒的葡萄》中自然之"背景化"和"工具化"[J]. 英语广场，2015（8）：3—6.
② 约阿希姆·拉德卡. 自然与权力[M]. 王国豫，付天海，译. 保定：河北大学出版社，2004：4.
③ 吴丽敏. 论《愤怒的葡萄》中自然之"背景化"和"工具化"[J]. 英语广场，2015（8）：3—6.

从公共审美情感来看，土地"工具化"的最大缺陷不在于这种土地的滥用，而是在于忽视了土地是人类的栖息地，忘记了人生于兹死于兹的土地与人的情感联系。这种情感关系就是乡土的诗情，一种家园情感。

  在这片土地上，我们用带谷穗子的稻把，赶在秋天的黎明前
  在土地上写下一页金黄的竖行字
  于是阳光拨响所有的琴弦
  吟诵着米浆般温馨圣洁的田园诗。

《我们来到土地上》

  选谷种的时候，我也选择了土地
  土地是贫瘠的，种子就更要饱满

《选谷种的时候》

  花朵没开放的时候，我们就知道
  幸福在土地上……

《幸福在土地上》

这些乡土的诗歌都是一种对土地的眷恋，但是"田园曲所诉说和褒扬的素朴、单纯、宁静、平和、愉快的生活理想早已成为过时的东西。在技术统治一切的时代，田园曲是没落而终将不复存在的东西。……田园建在土地上。这土地是我们行走耕作、出生入死的场所，不是土壤学的对象。抓把泥土放在显微镜下，只见结构不见土地。土地较之土壤学对象更富有、更神秘。它是人类生存所赖以树立的根基"[①]。古代人认为，田园是先人的存在方式。因此，无论人到哪里，哪怕天涯海角，他的心仍在故乡，仍有家可归，因此，家园感让人成为一种完整的存在。"近代以来，工业文明依靠技术，真正把人从土地上剥离了。没有人敢对它的合理性提出异议，因为它帮助人们摆脱贫困。但同时，新的、不可救药的贫困也悄悄侵入人的家园，生存环境的恶化和精神家园的沦丧都意味着人同土地的分离。世界本是人栖居的家园，但现代人却视之为掳掠的对象。只有疯子才在自己的家中掳掠，而在世界，这人在栖居的家园中掳掠，却是理智的行为。在这掳掠中，海湾草原，田野森林都在失去本来的面貌和色彩，沙漠正从内到外地席卷我们。"[②] 但是，这片土地始终是我们以及我们的后代要生于兹死于兹的栖息地。田园诗代表了我们对过去美丽环境的回忆

---

① 赵越胜. 土地的歌唱——读《荒蛮月亮》札记[J]. 读书，1988（9）：50—56.
② 赵越胜. 土地的歌唱——读《荒蛮月亮》札记[J]. 读书，1988（9）：52.

和向往。①

这番描摹，道出了土地的问题，现代人与土地的关系仍是现代人的生存问题。这是一种生存意义上的审美体验。土地与人的情感关系也是一种审美关系。从这个角度来看，土地总是与田园、故乡、岁月、苦难联系在一起。现代社会里，人与土地的情感疏离是现代人生病、现代社会生病的重要原因。当我们哀叹"每个人的故乡都在沦陷"，当我们向往"诗意地栖居在大地上"，是因为我们迫切渴望回归土地。美国自然文学作家亨利·贝斯顿（Henry Beston）曾说："只有当我们意识到大地及其诗意时，我们才堪称真正地生活。"②

我们不能确定是不是工业化、理性化摧毁了这种情感关系③，但是现代社会对土地的这种情感冷漠的确是环境问题产生的原因之一。今天，严峻的环境问题已经说明土地从身体到精神都离我们远去。

环境问题让我们重新审视人与土地的关系，同时更好地理解培育公共审美情感的障碍与可能。

二、土地伦理与环境保护：西方的理解

土地伦理即对土地的道德责任。当前谈到生态保护的理论基础，最有代表性的无疑是利奥波德的土地伦理。利奥波德在 1947 年就探讨过土地伦理和美学问题，强调人与自然的和谐关系。他认为，各种伦理可能是一种在发展中的共同体的本能。"迄今所发展起来的各种伦理都不会超越这样一个前提：个人是一个由各个相互影响的部分所组成的共同体的成员。他的本能使得他为了在这个共同体内取得一席之地而去竞争，但是他的伦理观念也促使他去合作。土地伦理只是扩大了这个共同体的界限，它包括土壤、水、植物和动物，或者把它们概括起来：土地。"④ 这也把人的社会性拓展到了土地这些非人类事物上。

---

① 赵越胜. 土地的歌唱——读《荒蛮月亮》札记 [J]. 读书, 1988（9）：50-56.

② 程虹. 承载着人类精神的土地——亨利·贝斯顿的《芳草与大地》[J]. 读书, 2013（11）：94-101.

③ 有观点认为，土地 30 年来经历了大规模的去神话化、去魅化，附着于土地上的那些神秘的东西、超越的价值，已经在我们的价值观中被卸载掉了，过去建立在土地上的文化想象失去了根基，变成了悬空的能指。土地去除了神性，仅仅成为一种生产资料。在这个祛魅化的过程中，农民开始脱离土地，向往现代化的集中体现物——工业化的城市。现代化进程中丢失的情感和信仰、受伤的灵魂，对于土地的依赖，让中国的乡村世界饱含着温暖的情感，同时也潜藏着各种力量的角逐。在追逐速度的社会发展中，到处都在变化和革新，而唯一不变的，仍然是那块生人、养人、安抚人的土地。引自：王敏. 唯一不变的是土地——关仁山《麦河》解读 [J]. 石家庄学院学报. 2015, 17（4）：89-93.

④ 奥尔多·利奥波德. 沙乡年鉴 [M]. 侯文蕙, 译. 长春：吉林人民出版社, 1997：193.

土地是一种共同体，这是生态学的观点。"土地伦理是要把人类在共同体中以征服者的面目出现的角色，变成这个共同体中的平等的一员和公民。它暗含着对每个成员的尊敬，也包括对这个共同体本身的尊敬。"① 土地伦理彻底改变了人在自然中的角色，让人从土地共同体的征服者转变为共同体中的普通成员。人附属于这个土地共同体。利奥波德说，人只是生物队伍中的一员的事实早已由历史生态学知识所证实。"土地的特性有力地决定了生活在它上面的人的特性。"② 这是一种生态中心论（Eco-holism）的立场。"在土地美学中，判断一个事物，人不再是'万物的'尺度，'当一个事物有助于保护生物共同体的和谐、稳定和美丽的时候，它就是正确的，当它走向反面时，就是错误的。'"③ 这意味着，人不仅要尊重共同体中的其他伙伴，而且要尊重共同体本身。这是由于人不仅生活在社会共同体中，也生活在大地共同体中。人只要生活在一个共同体中，他就有义务尊重共同体中的其他成员和共同体本身。这种义务的基础就是：共同体成员之间因长期生活在一起而形成的情感和休戚与共的"命运意识"。

资源保护是人和土地之间和谐一致的一种表现。利奥波德分析了当时关于资源保护的教育和现有做法。对于民众来说，关于环境保护教育的基本做法为遵纪守法、参加投票、参与保护等。但是环境保护的大部分工作由政府负责，"即要让政府来做所有的一切私人土地拥有者们所未做到但又必须要做的工作"④。他认为，这些做法无可厚非，但是缺乏伦理考量，至多鼓励个人的权利，应该用一种土地伦理观或者某种其他的力量，使私人土地所有者负起更多的义务来⑤。因为就土地而言，环境保护最大的阻碍就是那些农场主们。政府制定出了条播、牧场更新、土壤灰化等规则，但是农场主们只是选择使用那些能够使他们获得最直接和最明显收益的措施，如并不禁止在林地放牧，也不禁止犁耙和乳牛进入陡坡，而忽视那些对共同体有利同时显然对他们自己无利的措施。⑥ 这种孤立的、以个人利益为基础的保护主义体系绝对是片面的，它趋向于忽视从而也就最终要去除很多在土地共同体中缺乏商业价值，但却是它得以健康运转的基础的成分。⑦

---

① 奥尔多·利奥波德. 沙乡年鉴 [M]. 侯文蕙，译. 长春：吉林人民出版社，1997：194.
② 奥尔多·利奥波德. 沙乡年鉴 [M]. 侯文蕙，译. 长春：吉林人民出版社，1997：195.
③ 奥尔多·利奥波德. 沙乡年鉴 [M]. 侯文蕙，译. 长春：吉林人民出版社，1997：213.
④ 奥尔多·利奥波德. 沙乡年鉴 [M]. 侯文蕙，译. 长春：吉林人民出版社，1997：202.
⑤ 奥尔多·利奥波德. 沙乡年鉴 [M]. 侯文蕙，译. 长春：吉林人民出版社，1997：202.
⑥ 奥尔多·利奥波德. 沙乡年鉴 [M]. 侯文蕙，译. 长春：吉林人民出版社，1997：198.
⑦ 奥尔多·利奥波德. 沙乡年鉴 [M]. 侯文蕙，译. 长春：吉林人民出版社，1997：203.

利奥波德认为，这些关于环境保护规则的教育没有关于对土地的义务方面的教育，结果就是，"我们受到的教育越多，土壤就越少，完美的树林也越少"①。环境保护的教育就要把社会觉悟从人延伸到土地，具体而言就是关于土地伦理的教育，让私人负起更多的责任。"从教育的角度看，利奥波德深信教育和野外休闲的力量，通过这些手段，才能培养生态学的道德心，从而形成生态学的意识。'要在野外休闲活动中获得对生物共同体的理解和尊重，需要精深地教化一种包括与土地和谐共生的公民身份概念。'这是一种立场和态度。"②

理解土地伦理需要一种想象和情感。首先，这种土地伦理观把土地当作一种生物结构的想象。"在对某种事物的关系上，只有在我们可以看见、感到、了解、热爱，或者对它表示信任时，我们才能是道德的。"③ 这种想象是一种生态学意义上的"自然平衡"。其次，对土地的情感产生了土地伦理。因此，道德情感是大地伦理学的一个重要基础。利奥波德说："我不能想象，在没有对土地的热爱、尊敬和赞美，以及高度认知它的价值的情况下，能有一种对土地的伦理关系。"④ 如前所述，环境美学是环境伦理的理由。杨平认为，利奥波德这种对土地的情感既是一种伦理态度，也是一种审美态度。因为"在《沙乡年鉴》中，蕴含着深刻的环境美德伦理学问题，这些问题都与人相关，其中的关键问题有：什么是一个人的最好生活，我们应该如何去生活？如果说大地的道德情操蕴含了一种审美情感，那么，大地的审美情感直接导向土地伦理"⑤。"从实践的角度讲，如果说对大地的保护是一种行动的话，那么这种行动包含了审美体验的因素，不管是旅行中的休闲态度，还是实际的保护活动，都深深地渗透了一种审美情感。"⑥ 这种对土地的审美情感把我们引向土地的保护主义态度和土地责任意识。"土地美学认同和谐的、生态环境的观念，这种环境观反过来培育了一种生态审美的观念。"⑦

关于土地伦理更深层次的思考为人对土地的审美情感问题。关于土地伦理的研讨虽然从人类中心走向了自然中心，但是它仍然没有揭示环境问题的关键原因，如自然与文化的关系。"文化是人类向他所面对的自然和世界作出的各

---

① 奥尔多·利奥波德. 沙乡年鉴 [M]. 侯文蕙，译. 长春：吉林人民出版社，1997：198.
② 杨平. 环境美学的谱系 [M]. 南京：南京出版社，2007：158.
③ 奥尔多·利奥波德. 沙乡年鉴 [M]. 侯文蕙，译. 长春：吉林人民出版社，1997：203.
④ 奥尔多·利奥波德. 沙乡年鉴 [M]. 侯文蕙，译. 长春：吉林人民出版社，1997：212.
⑤ 杨平. 环境美学的谱系 [M]. 南京：南京出版社，2007.158.
⑥ 杨平. 环境美学的谱系 [M]. 南京：南京出版社，2007.158.
⑦ 杨平. 环境美学的谱系 [M]. 南京：南京出版社，2007.161.

种形式的反应,是对自然与世界向他提出的种种问题的挑战的应答。"① 关于土地伦理的探讨绕不开土地与农业的关系问题。这已由前述现代社会对土地制度性滥用加以说明。农业情境下人与土地的关系不同于荒野背景下的人与土地的关系。朱迪斯·N. 斯科维尔(Judith N. Scoville)认为,农业问题是检验环境伦理途径充分性的手段。工业性的农业商业与生态本位的农业形式之间的不同不仅在农业技术,也在于潜在的世界观、价值观和伦理学。生态农业追求运用自然的过程中工作,对环境伦理提出了三个挑战:(1) 它挑战了人应该如何与自然世界交往;(2) 对生态科学保持开放,并建立在生态世界观上;(3) 表述了环境与社会正义的相互关系。② 从农业的角度来重新思考环境保护的土地伦理,正是"土地"的中国式思考。不过,大地伦理显然是对资本主义全球农业生产尤其是关于人与土地的工具化使用的一种批评,因而具有重要的实践价值和学术价值。

三、乡恋与美境:中国式的分析

与利奥波德的土地伦理不同的是,我国对土地的理解具有中国历史的厚重感,更强调人与土地的审美关系的文化意义。在中国传统文化里,乡恋是一种值得珍视的土地情感。"乡土情怀是中国独特的传统文化。"③ 其代表如陶渊明:"归去来兮,田园荒芜胡不归?"在中国人眼里,土地早已不再是单纯的土地,而是超出了其物质形态的意义,成了我们的精神家园、安身立命之所。美国华裔地理学家段义孚的人文地理视野中的环境美学也对此作了较好的解释。段义孚用"恋地情结"(topophilia)一词来指涉对一个地方的爱恋。"'恋地情结'是一个有用的新词,因为它的定义宽泛地包括了一切人类与物质环境的情感纽带。这些情感联系在强度、精妙性和表现方式上存在巨大的差异。环境的反应主要是审美的:它可能变化多端,从风景中获得的瞬间愉悦到突然爆发的更加强烈的美感。这种反应可能是触觉的,是一种感觉到空气、水与土地的愉悦。更持久并且更不容易表现的是,一个人对某一个地方的情感,因为这是家

---

① 张汝伦. 借鉴与更新 [M]. 哈尔滨:黑龙江人民出版社,1989:8.
② Judith N Scoville. Toward a Theological Ethic of the Land: Environmental Ethics in the Contxet of American Agriculture [D]. Los Angeles: Dissertation for PhD, the Faculty of the Graduate Theological Union, University of California, 1995.
③ 刘夏蓓,李泾一. 社区教育与社区建设——北京社区教育现状调查与思考 [J]. 毛泽东邓小平理论研究,2007 (4):76-78+84.

第四章 公民审美情感教育

乡，是记忆的场所，是谋生的目的。"① "人对环境的爱恋或许是天生的，尤其是对于自己生活的地方。"② "对故乡的依恋是人类的一种共同情感。"③ 这正是美丽中国建设所需的公共审美情感的重要基础。

在农业社会，土地是最重要的生产资源和生存资源。郭于华认为："乡与土既是传统农民基本的生存保障，因而也是其割舍不开的心理情结。受生存伦理和乡土情结支配的广大农民在流出条件已基本具备的历史环境下依然选择滞留于乡土，从事黄宗智概括的'过密化'的户口农业方式。"④ 中国农民的农耕生活方式决定了他们安土重迁。离开土地是迫不得已，失去土地是有愧祖先的。遇上天灾人祸背井离乡是一种凄凉悲惨的遭遇——这不仅仅是生存问题，更有着漂泊无依、没有归属的恐慌性意味。

但是当代社会里，人们对土地的情感发生了巨大变化。"20 世纪 80 年代中期以来，中国农民大规模离开土地的活动彰显出一个现代型社会流动的新阶段"⑤，"此前的流动只是少量的、特殊性的，因而被概括为传统型的农民社会流动"⑥。现代社会的重要特征之一，就是城市化进程，农村劳动力向城市转移，这是现代工业社会的必然现象和历史过程。"资本主义的发展特别是产业革命的发生被视作推促农民大规模地离开土地、进入城市成为产业大军的主要动力。"⑦ 当代的农民流动，确实表明这种情感已经非常淡薄。他们到城市里去，是改换生存方式，"亦即要求摆脱土地的束缚、改变农民身份乃至脱离农村社区的意愿。"⑧ "许多被调查者都表示，有本事应该到外面去工作，在家种地最没出息，有人甚至说，在城里拾垃圾也比在农村种地强。"⑨ "市场经济条件下，金钱逐渐取代土地在农民的生活中占据了支配地位，土地被农民工具

---

① Yi-Fu Tuan. Topophilia：A Study of Environmental Perception，Attitudes，and Values. New Jersey：Englewood Cliffs，Prentice-Hall Inc，1974：93. 转引自：杨平. 环境美学的谱系 [M]. 南京：南京出版社，2007：147.
② 杨平. 环境美学的谱系 [M]. 南京：南京出版社，2007：149.
③ 段义孚. 空间与地方：经验的视角 [M]. 王志标，译. 北京：中国人民大学出版社，2017：130.
④ 郭于华. 倾听底层——我们如何讲述苦难 [M]. 桂林：广西师范大学出版社，2011：160-161.
⑤ 郭于华. 倾听底层——我们如何讲述苦难 [M]. 桂林：广西师范大学出版社，2011：157.
⑥ 郭于华. 倾听底层——我们如何讲述苦难 [M]. 桂林：广西师范大学出版社，2011：158.
⑦ 郭于华. 倾听底层——我们如何讲述苦难 [M]. 桂林：广西师范大学出版社，2011：161.
⑧ 郭于华. 在乡野中阅读生命 [M]. 上海：上海文艺出版社，2000：128.
⑨ 郭于华. 倾听底层——我们如何讲述苦难 [M]. 桂林：广西师范大学出版社，2011：169.

化,理性取代感情在农民与土地的关系中占据了支配地位。"①

可耕土地越来越少,土地也愈显珍贵,但是许多农民对土地的态度和情感却越来越淡漠。无论是实地调查,还是个人观感,无论是流出者还是留下务农的村民,许多人对农业不感兴趣。②现在的许多年轻人根本不会种地,他们也不会选择留在土地上谋生。20世纪80年代末和90年代后出生的新一代农民工,许多人从来没有种过地,对土地没有父辈那样的感情,对农村没有父辈那样的依恋,他们进城打工,很大程度上不是基于生存需求,而是为了改变自己的生活和命运,打工不过是进城的途径。他们出来打工,许多人根本就不想再回农村。现在的农村年轻人从小接受的是"城市化"的义务教育,耳濡目染城市的娱乐节目、服饰装扮。许多年轻人大都在高中毕业以后甚至是初中毕业以后就到城市去打工了。许多人见惯了城市的繁华,住惯了城市的便利,玩惯了城市的热闹,不习惯乡土生活,已经与农村产生了精神隔膜——这是一种文化隔膜、一种"离乡去土"的表现。

农村的落后在于农村的文化贫困,即"乡"的消失。费孝通先生在《乡土中国》中说,乡下人离不了泥土,因为在乡下住,种地是最普通的谋生办法。直接靠农业来谋生的人是粘着在土地上的。③对于农民来说,失去土地和房子就是失去了精神家园。按照郭于华的分析,"乡"可以理解为生存依托和保障的血缘-地缘共同体,农民的恋乡是对其终生依靠的家、族群体的依恋,而"土"则是最首要的谋生方法,在田里讨生活的农民是"粘着在土地上的",生时的吃用从土里来,死了也得"入土为安"。④"乡"关涉农村人的精神家园,而"土"则涉及农村中的生存问题。"土"与"乡"是一体两面的关系。当代农村里的中老年人与年轻人对农村的情感存在两极分化:中老年人不愿意离乡背井,而年轻人则已经处于离乡的状态。"乡"关涉农村人的精神家园。这也是他们难离故土的原因。农村的老年人为什么会不愿离乡呢?老年人们还愿意"还乡"与"留乡",一方面是因为自己已经没有能力去陌生环境以及不适应陌生环境,另一方面是因为家乡有着自己的记忆、过去的人生、昔日的人事,这才是他或她的精神家园。

---

① 张连义. 新时期小说中农民土地意识的现代嬗变解析 [J]. 菏泽学院学报,2015,37(6):53—58.
② 郭于华. 倾听底层——我们如何讲述苦难 [M]. 桂林:广西师范大学出版社,2011:164—165.
③ 费孝通. 乡土中国 生育制度 [M]. 北京:北京大学出版社,1998:6.
④ 郭于华. 倾听底层——我们如何讲述苦难 [M]. 桂林:广西师范大学出版社,2011:156.

回忆的确有美化过去的效果，但是过去的农村的确是美丽的，虽然物质生活很窘迫。有人怀念小时候的野泳。那时候的农村孩子都是在堰塘、河里游泳，不像现在有游泳池馆，比较安全。回忆者（朱学东）说："我小时候熟悉故乡周围的每一条河，那条河里什么鱼多，哪儿是浅滩，哪儿是深沟，哪儿最容易有甲鱼，河边哪里有野葡萄……我都门清。……曾经我们自豪的'水不在深，有龙则灵'，有水的地方才有灵气灵性，如今不知是否还在？我真的怀念那些野泳的日子，怀念那清澈的河水和天真无邪的生活。但我知道，再也回不去了……"① 没有过去的经验，也没有美丽环境的审美经验，而将来也没有美好可以回忆，那么个体对家乡的乡恋自然就难以产生。

四、家园的审美重构

不过，城乡之间的文化区隔毕竟存在，农村人的一种乡恋也还是存在的。"在农民传统的土地意识中，土地是精神的寄托归宿，也是个人安身立命的依托，只有土地才能显示、确认个人的价值。相对于农村，城市不过是农民休闲的场域。对于进城的农民来说，一旦获得了成功回归土地依然是他们的梦想。进入城市的有钱人一般与农村保持着千丝万缕的联系，土地仍然是维系其价值的纽带。他们有钱后也往往用来购买田地，借此盈利的同时也获得一种心理的满足，彰显出土地对于他们人生的价值。"② "由农村迁入城市的市民（主要是有钱人），与其宗族、祖产、祠堂所在的故乡保持着千丝万缕的联系，也就是说，和他出生的村庄保持着所有礼仪和人际上的重要联系。"③ 韦伯所说中国过去的城乡关系在今日仍然有一定的保留。

部分农村人对土地的情感淡漠和工具化态度需要重建"乡"的意义。这一意义就是恢复对乡土的责任、依恋和热爱。这种潜在的或残存的"乡恋"情感成为恢复人与土地的情感关系的重要基础。

（一）恢复记忆

对土地的责任与情感激励着人们改变农村的衰落破败，包括环境。恢复恋地情结是这种改进的一个重要机制。玛丽安·E. 克拉斯妮（Matianne E. Krasny）举了一个例子，那些因为逃离战争和压迫而离开家乡到国外的人，

---

① 朱学东. 消失的野泳 [EB/OL]. （2014-02-07）[2017-09-01]. https://www.360doc.cn/article/7953393_350498553.html.

② 张连义. 新时期小说中农民土地意识的现代嬗变解析 [J]. 菏泽学院学报，2015，37（6）：53-54.

③ 马克斯·韦伯. 儒教与道教 [M]. 洪天富，译. 南京：江苏人民出版社，2003：17.

都会通过培育熟悉的植被来重新创造他们的家园。通过这样做，他们表达了恋地情结。他们创造了一种植被和绿色空间的美学，同时把自己重新置于新的家园与珍视的过去。

对生态环境的问题的一般看法是人与自然对立的后果，尤其工业社会更甚。过去人们对土地的态度倾向工具化、利益化，人们总是认为土地是取之不竭。不过，农业社会里的人与土地的关系是被动的，即使有和谐，也是被迫的。民众也许对土地有爱恨情仇，不过出于土地是他们生存与生活的工具，而非喜爱。

（二）审美体验

对于土地的依恋，一种对土地的审美情感同样重要。这种审美情感同样可以通过自然体验来获得。德国新现象学家赫尔曼·施密茨（Hermann Schmitz）认为，美学就是自然风景的体验实践，即自然风景情感的去主观性和美学享受的直观的改造。施密茨的美学是基于实践的理论美学，不是在"加工—作品—享受"这样的模式下研究自然情感，而是依据居住的生活实践，将自然风景本身作为实践来看待。施密茨的新现象学强调身体的感觉。所以他提出："审美的'美'在于'美'的活动，只有在'美'的活动中，事物才呈现出美。而这个活动恰恰是情境中的身体活动，或者说正是在情境中，在这种身体的交流活动中才能把握'美'。这种身体活动就是审美活动，或者说审美活动就是身体性活动，它体现着'本体论'的意义，充斥着身体活动的情境实现了客观性与主观性的内在同一、主体与客体的内在同一。"[①] 这种现象学的审美体验早已被赫德森做了生动而详细的阐述。他说，自己在童年时，"就像一只用后腿跑来跑去的野生动物一样，对世界充满着兴趣，在其中找到自身。……我因色彩、气味，因品尝和触摸而感到欣喜：天空的蔚蓝、大地的清新，水上的波光，牛奶、水果和蜂蜜的味道，干或湿的土壤、风和雨、药草与花儿的气味；仅仅是摸到一片草叶，也使我感到快乐；声音与芳香，特别是花儿的颜色、鸟的羽毛和鸟卵的颜色，例如紫色而有光泽的鸟卵，使我惊喜而陶醉。当我在草原上骑马，发现一片鲜红的马鞭花正在盛开，这种在地上蔓延的植物覆盖了一块好几码的地方，湿润的草皮上洒满了亮晶晶的花蕾，我会高兴地叫出声，从我的小马上跳下来，躺在花丛中间，使我的眼睛享受这亮丽色

---

① 李昕桐. 新现象学的审美情境——对自然风景的体验[J]. 理论与现代化，2015（3）：66-70.

彩的盛宴"①。这还包括自然中存在的多种多样的节奏，如潮涨潮落、月圆月缺、新陈代谢、脉搏跳动。"颜色、气味、品尝和触摸"代表了对大自然的全身心投入式的欣赏。童年时的自然体验不仅塑造了他的心理结构和情感体验，更使他对自己的童年故土刻上了情感痕迹，产生了情感依恋。"一般说来，所见到东西间接地激起情感——通过阐释和联想。……建筑、雕塑、绘画能够深刻地激发情感。'恰当的'农舍在某种情绪状态中突然出现，也许会使喉咙发紧，眼睛湿润，就像一些诗句产生的效果一样。但是，这种效果是由于一种与人的生活相联系的精神与气氛。除了形式关系的情感效果以外，造型艺术是通过它表现了什么以激起情感的。"②

美丽大自然中的审美体验对儿童的成长至关重要，拉近了儿童与大自然的亲近关系。

（三）认识脚下的这土地

弗里德里希·荷尔德林（Friedrich Hölderlin）说：充满劳绩，但人诗意地，栖居在这片大地上。如果生活纯属劳累，人还能举目仰望说：我也甘于存在吗？是的！③ 海德格尔领悟的"仰望贯通天空与大地之间。这一'之间'（das Zwischen）被分配给人，构成人的栖居之所"④。这种审美性质体现在人以"诗性"来筑造自己的栖居空间。美育应培育或引发人的这种诗意。过去与现在的环境激发了人们爱护环境的责任感。当然，他更强调的是形成一种共同体意识。不过，"认识脚下的土地"的理念在许多研学旅行、户外教育中被取消了，甚至连春游和秋游都被取消了。认识我们脚下的土地，尤其是强调"地方感"、情感维度⑤的教育，对美丽中国建设中的家园感的培养非常重要。家园感实际上就是一种归属感。在现代社会里，由乡恋而升华至公共审美情感，则是公民美育的重要内容或任务。

---

① 约翰·杜威. 艺术即经验［M］. 高建平，译. 北京：商务印书馆，2010：137-138.
② 约翰·杜威. 艺术即经验［M］. 高建平，译. 北京：商务印书馆，2010：264.
③ 马丁·海德格尔. 演讲与论文集［M］. 孙周兴，译. 北京：生活·读书·新知三联书店，2005：204.
④ 马丁·海德格尔. 演讲与论文集［M］. 孙周兴，译. 北京：生活·读书·新知三联书店，2005：204.
⑤ 沈渊宁. 初中生环境素养调查及思考［J］. 化学教育，2016，37（11）：52-56. 环境素养常包含环境情感、环境认知、环境伦理、环境行为和环境技能这5方面，它是指在一定时间和地域内，以环境认知为基础，以内化的环境情感和环境伦理为驱动，从而形成具有自发的、正确良好的环境行为和环境技能的素养综合体，是一种优秀世界观的反映。环境情感是指个体在心理上对自然生态环境及其生存的具体环境的敏感度，对自然环境和社会环境的态度，对保护自然环境的责任感。

上述三条重构审美家园的途径强调了国人对家乡、对土地的审美情感，这是过去的经验、社会的经验与个体的交流。失去接触自然、社会的机会，个体就失去了健全发展的路径。所以，我们要敬畏土地，尊重土地，热爱这片土地，进而批判损害、滥用土地的行径，并应组织起来治理与保护我们生于兹死于兹的这片土地。

第五章 公民审美批判教育

由环境审美形成一种审美情感共同体是公民美育的核心。但是如果没有一种外在的客观审视与理性判断，共同体的容易自我封闭与缺乏内在批判的这些特征会让这种审美情感共同体走向狭隘与排斥。批判精神是公民的重要心理条件。[①] 审美批判的意识和能力既是公民美育的重要目标，也是美丽中国建设主体的重要品质。

第一节 审美批判：公民美育的理性维度

批判性是审美的一种特性。审美是主体的一种存在方式，而超越是主体的本质，那么审美自然就具有了超越性。审美的批判性就是审美的超越性的表现。一般而言，批判是指人们根据一种应然的、理想的状况来分析现实状况的不足或缺陷。因此，审美具有了一种批判性。这种批判是对现实的缺陷与不完满状态的批判。所以，杨春时认为："现代美学必须加强批判性，这是现代审美的批判性决定的。传统美学肯定现实，把审美当作好听好看的装饰。而现代审美转向对现实的批判，优美和崇高不再是基本的范畴。现代美学不应当继续歌舞升平，粉饰现实，而应当直面散文化的世界，启发生存的自觉，给人们以批判的工具。"[②] 审美是一种自由的活动，对自由、美好的追求，本身就隐含了对现实社会的一种批判。杨春时认为："所谓'感性与理性的统一'并不能揭示审美的本质特征，因为人类一切现实活动都是感性与理性的统一。审美不是感性活动，也不是理性活动，也不是感性与理性相统一的活动，而是超理性的活动。"[③] 所谓超理性即是自由的精神。"审美的超理性在于它对感性、理性

---

① 科恩. 论民主 [M]. 聂崇信，朱秀贤，译. 北京：商务印书馆，2007：178-181.
② 杨春时. 美学要抗争现代性的重压 [M] //陈望衡. 美与当代生活方式. 武汉：武汉大学出版社，2005：407.
③ 杨春时. 审美的超实践性与超理性——与刘纲纪先生商榷 [J]. 学海，2001（2）：163.

局限性的克服,对现实的批判,超验性的思考,对生存意义的领悟。"① 这正是审美批判性的表现。

审美批判既是对审美批评的拓展,也是对批判理论的拓展。"审美批评是批评者在对艺术作品审美体验的基础上进行的美的分析,由此构成对艺术作品的审美评价。"② 审美批评是根据美的形式对艺术作品的审美分析。与之相应的是环境批评。环境批评是环境美学的重要组成部分。环境是与艺术品不同的审美对象,最重要的区别是虚构与真实的区别。环境批评是"对建筑、园林设计和环境的批评,以及博物学家对自然的描绘",具体是对一个对象的描述、阐释和欣赏。③ "环境批评可以发现我们栖身于其中的肯定和否定的景观审美价值,因而是一个有用的工具。环境批评使人们认识到环境的审美价值,并且具有鉴赏力和智慧来赞扬它。"④ 也就是说,环境批评的任务就是揭示环境的审美价值。因此,环境批评仍是依据形式美的因素对环境做出审美评价。就环境而言,审美批判更加强调一种社会批判,提升了审美批评的境界。审美批判致力于批判环境美遭到破坏的因素,尤其是社会结构的因素。这实质是一种批判理论的立场。但是传统的批判理论是社会性的批判,强调人与社会的紧张关系;审美批判强调的是:人与环境的扭曲关系是人与社会的紧张关系的表现。

从环境批评到环境的审美批判,审美的社会性、政治性逐渐得到彰显。审美批判把社会批判理论强调人与社会的关系的传统思维转向人与自然的关系的思考。虽然社会批判理论探讨的是人与社会的关系,但是人与自然的关系归根结底是人与社会的关系。环境美学与审美批判也具有内在的联系。审美批判既是环境教育的重要内容,也是公民美育的重要内容。

公民的批判意识与能力是公民美育的迫切需要。公民美育的内容为公共美境的欣赏、营造与维护。批判是维护美境的重要方式。审美批判的意识和能力成为公民美育的重要目标。

一、何谓审美批判

审美批判有广义和狭义之分。狭义的审美批判是指一种艺术批评,关注艺

---

① 杨春时. 审美的超实践性与超理性——与刘纲纪先生商榷 [J]. 学海,2001 (2):163.
② 吴家荣,陈建设. 论审美批评 [J] 文艺研究,2008 (8):158.
③ 约·瑟帕玛. 环境之美 [M]. 武小西,张宜,译. 长沙:湖南科学技术出版社,2006:114-115.
④ 张敏. 多学科视野中的环境美学 [M] //陈望衡. 美与当代生活方式 [M]. 武汉:武汉大学出版社,2005:178.

第五章 公民审美批判教育

术中的价值和意义,以及审美方式和美的本质,这也可以理解为一种传统的审美批判。广义的审美批判的对象超出了艺术作品,包括了自然界、社会和人类内心世界,进入文化研究与文化批判的范围。广义的审美批判以社会批判理论为基础,强调审美活动是人的自由得以实现的重要途径,对压制人的自由的种种束缚予以抵制,同时揭示人的审美福祉分配不平等,伸张审美正义,以使人人都能"诗意地栖居于大地"。因此,审美批判把社会批判理论运用于审美领域,是审美意义上的社会批判。

德国哲学家康德以《判断力批判》在认识论上为人的感性生存的重要形式——审美活动立下基石。他提出"审美的无利害原则"以对抗人的实利主义生存与工具性存在。而尼采的《悲剧的诞生》又以重塑希腊酒神的方式建立起了感性生存的本体论地位,提出了"世界的存在只有作为审美现象才是合理的"命题。海德格尔批判现代社会的技术问题,提出了"诗意地栖居"整合艺术与技术,成就人的本质存在的审美化生存。审美与人的存在的联系为审美批判做了较好的铺垫,提供了理论依据,肯定了感性的价值,以此批判扭曲人的审美化生存的因素,成为审美批判的重要特征,尤其尼采、海德格尔的思想成为西方后世反思现代性的重要思想源泉。

广义的审美批判是一种基于审美现代性的批判。西方思想文化中的现代性具有美学现代性和历史现代性的区别。审美现代性与启蒙现代性之间的对立与冲突,成为一种普遍的思考现代性问题的路径。[①] 社会现代性(或启蒙现代性)以理性、主体性和进步观念为核心观念,自由是现代性的根本价值。舍勒认为:"现代性问题首先是人的实存类型的转变,即人的生存标尺的转变,个体的生成可以被视为现代性的标志。"[②] 这一论述不仅涉及社会的总体性特征,而且更关注个体的思维模式和生活方式。审美现代性是与社会现代性相对立的文化现代性。法国学者夏尔·皮埃尔·波德莱尔(Charles Pierre Baudelaire)被认为是探讨审美现代性第一人,他在《现代生活的画家》中写道:"现代性就是过渡、短暂、偶然,就是艺术的一半,另一半是永恒和不变。"[③] 刘小枫指出,审美现代性有三项基本诉求:以感性为本体论归依,赋予艺术以宗教式

---

① 周宪. 审美现代性批判 [M]. 北京:商务印书馆,2005:10.
② 刘小枫. 现代性社会理论绪论:现代性与现代中国 [M]. 上海:上海三联书店,1998:45.
③ 波德莱尔. 波德莱尔美学论文选 [M]. 郭宏安,译. 北京:人民文学出版社,1987:484. 波德莱尔的审美现代性是对启蒙现代性的一种反叛和疏离,就是要在平庸的现代社会创造"新奇",以"震惊"之美来表达对现实的抗争。

的拯救功能,对世界采取一种审美的态度。① 社会现代性与审美现代性表现为感性与理性之别,是相互对立或相互冲突的。

审美现代性对人的感性生存的价值肯定直接成为法兰克福学派批判现代工业文明尤其是大众文化的重要理论基础。20世纪人类的生存与发展波折动荡、战争不断、南北问题、经济危机、种族冲突、环境污染……让人们开始反思与批判现代社会的种种危机与弊端。如工具理性、功利主义、极端个人主义等价值观层面的批判。"作为人类整体反思的一部分,基于审美现代性立场的大众文化批判,主要是针对技术理性和物欲至上思潮的一种文化哲学思考与辨析;而大众文化内蕴的审美化生存,即现代人感性存在的快感体验与大众向度,又是大众文化内在活力与文化市场机制外的民间智慧的体现。"②

社会批判理论认为,审美是一种感性革命。感性问题是审美现代性问题。相对理性生存,感性生存强调其重要性是对现代性的反思与批判。法兰克福学派强调感性的重要性,主张一种感性革命,认为感性具有一种"审美救赎"的功能,能够纠正现代西方社会理性过度畸形发展所造成的对人的抑制和人的异化。如阿多诺主张用审美的感性冲动和意象思维来拯救启蒙所导致的工具理性。在赫伯特·马尔库塞(Herbert Marcuse)看来,发达工业社会的审美是作为现存社会秩序的异在者而存在的,因此审美的天地与现实对立着——泾渭分明的意向性对立。他认为只有保持异在性,审美才能发挥其批判性和革命性,实现对社会的重构,建立一个非压抑性文明。③ 马尔库塞分析了席勒的《审美书简》(也译作《审美教育书简》),赞同席勒的立场,即"为了解决政治问题,'人们必须通过美学这条路,因为正是美导致自由'"④。自由就是摆脱现存现实的必然性。现存现实是一种工具理性支配下的社会系统。人类自由就植根于人类的感性之中。因此,马尔库塞指出:"今天,在反抗'消费社会'的斗争中,感性奋力于成为'实践的'感性,即成为彻底重建新的生活方式的工具。它已成为争取解放的政治斗争中的一种力量。"⑤ 对消费社会的批判也是对大众文化、文化工业的批判。审美批判揭示社会结构对个体的压制以及个体生存的异化,主张通过审美(感性的革命)达至自由。感性解放已经担当起解救被压抑、被异化的现代人的使命了。"现在的感性已经是一种'革命'与

---

① 刘小枫. 现代性社会理论绪论:现代性与现代中国[M]. 上海:上海三联书店,1998:307.
② 傅守祥. 大众文化的审美现代性批判[J]. 哲学研究,2007(7):113-114.
③ 赫伯特·马尔库塞. 审美之维[M]. 李小兵,译. 桂林:广西师范大学出版社,2001:145.
④ 赫伯特·马尔库塞. 审美之维[M]. 李小兵,译. 桂林:广西师范大学出版社,2001:53.
⑤ 赫伯特·马尔库塞. 审美之维[M]. 李小兵,译. 桂林:广西师范大学出版社,2001:132.

第五章 公民审美批判教育

'造反'了,是一种'新感性'了。所以,审美成了现代人本真生存的一种方式。"①

就公民美育而言,人与自然的工具关系自然成为审美批判的靶子。席勒从美育的角度批判了他所在的时代。曾繁仁认为,这种批判开启了对资本主义现代性进行审美批判的先河,影响到后世对当代仍有重要意义。② 当代德国哲学家尤尔根·哈贝马斯(Jürgen Habermas)就说:席勒的《审美教育书简》成了现代性的审美批判的第一部纲领性文献。③ 解放自然是审美批判的重要目的。感性的革命带来感觉的解放,意味着感觉在社会的重建过程中(即人与人、人与自然、人与物之间)创造出新的关系。④ 马尔库塞在《自然与革命》一文中指出,自然界成为反对剥削社会的斗争中的同盟军,自然的解放是人的解放的一种工具。⑤ 在马尔库塞看来,在工业技术时代,现代人把自然视为与价值无关的物质、原材料,运用技术文明控制了自然,造成了对自然界的剥夺,把自然界引向给人提供大量的享受。对自然界的统治实际上也是对人的统治⑥,如空间的占有与争夺就是人与人之间的利益博弈和力量战斗。但是,这种人与自然的工具关系带来的后果是人的异化和人的生存危机。"商业化了的自然界、污染了的自然界、军事化了的自然界,不仅在生态学意义上,而且在实存本身的意义上,切断了人的生命氛围。"⑦ 解放自然就是解放人类自己。当前,这里的自然既指人的自然属性,指作为人的理性和经验基础的人的原初冲动和感觉,也包括外部自然界,即人的实存环境。⑧ 追求自然就是感性革命。感性革命是从人的感性和本能需求中去寻找社会关系的基础。而"被现存制度的合理性支配和'束缚'的感觉经验,会愈发使人'不能得到'那种可使人得到自由但并非习以为常的经验。"⑨ 马尔库塞认为,感性具有构造理性的作用,即具有自身的综合能力,导领着经验的原初材料,铸造那些借以去组

---

① 朱元立. 后现代主义文学理论思潮论稿 [M]. 上海:上海人民出版社,2015:867.
② 曾繁仁. 现代美育理论 [M]. 郑州:河南人民出版社,2006:3.
③ 哈贝马斯. 现代性的哲学话语 [M]. 曹卫东,译. 南京:译林出版社,2004:52.
④ 赫伯特·马尔库塞. 审美之维 [M]. 李小兵,译. 桂林:广西师范大学出版社,2001:135.
⑤ 赫伯特·马尔库塞. 审美之维 [M]. 李小兵,译. 桂林:广西师范大学出版社,2001:120.
⑥ 赫伯特·马尔库塞. 审美之维 [M]. 李小兵,译. 桂林:广西师范大学出版社,2001:131-132.
⑦ 赫伯特·马尔库塞. 审美之维 [M]. 李小兵,译. 桂林:广西师范大学出版社,2001:121.
⑧ 赫伯特·马尔库塞. 审美之维 [M]. 李小兵,译. 桂林:广西师范大学出版社,2001:131.
⑨ 赫伯特·马尔库塞. 审美之维 [M]. 李小兵,译. 桂林:广西师范大学出版社,2001:123-124.

织、经验、改造世界的范畴。① 这样，审美批判实际上是批判人与自然的工具关系，并将之转变为一种审美关系。在现代社会里，西方国家不仅对弱势民族、弱势国家加以压迫与掠夺，也把自然当作客体加以压迫与掠夺。靠着现代科学技术，现代人逐步摆脱了传统社会里屈服于自然的被动地位，成了自然的征服者和掠夺者。当代的环境问题就是在这样的隐性发展假设下现代人征服自然的结果。

审美批判也具有审美的特性，即用形式要素来分析自然美。而自然美本身具有批判人类社会的用处。关于自然美，西奥多·W. 阿多诺（Theodor W. Adorno）也做了比较精彩的分析。阿多诺指出，对自然美的思考，是任何艺术学说不可分割的组成部分。康德受卢梭影响很大，他在《判断力批判》中对自然美做了一番敏锐的分析。康德认为，自然的美在于自然，而且美的艺术必须看起来像是自然的。他不信任人工制造物，认为那充满了虚浮。他欣赏的是大自然的美。他说："有什么比在宁静夏夜柔和的月光下，在寂寞的灌木丛中夜莺那迷人而美妙的鸣啭，更能得到诗人更高赞赏的呢？"② 崇高是自然美的重要形式。不过，阿多诺认为，"卢梭倡导返回自然的思想贬低了直接被感知为外显自然的自然美"③。技术让大自然伤痕累累，"对自然的审美感知所能阐明的东西正是外显自然与物似或死物之间的关系。在对自然的任何感知中，实际上皆涉及到整个社会"④。这实际上指出，对自然美的欣赏也是对社会现实的批判。从中可以看到，自然美一开始就具有批判社会现实的价值。但是今日这种自然美本身已经遭到权力与资本的控制，失去了其天赋的批判力量。如旅游业使得自然等于天然公园和野生动植物保护区，欣赏自然美就是在这些划定区域里开发旅游。自然美在商业世界里成为一个意识形态观念。因此，作为批判的自然美成为人们追求自由、美好的一种比喻，成为证实或伪装社会之对抗性的一种手段。只有这样，"自然美依然是可能存在的"⑤。

美育是情感教育。美是感性与理性的统一。美育可以弥合感性与理性的分裂与冲突，促进感性与理性的联结与融合，走向人的完满实现，让人的生存生活达至自由的境界或游戏的状态。因此，理性不仅是美育的内容之一，也是美育的途径的一种。相应地，公民美育不仅是一种审美情感教育，也涉及审美理

---

① 赫伯特·马尔库塞. 审美之维 [M]. 李小兵，译. 桂林：广西师范大学出版社，2001：134.
② 伊曼努尔·康德. 判断力批判 [M]. 邓晓芒，译. 北京：人民出版社，2002：145.
③ 阿多诺. 美学理论 [M]. 王柯平，译. 成都：四川人民出版社，1998：121.
④ 阿多诺. 美学理论 [M]. 王柯平，译. 成都：四川人民出版社，1998：121-122.
⑤ 阿多诺. 美学理论 [M]. 王柯平，译. 成都：四川人民出版社，1998：123.

性教育。但是，作为公民美育的审美批判不是扬感性抑理性，而是平衡两者的关系，在感性与理性的平衡和谐之中走向自由、行动与超越。

二、审美批判与审美共同体

如前所述，公共审美情感教育促成了一种审美共同体的形成。封闭和狭隘是共同体最容易产生的两种问题。审美批判的意义就在于祛除审美共同体走向封闭与狭隘的倾向，让这种共同体能够可持续地发展。但是，这是否也消解了审美共同体的公共性呢？这就引出"审美批判能否形成一种公共性"的问题。现代社会的发展，尤其是信息社会和消费社会的形成，人的感性的地位得到认可，而人类的感性力量得到了空前的解放。

有人质疑："美学理论通常认为，审美感性能够带给人解放，带给人自由。但是否能理直气壮地认为，审美能教给人正义？"[①] 范昀借助卢梭的思想区分了两种审美批判：一种是建立在正义信念之上的建设性的审美批判，包含了对现实的尊重以及对自我的反思。一种是充满私人性的嫉妒与贪婪、只是随心所欲的情绪和欲望的破坏性的审美批判，它会将一切外在的事物当作主体的机缘。这种主体只关心自我，而不关注世界。所谓破坏性的审美批判是指后现代主义的批判。显然，这种只关心自我，而不关注世界的破坏性审美批判无助于审美共同体的维系，更谈不上具有公共性。当审美批判由这种病态主体发动时，将会带来巨大的灾难。因此，为了修缮与重建良性的审美批判，"从外部的角度看，审美批判需要以作为其前提的公共领域为限度。丧失了公共领域，批判没有可能。从内在的角度看，审美批判的主体需要克服私人性，构建公共性。在尊重个人主体性的基础上，发展出一种更有建设性的主体间性"[②]。

审美批判的积极价值在于感性对理性或约束的反叛，这是审美现代性的批判。从波德莱尔开始，西方就有人主张通过审美对抗工业文明的危机。这体现了审美的自由解放的价值。"卢梭很敏锐地意识到了在个体正义与公共正义之间存在的紧张，他设法对此予以调和，希望使个体的正义达到公共正义的水平，从而化解这一紧张。因为真正有效的审美现代性批判必须是诉诸普遍性的，必须建立在公共正义的信念中。"[③] 比如影视、歌曲对城市生活的批判，既有个人关怀，以个人的真诚来对抗工具理性的限制，那么这种个人正义也自

---

① 范昀. 审美与正义——论卢梭的审美现代性批判 [D]. 杭州：浙江大学，2008：2.
② 范昀. 审美与正义——论卢梭的审美现代性批判 [D]. 杭州：浙江大学，2008：139.
③ 范昀. 审美与正义——论卢梭的审美现代性批判 [D]. 杭州：浙江大学，2008：142.

然具有了一种公共的正义关怀可能,因为这是人人都感受的、经历的普遍的问题。不过这也只是"可能"。因为它只是一种自发的,也许是偶然的巧合。如果公民能够主动了解、对话,增进与他人的相互了解、情感交融,那么这就主动把个人正义转换成为公共正义。个人正义代表了人的普遍良知,捍卫的是人性的尊严。个人把个体的问题转换为了一种公共问题,对城市生活的审美批判自然就具有公共性了。

因此,对城市公共空间的审美化批判具有解放个性的意义,但是其也应是真理、幸福与正义的承担者,一旦丧失了公共性与对话性,审美批判便沦为一种孤傲的自恋。从这个意义上来说,共同体的形象并不是城市公共空间的最好表达,因为它缺乏一种开放性,容易走向封闭。审美批判要具有建设性就必须以恢复审美共同体的公共性为指向;否则,审美批判就走向了一种孤傲的自恋,失去了它的建设性。

三、审美正义:审美批判的依据

审美批判的标准是什么?从审美的角度看,审美批判要依据美的形式,这属于主体内在意识。从批判的角度看,审美批判要依据社会正义,这属于社会结构层面。综合起来,审美批判的依据是社会正义与美的形式这双重标准。而能够同时兼容这一双重标准的标准,则是审美正义,或者说美的社会正义。

社会正义针对社会结构的压制而言。美国人文地理学者大卫·哈维(David Harvey)认为:"正义更多地处理人的实践问题,而不是论证这一概念的永恒真理。"[①]"正义本质上是解决冲突性主张的一个原则。社会正义是公正原则在追求个体进步或提升中出于社会合作的必要而产生的特殊运用。"[②] 社会正义原则适合利益分配,以及承担共同行动的过程中所产生的责任负担的分配,它也与生产、分配获得相联系的社会的和制度的安排有关。因此,它被拓展到关注权利焦点和决策权威的冲突与分配,以及社会影响与社会地位的赠予,用以调节和控制活动的制度分配。我们追求一种公众分配的特殊性。[③] 社会正义是生产过程中合作的人如何分配成果的问题。社会正义关涉"是否能够

---

① Harvey D. Social Justice and the City [M]. Baltimore: Johns Hopkins University Press, 1973: 15.
② Harvey D. Social Justice and the City [M]. Baltimore: Johns Hopkins University Press, 1973: 97.
③ Harvey D. Social Justice and the City [M]. Baltimore: Johns Hopkins University Press, 1973: 97.

正当地分配公正"①。在这个概念里,哈维肯定了两个问题:分配什么?谁参与分配或分配给谁?这是一种罗尔斯的对正义的理解,即分配性的正义。对罗尔斯来说,正义主要关注物品的分配,物品可以是各种合理欲求的东西。

审美批判的正义需要从社会正义转向审美正义。汉娜·马蒂拉(Hanna Mattila)讨论了城市规划中的正义问题,为我们思考审美正义提供了启发。汉娜·马蒂拉指出,城市规划有两条途径:第一条途径将规划视为分配社会中的物品或福利的手段,因此将促进社会正义作为规划的中心目标;第二条途径强调规划是生产具有在审美上让人愉悦的日常环境的手段。而这种"在审美上让人愉悦的日常环境"是社会里美的福利的重要来源。她认为,社会福利的公平分配应该是公共规划政策的目标之一。但是这一目标很难达到,因为何谓审美上的好环境没有一致的标准。大卫·米勒(David Miller)指出,有些东西不适合分配性正义的分析,如环境就无法分配给个体,因为环境是同时提供给一群人的。② 这意味着社会正义有时也不适合城市公共空间的分析。诸如环境这类物品也许是"按品分配",即如果我们能够根据每一个人的品味来分配在审美上好的环境,那么我们就增进了个体的审美福利,更平等地分配了这一审美福利。但这是不可能的。这意味着审美问题不可能只是依靠分配来解决。于是,汉娜·马蒂拉依据艾丽斯·M. 扬(Iris M. Young)的差异政治学提出了审美正义(aesthetic justice)这一概念。艾丽斯·M. 扬指出,现代分配正义的一个重要问题就是,它仍然依赖基于公共的同质性的启蒙这一过时的理念。但是分配正义不能处理源于社会群体差异的各种当代社会问题和政治问题,而后者才是真正的正义问题。③ 其实,这已经触及"审美霸权"的问题,艾丽斯·M. 扬指出,主流群体的经验和文化产生了一种"文化帝国主义的非正义",导致了非主流群体的经验被压制的实践。④ 也就是说,主流群体的审美趣味已经与普通民众相去甚远了。

据此,汉娜·马蒂拉认为:"正义理论应该超越物品分配,考虑物品的感

---

① Harvey D. Social Justice and the City [M]. Baltimore: Johns Hopkins University Press, 1973: 98.
② Hanna Mattila. Aesthetic Justice and Urban Planning: Who Ought to Have the Right to Design Cities? [J]. Geo Journal, 2002, 58 (2): 131-138.
③ Iris M. Young. Justice and the Politics of Difference [M]. New Jersey: Princeton University Press, 1990: 9.
④ Iris M. Young. Justice and the Politics of Difference [M]. New Jersey: Princeton University Press, 1990: 59-61.

知与生产。"① 在这里，分配的内容已经超越了物质层面的内容。她认为，罗尔斯意义上的正义是一种分配性的社会正义，主要关注物品（good）的分配，"物品"可以是各种合理欲求的东西。艾丽斯·M. 扬运用了福柯的权力概念，即权力不是能够被拥有或分配的事物，而是只能在行动中才能形成。因此，艾丽斯·M. 扬认为，正义问题不仅仅是一个分配的问题，也是一个关于制度组织的所有方面的问题，即"一种社会正义的批判理论必须不仅要考虑分配模式，还要考虑生产与复制那些模式的过程与关系"②。也就是说，关于正义的理论不仅要追寻关于物品分配问题的答案，还要寻找社会里实际存在的诸如压制、权力和支配等非正义问题的答案。她最终否定了审美正义作为分配正义的观点，而是主张：正义理论应该超越物品分配，包含物品的感知与生产。汉娜·马蒂拉据此提出，审美正义最好通过向公共参与者开放都市规划的审美维度得到增进。③

因此，汉娜·马蒂拉区分了两种正义：社会正义关注分配社会中的物品或福利，而审美正义强调让人产生审美愉悦的日常环境的享有权利。审美正义强调体验的公平分配，社会正义不能够处理多元文化情境中的审美差异，"体验"是主体审美的重要内在意识。"谁的体验"成了自然环境与生活环境里审美批判的重要价值依据。自由地"体验"是一种感性的解放，因为它摆脱了社会结构的压制，实现了它的审美权利，获得了它的审美福利。审美正义要求一种审美批判。由此，具有审美正义的审美情感共同体成了个体的诗意栖息地。

四、审美批判与美境表象

作为公民美育途径的审美批判，批判的内容是什么呢？根据人们生存与生活的自然环境与生活环境的问题，审美批判的内容大致可以分为以下三个方面。

（一）美的幻象

从法兰克福学派对现代文化工业的批判到当代对消费文化、娱乐至死的批判，日常生活审美化成为审美批判的首要内容。这是对消费主义、大众文化娱

---

① Hanna Mattila. Aesthetic Justice and Urban Planning: Who Ought to Have the Right to Design Cities? [J]. Geo Journal, 2002, 58 (2): 131-138.
② Iris M. Young. Justice and the Politics of Difference [M]. New Jersey: Princeton University Press, 1990: 9.
③ Hanna Mattila. Aesthetic Justice and Urban Planning: Who Ought to Have the Right to Design Cities? [J]. Geo Journal, 2002, 58 (2): 131-138.

第五章 公民审美批判教育

乐至死的批评。

审美是当代社会人们的重要存在方式,这主要是指人的感性得到极大的尊奉与满足。最典型的表现形式就是"日常生活审美化"。1991年,英国社会学家迈克·费瑟斯通(Mike Featherstone)提出"日常生活审美化"概念,用来指称西方20世纪60年代以来的文化变迁。最初"日常生活审美化"是一些艺术家和知识分子圈子里的事。那些人标新立异,打破艺术与日常生活之间的界限,追求艺术介入生活,并将生活转化为艺术作品,大众文化中的琐碎之物、下贱的消费商品都可能是艺术。① 但费瑟斯通主要用该概念来描绘后现代社会的文化特征,即日常生活以审美的方式呈现出来,充斥于当代社会日常生活经纬的符号和影像。"通过媒体与陈列的广告宣传以及日常生活中的城市建筑景观与表现,进行影像生产的商业中心比如通过影像来经常地再生产人们的欲望。因此,决不能把消费社会仅仅看作是占主导地位的物欲主义的释放,因为它还使人们面对无数梦幻般的、向人们叙说着欲望的、使现实审美幻觉化和非现实化的影像。"② 影像在消费社会起着核心作用。因为现代社会中影像具有较强的生产能力,影像生产了实在,实在与影像之间的差别消失了,即出现了仿真的世界或后现代文化。艺术生产了现实,艺术终结了,现实也终结了,我们进入了一种超现实状态,这就是当代的仿真世界。③ 日常生活审美化消解了真实世界与仿真世界的界限,并且以仿真世界取代真实世界。日常生活审美化给予现代人一种解放和自由的感觉,但更多的是一种虚幻的感觉。西方学者对消费主义的思考都认为,日常生活审美化以感官享乐为宗旨,实际上是以审美为名的消费主义、享乐主义,"审美就是欲望的满足、感官的享乐、高潮的激动,就是眼球的美学"④。"现代城市审美实现的方式主要是消费。"⑤ 自然美也不例外。自然风景由于被旅游业所商业化,也就丧失了批判力量,反而需要一种内在的、自我的批判。⑥ 所谓消极的审美体验,即指把美视为一种手段,

---

① 迈克·费瑟斯通. 消费文化与后现代主义 [M]. 刘精明,译. 南京:译林出版社,2000:95—97.
② 迈克·费瑟斯通. 消费文化与后现代主义 [M]. 刘精明,译. 南京:译林出版社,2000:98.
③ 迈克·费瑟斯通. 消费文化与后现代主义 [M]. 刘精明,译. 南京:译林出版社,2000:98.
④ 陆扬. 日常生活审美化批判 [M]. 上海:复旦大学出版社,2012:129.
⑤ 徐国源. 空间性、媒介化与城市造像:文化诗学与城市审美 [M]. 上海:上海人民出版社,2015:187.
⑥ 阿多诺. 美学理论 [M]. 王柯平,译. 成都:四川人民出版社,1998:122.

"一种能够给人带来娱乐、快感和消遣的工具"①,即审美即是追求一种娱乐和快感。这是消费社会审美的普遍现象。

这样,当年法兰克福学派强调的感性革命,在当代被商业逻辑所改变,成为虚幻的情感,理性被遮蔽,从审美批判的依据变为审美批判的对象。阿多诺认为,文化产业是以娱乐为手段以达到逃避现实生活和调节世俗心理之目的的产物。文化产业骗走了人们从事更有价值和更充实的活动的能量与潜力。文化产业有效地助长了一种精于包装的意识形态,使人们更加适应于习惯性的统治,最终把个性无条件地沉淀在共性之中,从而导致了生活方式的平面化、消费行为的时尚化和审美趣味的肤浅化。文化产业是生产为了交换的商品,或者说为了能够在市场上销售而生产出来的商品,不是为了满足任何真正的精神需要的商品。具体而言,是借助各种实用的技术手段,"以花样翻新或标新立异来包装自己的产品,以不断复制和批量生产来倾销自己的产品,以灯红酒绿的靡靡之音或五彩缤纷的喧闹场景来娱人耳目……其结果导致了大众鉴赏力的退化,审美活动的庸俗化,主体反思与批判意识的匮乏,以及享乐主义的盛行等等负面效应"②。这种对当代娱乐文化的批判无疑具有鲜明的精英主义特征。他们主张以一种精神性的艺术形式来取代幸福快乐与五彩缤纷的东西。

杜威曾指出,"审美"一词,是指一种鉴别、知觉、欣赏的经验。"它代表一种消费者而不是生产者的立场。它是嗜好、趣味。"③ 他认为,许多人审美只不过是在纯粹想象物中寻找安慰与刺激,而许多具有实际用处的东西却被认为不是审美对象。他们在音乐、戏剧、小说中寻找一个自由浮动着的情感王国。④ 他更直接指出了物品的生产者与审美者的分离,二者属于不同的群体,这种生产与消费的分割本身是社会主导的社会体制的反映。缺乏参与,缺乏生产美的亲身感受,不仅导致了审美者的情感的虚幻与激情的缺乏,更产生了一种退缩性人格,或者对周围环境表示冷漠,或者被周围环境所压倒,对公共事务漠不关心。在审美过程中,欣赏者并没有产生积极的情绪力量。

这种作为消费者的审美主体丧失了直面现实、敢于行动、充满热情、勇于批判的力量。审美情感共同体难以真正形成,也缺乏持续性和行动的力量。这样,公民成了消费动物而缺乏公民参与的意识和能力。

---

① 张强. 审美功利:从积极自由实现到消极自由维护[J]. 沈阳师范大学学报(社会科学版), 2015(2):123.
② 阿多诺. 美学理论[M]. 王柯平,译. 成都:四川人民出版社,1998:引言 5—6.
③ 约翰·杜威. 艺术即经验[M]. 高建平,译. 北京:商务印书馆,2010:50.
④ 约翰·杜威. 艺术即经验[M]. 高建平,译. 北京:商务印书馆,2010:290.

（二）审美霸权

审美批判的依据是审美正义。审美正义关涉审美体验的分配平等。审美体验分配的平等源自审美权利的不平等。因此，审美批判的第二个重要对象是自然生态环境与日常生活环境中的审美霸权与私人化。

有人总结了审美霸权的现实形态主要体现在四个方面：感性霸权、意识形态霸权、工具理性霸权、文化霸权。[①]"审美霸权体现着一种操纵关系，它指处于强势地位的社会阶层或集团对主流审美意识进行操控和领导，使大众接受特定的审美形象和审美方式，通过审美的话语权的确立达到一种对操控者有利的目的。"审美霸权在今日是指权力与资本成为城市审美风格的支配者和决定者。他们操控民众的审美趣味来达到自己统治的目的。例如，商业资本下的审美霸权就体现这种操纵关系，商业主义的审美霸权是指审美进入资本运作的范围内，被商人利用，审美或艺术成为获得利益的途径和手段。在日常生活审美化的时代，现代媒体对大众的审美观念产生着重要影响。通过铺天盖地的宣传，商家灌输给大众一种特定的审美式的生活方式，激发起人们对这种生活的向往，其目的就是要引起人们的消费欲望，日常生活审美化的时代实际上成了审美消费的时代，艺术和审美成为商人营销和获利的手段。审美霸权成为商品拜物教的实现手段。[②]

审美霸权的典型表现是城市美化运动。有研究者研究了19世纪一些欧洲城市出现的对城市中心区进行大幅改造的现象即"城市美化运动"（The City Beautiful Movement），发现："所有的城市开发与公共建筑无一例外都是在权力的操控下实现的。"[③]城市公共设施的风格由当政者、精英分子决定揭示了审美化中的非正义、社会压制。审美霸权是指权力化和商业化推动了城市权力拥有者与资本拥有者的审美趣味支配城市的审美，推动了城市的审美。

面对着媒体与社会的审美趣味灌输，个体如何抵抗并维持自己的审美个性，成为现代人生存中的重要问题。而审美批判则成为抵制这种群体审美霸权的重要方法。

[①] 文化霸权在审美中的表现：文化霸权在当代国际形势看来主要是西方文化对非西方文化的霸权，以美国为首的话语模式垄断了东方的文化传统。它掌握着文化霸权，东方则是丧失话语权的文化接受者，美国通过文化上的影响力实现了对东方某种程度的支配，好莱坞的电影在全球的影响力即体现了这种文化霸权。邓壮. 审美霸权现象探析[D]. 上海：上海师范大学，2014：19.

[②] 邓壮. 审美霸权现象探析[D]. 上海：上海师范大学，2014：26.

[③] 德波拉·史蒂文森. 城市与城市文化[M]. 李东航，译. 北京大学出版社，2015：94.

（三）美境屏障

审美批判的第三个重要内容是对审美共同体的封闭性与排斥性的批判。人们居住环境的美丽与否的差异非常大，这与人的社会地位、所处阶层有着直接的联系。在城市分隔的阶层分化的区域，也存在权力与资本在城市公共空间的阶层化和分割上的审美霸权。这一点在城市景观设计、城市广场、公园、绿地等公共空间体现得非常明显。

美境屏障是指不同社会阶层的人居住在美丽整洁程度差别很大的不同区域。彼得·马尔库塞（Peter Marcuse）指出，城市已然四分五裂。城市一直以来都被分为不同区域，但是当代城市分区的起因与形式不仅不同于过去，而且更加令人恐惧。出于经济发展或工业生产所做的城市分工能够让人理解，而令人难以接受的是完全基于权力与文化差异的区隔。城市的种种区域都是依据阶级、民族、人种和生活方式来划分的，每一个因素都对城市的生命有着非常明显的影响。因此，德波拉·史蒂文森（Deborah Stevenson）认为，城市区域的划分是结构性不平等和权力失衡的产物，有悖于城市民主的理想。[1] 不同区域的不同群体，其生活方式和文化趣味自然是有着鲜明的区隔。整个城市不再拥有一种"整体的连续的美丽"[2]，不再具有公共性了。

这种空间的美境屏障是审美情感共同体形成的最大内部障碍。如果共同体的内部审美福利不能为所有成员共享，那么这一共同体则是不可持续的。我们需要更多鼓励交往、令人愉悦的公共空间。

五、审美批判能力培育

（一）培养审美理性

审美理性是审美过程中存在的理性。理性是指以概念、判断和推理形式表现出来的合乎逻辑的认识。[3] 一般认为，审美是一种感性活动。如果说除艺术创造有可能需要理性外，审美似乎与理性无关。如康德认为，审美是通过想象力（也许是与知性结合着的）与主体及其愉快或不愉快的情感相联系。因此，鉴赏判断是感性的，即审美的。[4] 欣赏自然风光或音乐作品的过程中，人们更多是以感官、直觉、想象等非逻辑形式去感受，似乎也与理性没有关系。但是

---

[1] 德波拉·史蒂文森. 城市与城市文化 [M]. 李东航，译. 北京大学出版社，2015：55.
[2] 赵园. 世事苍茫 [M]. 北京：北京师范大学出版社，2014：4-5.
[3] 赵克. 试论审美理性 [J]. 求索，1996（6）：57.
[4] 伊曼努尔·康德. 判断力批判 [M]. 邓晓芒，译. 北京：人民出版社，2002：37.

已有的许多研究大都支持"审美过程中存在理性因素",甚至有人把审美归入认知,认为审美是认知的补充。[1] 审美是由人的多重成分组成的。在审美过程中,美的事物让人产生愉悦的情感体验,进而也引起人的反省、领悟。如果说,审美情感是审美的直接感发,审美理性则是审美的间接激发。"审美理性实质是将个体生命与外在现实的相互关系作为审视的对象,具体解悟人与社会、生命与存在、自然与宇宙的矛盾统一。"[2] 只有具有如此境界的艺术才是具有厚度、深度(境界)的艺术,或者说,具有厚度、深度(境界)的艺术必然会激发人的理性思考。由此可见,审美理性也是一种价值理性。

公民美育中如何培养审美理性?环境保护的宣传与维权是一有效的形式。芬兰学者约·瑟帕玛提供的一些做法可以作为比较好的参考。(1)专家点评。《纽约时报》每周增刊开设了一个问答专栏,由伦理学家解答读者的提问。他受此启发,也主张美学家在报纸上就审美问题开设问答专栏,回答人们在日常的生活、事物、现象中发现的问题。这里的"审美"是一种考察方式。现代社会是专家系统主导的社会。审美理性是一种价值理性。因此,针对现实生活中的审美问题,如前述的审美霸权、美的幻象以及美的屏障问题,专家要做出合乎价值的回答,而非价值中立的回答。这实际也是一种环境批评。(2)公民讨论。这是民众自己组织参与的论坛。首先,民众根据多数人共同面临的问题,表达自己的看法,明确共同的目标,从而具有了共同体的基础;其次,决策与执行;最后,对结果进行评价。其中,公民讨论中的众多意见意味着有让讨论走向纯粹的失控、琐碎的喧嚣的危险。[3] 话语也是一种行动。在各抒己见的过程中自然也含有审美批判。这是一种建设性的审美批判。

(二)练习批判策略

审美批判能力表现为主体的批判技能、批判策略与批判态度。也许正因为此,有人就把审美作为一种批判研究的框架、一种教学策略。在这一过程里,学生们积极参与提问,并运用专业美学家的方法来寻找答案,从而培养学生们内在于哲学美学领域的批判技能、策略、思维结构。这些问题包括:(1)艺术中的价值与意义;(2)我们如何讨论艺术;(3)审美经验;(4)美。[4]

提问是批判的重要体现。"提问发生在人们开始具有探究精神并且询问直

---

[1] 刘绪源. 审美和理性:何时交叠?何处分手?[N]. 文艺报,2015-10-26(07).
[2] 孙立. 唐宋词审美理性的表现特征[J]. 江苏社会科学,1992(6):101.
[3] 约·瑟帕玛. 环境之美[M]. 武小西,张宜,译. 长沙:湖南科学技术出版社,2006:228.
[4] Anderson T. Aesthetics as Critical Inquiry [J]. Art Education, 1998, 51 (5): 49-55.

接影响他们自己生活的情况之时。提问以他们生活和环境中的行动和转化而结束。然后提问重新开始。秘诀是：如果你开始实践批判教育学，你就会提问。提问便是命名、批判地反思和行动。"[1] 在环境问题上的提问则是审美批判的重要表现。我们可以用批判教育学提出的具体方法作为审美批判教育的技能和策略。

第二节 国际环境政治与全球公民教育的批判路径

自20世纪90年代以来，关于全球公民教育的研究和实践蓬勃发展。这既是诸如联合国教科文组织（UNESCO）等国际组织、非政府组织努力促成与推动的结果，也是全球化时代国际合作与竞争的需要。然而已有研究指出，全球公民教育实践所取得的进展却不是很大。[2] 2016年6月1日，第66届联合国新闻部/非政府组织庆州会议通过了一份全球教育行动纲领《庆州行动计划》，主题为"开展全球公民意识教育 共同实现可持续发展目标"。这一目标主要是指2030年可持续发展议程中的可持续发展目标："确保包容和公平的优质教育，让全民终身享有学习机会。"[3] 针对这一目标，该计划提出一系列落实全球公民意识教育的建议共42条，从原则、内容、方式到组织，非常详尽，针对性强。《庆州行动计划》充分体现了联合国等国际组织落实全民教育和全球教育政策的急迫心情。由此推论，这反映出了全球公民教育的实际效果很有限。当前全球公民教育研究大多讨论的是其重要意义与如何实施，但是全球公民教育的推动者与工作者却不能回避"全球公民教育如何可能"这一前提性问题。

一、全球公民教育的实践困境

全球公民教育理念实现与政策落实的独特之处在于：教育目标的全球性与教育实施的地方性之间的关系问题。简单地说，就是"全球公民，在地教育"。前者从受教育者的角度看全球公民身份的群体归属问题，即"何种公民"。后

---

[1] 琼·温克. 批判教育学——来自真实世界的笔记[M]. 路旦俊, 译. 长沙：湖南教育出版社，2008：174.

[2] Lynette Shultz. Educating for Global Citizenship: Conflicting Agendas and Understandings [J]. The Alberta of Educational Research，2007，53 (3)：248-258.

[3] 联合国新闻部/非政府组织. 庆州行动计划：开展全球公民意识教育 共同实现可持续发展目标[EB/OL]. (2016-06-01) [2017-08-25]. http://www.un.org/sustainabledevelopment/zh/2016/06/.html.

第五章 公民审美批判教育

者从教育者的角度看全球公民教育的实施主体、实施的途径与方法等问题,即"如何教育"。

从受教育者的角度来看,全球公民教育的实践在教育目标上存在着理清培养国家公民与培养全球公民之间的关系问题。"'全球公民'概念从未像'国家公民'或'公民身份'那样具有清晰的内涵和外延界定,这是由于'全球公民'概念完全缺乏当把公民身份这一概念用于描述个人与国家之间关系时所具有的法律和政治准确性。"① 一般认为,全球公民身份归属于人类共同体,传统公民身份归属于民族主权国家。从地方到全球,存在公民身份推衍的困难。推己及人在地方层面和国家内部都很难做到,那么推己到他国、他文化就更加困难。没有归属群体的公民身份是空洞的,而不同层次群体之间的深沟壁垒使得公民身份被分割成互无联系的若干部分。"传统公民教育对国家公民的关注与国际全球性的视角相比,构成了一种国家-全球困境中的约束。传统公民教育本身就是以国家为中心,非常强调关于政府知识的教与学。这种途径是在民族国家构建时期、冷战时期、前全球化时期得以确认的。全球公民教育不是传统公民教育的扩展。它是对所有 21 世纪公民提出的要求的逻辑发展。它应该帮助学生发展文化的、国家的和全球的认同(identification),它也显著地促进了公民民主的发展。"② 当代大多数国家大致能够解决国内的公民身份问题,即不同阶层、宗教、地域的群体能够相对公平地分享共同利益,但是在国家界线之外就很难做到这一点。全球公民教育的任务是让个体逐步扩展自己的公共参与范围,逐渐超越自己所在的阶层、宗教、社区、国家,走向人类共同体。这无疑是艰难的,甚至是不可能的。从国家公民到全球公民的身份推衍的国家界限是全球公民教育实践的第一个困境。

从教育者的角度来看,全球公民教育在教育实施上受主权国家的教育能力和价值意识两个因素的制约。有价值意识没有实施能力,或者有实施能力没有价值意识,都不足以落实全球公民教育理念。

首先,主权国家的教育能力是全球公民教育有效实施的重要基础。现代大规模的制度化教育体系是教育国家化的结果,只有国家才有能力负担大规模教育所需的成本。全球公民教育的"在地实施",不仅体现在培养"全球思考,在地行动"的公民这一目标,更体现为全球公民教育实践是在一个个民族主权

---

① 姜英敏. 韩国"全球公民教育"的发展及其特征 [J]. 比较教育研究,2013 (10):49.
② Anatoli Rapoport. A Forgotten Concept: Global Citizenship Education and State Social Studies Standards [J]. The Journal of Social Studies Research, 2009, 33 (1): 94-95.

国家的学校里进行。如果没有民族国家框架里的学校教育，全球公民教育自然难以落实。这也是为什么人们大都在高等教育层面谈全球公民教育的原因。① 虽然许多国际组织或非政府组织也在实施全球公民教育，但是这些组织的教育实践最终要依赖公民所在的国家或政府。教育的社会制约性与现代教育的国家化决定了全球公民教育实践的力度与效果因国而异。一般而言，教育落后的国家大都是能力不足的发展中国家，它们的教育发展需要来自发达国家的教育援助。没有来自国家的支持，全球公民教育的实现或实践往往是松散无力的。

其次，主权国家的价值意识是全球公民教育有效实施的关键因素。从国外全球公民教育政策与实践来看，国家重视全球公民教育，实施力度大，则效果好，反之则效果差。②"重视"表明了国家对全球公民教育的价值意识。全球公民教育的价值意识是指个体、社会和国家等以什么态度、什么道德准则去对待全球公民教育。全球公民教育对于不同国家具有不同的意义。对发达国家而言，全球公民教育更多是一种新自由主义途径，即基于单一全球市场的支配和自由跨国贸易原则，认为全球公民是由资本主义和技术驱动下的自由经济的参与者。③ 发达国家的全球公民教育实践有着一种全球主宰者或救世主的潜意识。而对发展中国家而言，全球公民教育既要培养能够参与全球经济竞争的全球公民，也要培养抵御由发达国家主宰的全球政治、经济、社会体系的国家公民。对发展中国家来说，国际关系视野下的全球公民教育存在着"既要学习西方，又要反对西方"的一种矛盾。由此可见，无论发达国家还是发展中国家，全球公民教育一旦由主权国家加以实施，就不可避免地被赋予了维护国家利益的价值。全球公民关注"全球共同利益"④，而传统公民关注国家利益。但是全球公民教育在国家化教育制度下实际上被转换成了国家公民教育。换句话说，全球公民教育只是国家教育的一种手段而已。这种"异化"也许是全球教育的普遍命运。其实，各国政府对全球公民教育这一概念均持谨慎态度。美国人承认："与欧洲和东亚国家相比，美国教育工作者对全球公民教育比较谨慎，

---

① Madeleine Green. Global Citizenship: What Are We Talking About and Why Does It Matter? [J]. International Educator，2012，21（3）：1—6.

② 姜英敏. 韩国"全球公民教育"的发展及其特征 [J]. 比较教育研究，2013（10）：49—53.

③ Lynette Shultz. Educating for Global Citizenship: Conflicting Agendas and Understandings [J]. The Alberta of Educational Research，2007，53（3）.

④ UNESCO. Rethinking education: Towards a Global Common Good? [EB/OL]. （2015—11—04）[2017—08—25]. Paris: UNESCO. http://unesdoc.unesco.org/new/fileadmin/MULTLMEDIA/FIFLD/CaiFo/images/Rethinking EducaLion.pdf.

甚至持怀疑态度,他们还认为这会冲击爱国主义。"① 在美国,"虽然全球公民这一概念已经在学术会议、各种教育话语中被越来越广泛地使用,但是在课堂上却很少听到这些术语"②。

全球公民教育"在地实施"的"异化"后果让全球公民教育的可能性成了问题。全球公民身份的归属问题质疑了全球公民教育价值和教育目标的可行性,而全球公民教育的能力与范围问题则直接质疑了全球公民教育实施的可行性。全球公民教育政策的落实情况不容乐观。全球公民教育大多停留在教育理念层面,为不同国家、不同组织的教育机构有选择性地使用。2016 年《庆州行动计划》的拟订者自然也不会不知道这一点。该计划提出"敦促"会员国与联合国在政策和实践中优先重视教育,要求作为全球公民教育主体的非政府组织增强游说政府的能力③。也难怪罗伯特·C. 派克(Robert C. Paehlke)说,"全球公民运动未必紧迫,而且实施也很困难,因为它没有明确的责任主体"④,即全球公民没有一种全球政府做依托。没有"全球政府",而各种国际组织又是松散的,全球公民孤立无依⑤,全球公民教育自然就无力低效了。

二、国际环境政治与全球公民教育的可能

解答全球公民教育可能性问题可从主权国家着手。全球公民教育的实践困境彰显了主权国家是全球公民教育政策落实中的关键因素。主权国家把全球公民教育转变成了维护本国利益的国家公民教育。在这种情况下,我们可以从两个方面着手推动全球公民教育的在地实践。一是寻求将各国共同关注的问题作为全球公民教育的内容,这样在各国实施关于共同关注问题的国家公民教育的同时也就等于在实施全球公民教育了。这是一种"求同存异"地处理国家公民教育与全球公民教育的关系的方法。二是寻求社会力量的支持,通过自下而上的努力,推动主权国家政府把这些全球全人类共同关注的问题纳入学校课程并

---

① Anatoli Rapoport. A Forgotten Concept: Global Citizenship Education and State Social Studies Standards [J]. The Journal of Social Studies Research, 2009, 33 (1): 94-95.

② Anatoli Rapoport. A Forgotten Concept: Global Citizenship Education and State Social Studies Standards [J]. The Journal of Social Studies Research, 2009, 33 (1): 92.

③ 联合国新闻部/非政府组织. 庆州行动计划: 开展全球公民意识教育: 共同实现可持续发展目标 [EB/OL]. (2016-06-01) [2017-08-25]. http://news.un.org/zh/story/2016/06/257872.html.

④ Robert C Paehlke. Hegemony and Global Citizenship: Transitional Governance for the 21st Century [M]. New York: Palgrave Macmillan, 2014: 1.

⑤ Robert C Paehlke. Hegemony and Global Citizenship: Transitional Governance for the 21st Century [M]. New York: Palgrave Macmillan, 2014: 169-170.

予以实施。这两个方面都共同基于"各国共同关注的问题"。这一思路实际也是从全球公民教育内容的角度来解答其可能性问题。

前述全球公民教育实践的"全球目标与在地实施"并没有谈及全球公民教育的课程内容。而全球公民教育的内容应该注重探讨那些超越国界、影响全球的生存性、基础性的问题。现有全球公民教育实践大都集中于多元文化教育、国际理解教育、人权教育等教育类型来展开其活动。这些活动固然有其价值,但是它们大都是体现在教育目标上,而不是具体内容,而且比较空洞,更重要的是这些内容的政治性与文化性过强,难以超越国界,更为主权国家政府所警惕。价值层面与制度层面文化的差异是根本的文化差异,而各个国家的政治与文化差异非常大,即使是在"世界是平的"的全球化时代也很难改变。所以,全球公民教育偏重政治、文化方面的内容自然难以为各国政府所认同。但是,如果把全球公民教育的内容侧重于物质文化、自然环境方面的问题,那么各国政府的认同程度就会大大增加,从而对全球公民教育的支持力度自然就大大增强。

世界各国共同面临的最具生存性和基础性的问题非环境问题莫属。环境问题是一个关系到人类生存空间的底线问题。环境恶化的影响是自然的、客观的,不因国家的地理与行政划界而有所区别。因此,环境问题是一个全球性和普遍性的问题。全球性意味着环境恶化的影响是自然的、客观的,它没有政治界线与地理界线;普遍性意味着环境问题无人能够逃脱,丧钟为每个人鸣。

但是,如果环境问题只是一个无关政治与社会的问题,自然也就没有公民教育的价值。虽然各国共同面临环境问题,但是,解决环境问题也要考虑国家的治理能力和价值意识。环境问题本身也是经济生产与消费的不可持续模式造成的结果。可持续发展既是一个"全球共同利益"问题,也是各国政府关心的问题。近年就有研究者主张,全球公民教育需要根据可持续发展来加以重塑,因为当前新自由主义主导的、被动的、工具化的教育模式正在塑造维持当今世界那些备受关注的价值观念和思维方式,如环境不正义。[①] 围绕环境问题的治理责任认定产生了国际环境政治。而这也正是全球公民教育的重要教育目标之一。因此,笔者从国际环境政治角度探讨全球公民教育的可能性问题。

国际环境政治是环境问题突破了国家边界而产生的政治问题。两对基本矛盾构成了国际环境政治的核心问题。

---

① Maureen Ellis. The Critical Global Educator: Global Citizenship Education as Sustainable Development [M]. New York: Routledge, 2016: 9.

(一) 国际环境政治的主体困境

国际环境政治的第一对矛盾为环境问题的普遍化与环境治理的国家化之间的矛盾。国际环境政治涉及世界各国如何解决气候变化治理、自然资源管理（水、空气、捕鲸、生物多样性、森林与荒漠化等）、环境污染治理等具体问题。"在解决全球环境问题上存在着一个最基本的矛盾，即地球在生态上是一体的，而在政治上却是分裂的。"① 因此，环境问题的解决自然也超出了民族国家的范围，需要各国通力合作。

国际环境问题是主权国家的利益冲突问题。虽然全球环境问题穿过了国家边界，但是全球环境治理却仍然固守着民族主权国家的界线。各国大都选择了不合作博弈的行为方式，从而让全球环境治理陷入"集体行动的困境"。当前各国关于解决气候变化问题的马拉松谈判历程鲜明地体现了这一点。1979年第一次世界气候大会上，气候变化首次作为一个引起国际社会关注的问题提上议事日程。但是，直到1990年联合国大会建立了政府间谈判委员会，各国才开始进行气候变化框架公约的谈判。1992年制定了《联合国气候变化框架公约》。1997年《京都议定书》对主要发达国家在2012年以前减排温室气体的种类、减排时间表和额度等做出了具体规定。《京都议定书》的签订开启了漫长的谈判历程，持续至今。其间，各国讨价还价，以美国为首的发达国家不仅不断阻挠，还常常直接退出。2015年12月通过的《巴黎协定》"放弃了《京都议定书》所遵循的'发达国家'和'发展中国家'两分法的格局，更多地强调世界各国按照各自能力和自愿原则进行国家自主贡献减排模式"②。《联合国气候变化框架公约》的艰难谈判凸显了国际环境政治的主体困境。国际"碳政治"的"生态帝国主义"的逻辑或本质就鲜明地表现了国际环境政治中的不平等国际关系。

这种主体困境也间接证明了主权国家才是全球环境治理最为重要的行动主体。英国社会学家安东尼·吉登斯（Anthony Giddens）认为，实施应对气候变化方案这一重任还是只有靠国家来完成。在全球化的时代，世纪之交时，人们都热情期待着即将出现一个基于国际机构而非主权国家、基于国际合作而非传统主权的世界新秩序，但是今日这种热情似乎已经黯然消退了。民族国家还

---

① 转引自：刘湘溶，张斌. 国际环境正义实践的伦理困境及其化解 [J]. 湖南师范大学社会科学学报，2009（2）：9.
② 祁悦，李俊峰.《巴黎协定》将推动全球合作应对气候变化 [J]. 环境经济，2016（9）：43.

和以前一样强大,而大国之间的竞争也重现。① 气候谈判从气候问题出发演化为全面的大国博弈。虽然全球化日益削弱个体的国家意识,但是全球环境治理仍然要依赖民族主权国家之间的合作才能实现。

(二) 国际环境政治的损益错位

国际环境政治强调在国家关系的视角下看待环境治理的集体行动困境。各国对于全球环境治理的不配合更多的是出于保护国家核心利益的考虑。国家这一行为主体的自利意识本无可厚非,但是从损益的角度来看,却存在富国受益与穷国受损的不平等问题,即发达国家享有丰富的环境资源,而发展中国家承受了环境污染的恶果。我们称之为"损益错位"。经济全球化过程即生产、流通、消费的世界化。在这一经济格局中,获取能源、生产原料、劳动力,倾倒废弃物都在发展中国家完成,但是高额利润却回流发达国家,而高附加值的产品又以高价销售到发展中国家,留给发展中国家的只有生产废料或废弃物。② 这是发达国家对发展中国家的经济剥夺和环境剥夺,是"环境殖民主义"的体现。

一般认为,西方发达国家在过去两百多年的资本主义经济扩张中,凭借科技和军事优势大肆掠夺欠发达国家的自然资源,造成严重的全球环境污染、生态恶化和气候变暖,已严重危及人类的生存。面对全球性的环境问题,这些国家当然不肯承担相应的环境治理责任,在对发展中国家进行资源掠夺的同时转嫁污染的恶果。"首先,发达国家通过不平等的贸易体制掠夺资源,输出污染,给不发达国家造成严重的土壤流失、水污染、动植物死亡及其他的生态破坏危害,危及其健康和生存发展。其次,发达国家将肮脏的'夕阳产业'转移到不发达国家,不仅对不发达国家的环境造成严重危害,而且从根本上破坏了不发达国家进一步发展的资源基础和环境基础,致使不计其数的人处于疾病与死亡的无尽痛苦之中,大多被污染的环境至今仍然没有得到恢复。再次,发达国家进行'生态倾销',将垃圾、有毒废弃物作为贸易向不发达国家转移。"③

发达国家不仅转嫁污染的恶果给发展中国家,同时还在全球大肆宣传绿色政治,推销他们的环境治理技术,对发展中国家进行第二次掠夺。发达国家以保护全球环境为名,利用气候变化问题,一方面要求发展中国家同发达国家一

---

① 安东尼·吉登斯. 气候变化的政治 [M]. 曹荣湘,译. 北京:社会科学文献出版社,2009:231-232.
② 詹姆斯·奥康纳. 自然的理由——生态学马克思主义研究 [M]. 唐正东,藏佩洪,译. 南京:南京大学出版社,2003:205.
③ 苑银和. 环境正义论批判 [D]. 青岛:中国海洋大学,2013:270-271.

样承担量化的减排义务；另一方面，却大搞"碳政治"，灌输绿色意识形态，以绿色名义扩张全球资本。翟一达指出："今日，绿色价值观已经成为泛道德化的象征符号，同时也享有了普遍真理的意义。事实上，气候变暖、减碳、绿色都可以成为一种'工具'——领导人的政治资本，企业树立自身形象的筹码，个人对地球的良心的体现与追求区隔的心理需要。绿色意识形态正在被塑造为一种人类终极追求的目标，绿色意识形态俨然成了道德与真理的双重化身。……在清洁发展机制（CDM）下，发达国家与发展中国家间的技术转移开展有限。投行、碳基金公司作为市场中介，赚取了碳排放权贸易中的大部分利润。业内称二十一世纪CO_2将从废气被变为黄金，正反映了其中巨大的商业诱惑。同时，国际资本谋求增殖的目的并不包括对技术转移的关注，国际资本追逐下的碳贸易、碳金融可能独立并脱离于'减缓气候变暖'的原始出发点，成为一个纯粹的商业、金融活动。"① 这样，发达国家既给发展中国家制造毒药，同时又给他们提供解药。但这两种药都需要付费。通过这种"折腾"，发达国家在发展中国家身上赚取了多倍的利润。

国际环境政治的上述两对矛盾实际上也可以归结为一个问题，即环境领域的南北问题。从国家边界的角度来看，国际环境政治问题主要表现为西方发达国家和发展中国家在环境治理问题上的合作与冲突。主体困境呈现的是南北国家在全球环境治理上的不合作，而损益错位则是南北国家在全球环境问题及其治理上的不平等。不公平产生的是冲突与不合作，不合作加剧了不公平。因此，在某种意义上说，主权国家尤其是少数西方国家是全球环境治理的障碍。

全球环境问题及其治理为全球公民教育提供了绝佳的教育内容，而从中产生的国际环境政治的上述两对矛盾又分别对应于全球公民教育的教育目标和教育实施两个方面，因而能够为解答全球公民教育实践的可能性问题提供可能的路径，即在全球与地方的辩证互动中实施批判生态教育，培养生态公民。

三、全球公民教育的批判路径：批判的生态教育学

国际环境政治解释了全球环境治理中发展中国家与发达国家的不合作与不平等状况。这意味着，如果在发展中国家通过国际环境政治来解答全球公民教育的可能性问题，那就说明全球公民教育具有了批判性。如前所述，国际关系视野下发展中国家实施的全球公民教育存在着"既要学习西方，又要反对西方"的一种矛盾。这体现在国际环境政治上，就要求全球公民教育不仅需要生

---

① 翟一达. 气候暖化、意识形态与资本［J］. 天涯，2010（2）：31-32.

态公民以及公民组织积极参与全球环境治理以走出主体困境,更需要批判来揭示国际环境政治问题的负面影响,抵制国际环境政治中的环境不平等,维护弱势群体包括欠发达国家的利益。也就是说,在全球化时代的发展中国家,在环境问题上的全球利益与国家利益紧密相连。一种批判的生态教育学成为致力于全球环境治理的全球公民教育的新路径。

(一) 环境正义与批判的生态教育学

国际环境政治中的不平等现象产生国际社会对环境正义的要求。"国际环境正义的呼声的高涨主要是因为国际资本的转移背后的污染产业及有毒废物的转移,主要为发展国家的产业发展造成的全球气候变化问题给发展中国家带来了严重的发展问题,国际环境正义主张,各国不论大小、强弱,均享有免遭环境迫害的权利,同时负有保护和改善环境,不侵害他国和后代人环境利益的义务。"[1] 具体而言,环境正义有两个要点。(1) 在性质上,环境正义属于分配性正义,即"对于环境利益和环境危害、风险与成本在不同人们之间进行平等分配"[2]。这属于谁受益的问题。国际环境政治中存在的"损益错位"就是典型的不平等。(2) 在内容上,环境正义强调保护弱势群体的环境利益。这属于谁受保护的问题。环境正义意味着关注弱势群体和最不利群体,因为无论是在发达国家还是欠发达国家,他们都承受着环境污染的不利后果。同样,弱小国家亦是如此。其实这两点也可以归为一点,因为"损益错位"意味着在全球环境问题及其治理中弱势群体和弱小国家受损而强势群体和发达国家受益的不平等分配。

依据环境正义对国际环境治理中的推卸责任、转嫁后果的做法提出强烈的批判,这就成为全球公民教育题中应有之义。全球公民教育的全球视野使得它对国际环境问题中的环境平等不能视而不见。国际环境政治已经说明,环境问题不纯粹是一个科学技术问题,归根结底是一个政治问题和社会问题。但是当前的环境教育常常忽视理论批评与政治分析的严格培训,学习者所获得的只是对于自然、野外的一些落后的、简化的、片面的认识。"在这个教育过程中缺少强烈的批判意识和道德思考,而这恰恰是当今逐渐严重的全球生态危机所要求的重要内容。"[3] 因此基于批判理论的生态教育学成了环境教育新的发展

---

[1] 刘轩溢. 国际环境正义的探寻 [J]. 法制与社会,2009 (10):216.
[2] 詹姆斯·奥康纳. 自然的理由——生态学马克思主义研究 [M]. 唐正东,藏佩洪,译. 南京:南京大学出版社,2003:535.
[3] Richard Kahn. 批判教育学、生态扫盲与全球危机:生态教育学运动 [M]. 张亦默,李博,译. 北京:高等教育出版社,2013:6-7.

路向。

生态教育学（Ecopedagogy）把环境问题与社会正义、国家关系联系起来思考，认为环境破坏行为是政治性的，即一些人受益而另外一些人受损[①]，如国际环境政治中的"损益错位"。环境与社会之间的关系经常被那些从特定环境灾难中受益的人掩盖隐藏。生态教育学就是致力于通过批判性地学习环境问题，揭示这一被掩盖隐藏的关系，以终结或减弱社会压制。[②] 正是对产生环境不正义的社会根源即政治经济不平等的揭示，批判的生态教育学成了全球公民教育的重要实践形态。

（二）批判的混合行动主义：全球与地方的辩证互动

批判的生态教育学首要的是一种行动批判。全球公民教育实践的"全球目标与在地实施"在生态公民参与环境治理行动中整合起来。全球环境治理需要一种为人类共同生存环境负责的新型公民，即生态公民。全球意识是生态公民的应有之义。[③]

生态公民需要全球视野。"全球视野"有助于揭示环境问题的深层次原因和长距离结果。[④] 但是"在地行动"更重要。国际环境问题的改变从全球公民所在国家内部的改变开始。全球公民教育要引导个体改变自身行为，更新生活方式，如有学者批判发达国家民众的帝国式生活方式[⑤]，强调以自己的方式参与到全球环境问题治理中来。越是地方化的行动，就越是接近全球公民的理想目标。环境保护从我做起，改革个体的生活方式，是最直接和简单的参与方式。批判的生态教育学应该"让许多人意识到自己在破坏环境中所起的作用，

---

① Gregery William Misiaszek. Ecopedagogy in the Age of Globalization：Educators Perspectives of Environmental Education Programs in the Americas Which Incorporate Social Justice Models [D]. Los Angeles：A Dissertation for the Degree Doctor of Philosophy in Education, University of California, 2011：1.

② Gregery William Misiaszek. Ecopedagogy in the Age of Globalization：Educators Perspectives of Environmental Education Programs in the Americas Which Incorporate Social Justice Models [D]. Los Angeles：A Dissertation for the Degree Doctor of Philosophy in Education, University of California, 2011：9.

③ 徐梓淇. 生态公民 [M]. 南京：江苏人民出版社，2014：74-78.

④ Gregery William Misiaszek. Ecopedagogy in the Age of Globalization：Educators Perspectives of Environmental Education Programs in the Americas Which Incorporate Social Justice Models [D]. Los Angeles：A Dissertation for the Degree Doctor of Philosophy in Education, University of California, 2011：7-8.

⑤ 乌尔里希·布兰德，马尔库斯·威森文. 全球环境政治与帝国式生活方式——复合危机中国家－资本关系的表达 [J]. 李庆，郇庆治，译. 鄱阳湖学刊，2014（1）：12-20.

从而在社会活动中逐渐变得积极起来,共同参与建立生态和谐与可持续发展的世界"①。如果做到这一点,那么他就已经是全球公民了。也许这种作用很微小,但是"重要的是国家里的个人像全球公民那样思考,并寻找一起行动的方式"②。解决全球性的环境问题必须要从地方的环境问题着手,而对地方环境问题的解决却要有全球视野。地方解决具体的问题也需要来自全球的帮助,而全球环境治理需要全球与在地的同时努力、联合斗争。"来自全球行动者的意义和实践被地方行动者所效仿或适应,地方行动者又把修正过的意义和实践反馈回来。在这连续的适应与效仿的行动中,产生了一种混合的地方行动主义(hybrid activism)。"③混合的地方行动主义让全球与地方成为一个硬币的两面。这也正是奥康纳针对绿色主义者(还有行动主义者)所说的:"不仅要全球性地思考,地方性地行动,而且也要地方性地思考,全球性地行动,然后最终,既是全球性地又是地方性地思考和行动。"④

生态公民的这种混合行动主义需要一种批判性。第一,批判主权国家内部的环境治理问题。生态公民在全球与地方的混合行动不仅直接参与全球环境治理与维护,还借助国际组织对民族主权国家施加压力,影响国家相关政策,利用国家这一种"必要的恶",通过权力与资本的力量,达到改善环境的良善结果,最终穿透国际环境政治的国家壁垒。第二,批判生态公民及其组织的南北等级关系。在巴西环境运动中,来自发达国家的公民社会组织与来自发展中国家的公民社会组织之间存在一种等级关系。由于基金主要来自欧美组织,形成了一种北方捐赠、南方接受的附庸关系。⑤第三,批判生态公民的精英主义。全球化强化了既有的公民社会组织成员之间的国家等级性,形成了地方普通公民与全球化的专业行动主义者之间的隔阂。生态公民参与需要较高的素质要求,例如受教育程度高、人脉资源丰富、阅历广泛、通晓多种语言,能够穿梭于全球与地方,能够运用国际会议、国际谈判协定等全球机会,获得跨国合作所必需的经费和文化资源,等等。因此,生态公民往往是地方精英,是地方社

---

① Richard Kahn. 批判教育学、生态扫盲与全球危机:生态教育学运动[M]. 张亦默,李博,译. 北京:高等教育出版社,2013:4.

② Robert C Paehlke. Hegemony and Global Citizenship: Transitional Governance for the 21st Century[M]. New York: Palgrave Macmillan, 2014: 188.

③ Angela Alonso. Hybrid Activism: Paths of Globalization in the Brazilian Environmental Movement[R]. IDS (Institute of Development Studies), Working Paper, 2009 (332): 43.

④ 詹姆斯·奥康纳. 自然的理由——生态学马克思主义研究[M]. 唐正东,藏佩洪,译. 南京:南京大学出版社,2003:476.

⑤ 苑银和. 环境正义论批判[D]. 青岛:中国海洋大学,2013:271.

第五章 公民审美批判教育

区的专家与代表,也是地方环境项目的实施者。① 这种全球环境治理中的精英主义在某种程度上会削弱混合行动主义在全球与地方的整合效应。全球环境治理需要大众参与。如前所述,只要每个人像全球公民那样"在地行动",从个人日常生活中的环境保护做起,就已经是全球生态公民了。

(三) 批判生态教育学的深层意识批判

批判生态教育学的生态批判既包括对发达国家与发展中国家之间的不平等关系的批判,即维护弱势群体的利益,更有解殖(decolonize)公民的认知殖民化②,揭示被隐藏、被宣传的虚假意识形态。深层意识批判才是批判生态教育学的最重要的批判任务。

从当代国际环境政治实际来看,发展主义的意识形态是批判生态教育学急需解殖的深层意识。"所谓'发展主义'(严格地说,应该是'开发主义')指的是一种源起于西欧北美特定的制度环境并在六十年代之后逐步扩张成为一种为国际组织所鼓吹、为后发社会所遵奉的现代性话语和意识形态。它通过对工业化、城市化、现代化等等的许诺,对广大的'第三世界'产生了极其深远的影响,包括贫富悬殊拉大、环境－生态恶化,等等。"③ 发展主义将发展简单地还原为经济增长,将经济增长又简单地等同于 GDP 或人均收入的提高。但是,它隐瞒的事实是,发达国家的成功乃至所谓的幸福生活方式是建立在"一种不均衡的经济格局和不合理交换－分配体系"④ 的基础之上的。发达国家掠夺发展中国家的资源,把污染的环境留给了发展中国家,而发展中国家在获得发达国家的资金与过时科技的同时,也付出了资源日益减少、环境严重破坏、生态十分脆弱的代价。但是,最可怕的不在于发达国家赤裸裸地掠夺和破坏,而在于这种"发展主义"思维被发展中国家所接受并内化。运用现代化理论,一些西方发达国家就趋于灌输这样一种理念:环境灾难是人类生存与进步的必要代价。⑤ 因此,批判的生态教育学最重要的是生态公民对自我内在意识被殖

---

① Angela Alonso. Hybrid Activism: Paths of Globalization in the Brazilian Environmental Movement [R]. IDS (Institute of Development Studies), Working Paper, 2009 (332): 42-43.
② Ali A. Abdi, Lynette Shultz, Thashika Pillay (eds.). Decolonizing Global Citizenship Education [M]. Rotterdam: Sense Publishers, 2015: 3.
③ 李少君. 南山纪要:我们为什么要谈环境－生态? [J]. 天涯, 2000 (1): 18-19.
④ 李少君. 南山纪要:我们为什么要谈环境－生态? [J]. 天涯, 2000 (1): 19.
⑤ Gregery William Misiaszek. Ecopedagogy in the Age of Globalization: Educators Perspectives of Environmental Education Programs in the Americas Which Incorporate Social Justice Models [D]. Los Angeles: A Dissertation for the Degree Doctor of Philosophy in Education, University of California, 2011: 5-7.

民的解殖。

就全球公民教育而言，这种自我解殖尤其重要。康奈尔指出，现有的全球公民教育实践也许强调了参与和责任，但是在理论建构上不具有全纳性（non-inclusive），因为该领域的大部分知识的生产都由西方学者主导和控制。这些人拥有更多的制度性研究能力，而这种优势是由于几个世纪来对南方国家在观念、理论和实践方面的边缘化和强力剥夺。虽然南方国家取得了经济发展和社会进步，但是也付出了本土的生命灾难与生态破坏的代价。对于南方国家来说，更需要在意识上对现有公民和公民教育在实践与精神方面存在的单一维度、单向的习惯化问题做出批判的理解和回应。①

因此，致力于培养生态公民，全球公民教育实践通过批判的生态教育学，在既有的国家边界限制下，通过全球与在地的混合行动主义，获得了一种新的可能性。

---

① Connell Raewyn W. Southern Theor: Social Science and the Global Dynamics of Knowledge [M]. Cambridge, UK: Polity, 2007. Ali A. Abdi, Lynette Shultz, Thashika Pillay (eds.). Decolonizing Global Citizenship Education [M]. Rotterdam: Sense Publishers, 2015: 2.

第六章　公民审美参与实践

公民美育通过公民自身在公共空间或公共环境里的参与式审美、营造美境、维护环境整洁等行为强化自身的责任感或公民意识，形成相应的公民品质。康德认为，审美感是认识与实践的桥梁。"审美态度就是不断活动、不断探索和检验。它与其说是态度，还不如说是行动：创造和再创造。"① 因此，审美过程最终走向行动、走向实践。美丽中国建设要求公民不仅要具有公共审美情感和公民审美批判能力，更要具有参与美丽中国建设实践的意识和能力，并在美丽中国建设实践中进一步增进公共审美情感和公民审美批判能力。

第一节　审美参与、公民行动学习与审美实践共同体

公民参与是公民教育的重要途径，也是公民权利实现的重要方式。参与实践的态度是公民的重要心理条件。公民的思想和意见都表达在理性的社会行动中，通过多样化的参与实践来改良社会，这是民主社会里公民理性的、务实的态度，而不是玩世不恭或者犬儒主义的态度。更重要的是我们要重视实践的验证。"公民必须乐于把各种各样提供采择的解决方法付诸检验，首先是辩论的检验，适当时也付诸实践的检验。实验主义与错误难免论是相辅相成的。"② 罗尔斯在《政治自由主义》中强调，公民理性的培育有赖于积极的社会参与，同时在参与过程中"理智而有效地运用其自由权利和机会"③。积极参与公共生活事实上为公民品质的发展提供了一个实践、学习、锻炼和理解的途径。缺少了公民参与，公民品质也就失去了培育和锻炼的实践场所。因此，公民参与越来越为人们所关注，并成为公民教育的重要方式。如20世纪90年代初期美国学校公民教育开始提倡以"服务学习"为主要内容的参与式公民教育理念，

---

① 王佩雄，黄河清. 教育学文集：美育 [M]. 北京：人民教育出版社，1989：149.
② 科恩. 论民主 [M]. 聂崇信，朱秀贤，译. 北京：商务印书馆，2007：176.
③ 转引自：叶飞. 参与式公民学习与公民教育的实践建构 [J]. 中国教育学刊，2011 (10)：80.

主张学生参与社区服务，锻炼自身的公民行动能力，同时也为社区作出贡献。① 在环境治理与保护的实践中，公民参与更加重要。这已在前面论及。因此，有必要建构一种"参与式"的公民教育实践体系，促进公民知识与公民实践、个体与社会的融合，形成公民的审美素养。

一、环境问题背景下的公民参与

当代社会，公民对政治事务的参与热情在下降，但是对公共事务的参与积极性却在逐渐提高。公众更加关注政府决策过程，公民直接参与社会项目和公共政策制定。"对于涉及到自身利益的公共事务的决策，公民需要参与并发出'声音'。"② 公民参与总是依附于某一共同体。这是西方共和主义的公民观。公民参与可以视为公民个人以公民身份积极参加社区生存与发展的各种公共事务的义务性社会行为。③ 在西方国家，公民参与的发展是公民受教育水平的提高、网络社会的形成、新公共行政、新公共管理和治理运动的持续改进这些因素综合作用的结果。

在所有的公共事务中，环境问题无疑是最重要、最受关注的公共事务，而环境的保护和环境治理又进一步推动了公民参与实践的发展。崔建霞认为，实践参与性原则是我国公民环境教育的重要原则。"这一原则是指环境教育要引导公民运用所学到的环境知识，尝试解决具体的环境问题，在实践中培养他们保护环境的责任意识和解决环境问题的能力，使'知'落实到'行'上。实现实践参与目标，是当今环境教育的重要特征之一。环境教育强调在亲身体验中发现环境问题；在解决现实环境问题的过程中发展批判与反思能力；在参与中增进交流与理解，形成正确的环境价值观；在实践中发展解决问题的能力，形成与环境和谐相处的正确行为习惯。实践参与是环境教育必不可少的环节，是环境教育有机的组成部分，是实现环境教育目的的根本途径。"④ 不过她强调这一原则更多的是着眼于道德发展的特性，即德育要实现由知到行的转变。"国内外的历史经验证明，发现和解决环境保护问题，需要广泛的公众参与和社会支持。一方面，需要公众个人'从我做起'，从身边小事做起，自觉投身环保事业；另一方面，还需要有使公众获得环境信息、参与环保事务的有效机

---

① 叶飞. 参与式公民学习与公民教育的实践建构[J]. 中国教育学刊，2011（10）：80－83.
② 朱德米. 回顾公民参与研究[J]. 同济大学学报，2009（6）：91.
③ 谌冬娣. 城市居民的公民参与：结构与测量[D]. 金华：浙江师范大学，2011：I.
④ 崔建霞. 公民环境教育新论[M]. 济南：山东大学出版社，2009：146－147.

制。"①《中华人民共和国环境保护法》的颁布无疑增强了我国公民参与环境保护的意识。

公民美育培养的公民既是一种责任公民,也是一种参与公民,更是一种基于环境正义的公民。这种三合一的公民典型就是生态公民,即为共同生存环境负责的新型公民。西班牙大学的安吉尔·瓦伦西亚·塞兹教授认为,传统的公民权包含着权利、责任、参与和认同这四要素,而在欧盟背景下后民族主义国家的公民权也包括四要素:"人权——包括文化权利(权利)、环境(责任),民主,包括次国家民主(参与)、多元文化主义与自反性(reflexivity)(认同)。"②但是,生态公民权与这两种公民全都不同,这是一种新的公民权。这种"新"体现为两点。第一,"生态公民权更多强调的是义责而不是权利;这些义责主要针对于陌生人,他们在空间和时间上都相距遥远"③。他认为,生态公民权是为大自然负责,这种责任是一种集体责任。每个人都有为大自然和未来负责的责任感。④ 这是责任伦理学的延伸。第二,生态公民权同时存在于私人领域和公共领域中。传统公民权都存在于公共领域之中。但是,生态公民权的责任既是一种个体责任,也是一种集体责任。安德鲁·多布森(Andrew Dobson)认为:"承认私人领域中的公民权行为,这或许是生态公民权对发展公民权概念的最有特色的贡献……从生态公民权的观点来看,私人领域不应该被看作是公民权的一个障碍,而应被看作是实现公民权的地方、学习美德的地方——一个走向国际和代际领域的跳板。"⑤ 生态公民仍然可以用传统公民的四要素来分析,只是责任、参与、正义等每个要素的内涵已不相同,具体的比较如表6-1所示。

---

① 崔建霞. 公民环境教育新论 [M]. 济南:山东大学出版社,2009:147.
② Delanty G. Models of citizenship: defining European identity and citizenship [J]. Citizenship Studies,1997,3(1):285-303.
③ 安吉尔·瓦伦西亚·塞兹. 全球化、世界主义和生态公民权 [J]. 郭志俊,译. 南京工业大学学报(社会科学版),2013,12(1):35-43.
④ 安吉尔·瓦伦西亚·塞兹. 全球化、世界主义和生态公民权 [J]. 郭志俊,译. 南京工业大学学报(社会科学版),2013,12(1):35-43.
⑤ Dobson A. Ecological Citizenship: A Disruptive Influence? [M] //Pierson C, Simon Torney. Politics at the Edge: The PSA Yearbook 1999. New York: Palgrawe Macmillan, 2000.

表 6-1　三种公民权的要素分析

类型＼要素	权利	责任	参与	认同
传统的公民权	政治权利、社会权利	对民族国家的责任	参与国内各项公共事务	对民族国家的认同
超国家组织的公民权	包括文化权利	对环境、区域超国家组织的责任	包括次国家民主（参与）	多元文化主义与自反性
生态公民权	人权、生存权	对地球及其居民的责任	相信并参与跨/超国家形式的政治活动与政治机构	对人类共同体的认同

生态公民培养是公民美育的目标之一。生态公民更加强调公民参与，赋予公民更积极可行的内涵。公民美育中的公民参与也具有审美特性，成了一种审美参与。

公民审美参与作为一种公民参与，需要一种参与取向的公民教育。"针对当前学校公民教育的实践，美国学者韦斯特海默（Joel Westheimer）和卡恩（Joseph Kahne）归纳并辨析出学校公民教育的三种典型取向，分别是'个人责任'取向、'参与'取向和'正义'取向。"[1] 这三种取向分别针对关于"学校教育应该培养什么样的公民"的三种回答：自由主义者强调公民在社会中的个人权利，共和主义者和社群主义者注重公民在公共生活中的参与和美德，而多元文化主义者则关注公民对异质、冲突的包容和尊重等。[2] 环境保护或者说美丽中国建设所需的公民其实也包括了这三种理解。杜威提出"作为生活方式的民主"，他认为民主作为一种生活方式，要求社会中的每一个正常的成年成员都自由地参与到社会生活中去，为形成和确定人们共同生活的价值做出贡献。而这种参与的意识与能力并不是一蹴而就的，需要在学校公民教育中培养。"'参与'取向的公民教育观认为，学校教育应培养公民积极的参与意识与行动能力。'好公民'不仅要具备良好的个人品质与品德，而且要积极主动参

---

[1] Westheimer J., Kahne J. What Kind of Citizen? The Politics of Educating for Democracy [J]. American Educational Research Journal, 2004（2）. 转引自：刘素玲. 个人责任参与正义：当代学校公民教育走向探究 [J]. 当代教育科学, 2017（6）：74—77.

[2] 刘素玲. 个人责任参与正义：当代学校公民教育走向探究 [J]. 当代教育科学, 2017（6）：74—77.

与所在社区或国家的社会生活或公共事务。"① 参与取向的公民教育培养的是"参与型公民"。

强调以参与集体和社区活动的方式培养公民,即教会学生关于政府和社区组织运作方面的知识,并培养学生计划和参与组织活动的能力。因此,公民行动学习成为培养参与型公民的重要方式。

二、审美参与需要公民行动学习

(一)什么是审美参与

我们已在第二章第三节对审美参与做了介绍,这里从环境治理与保护的行动这一角度作深入阐述。

审美参与理论是在20世纪90年代由美国环境美学研究者阿诺德·伯林特提出。伯林特主张,审美应从传统的远距离静观转向全身心、多感官的投入。他称之为"审美参与"(aesthetic engagement)。审美参与是一种全身心投入的审美状态,并认为这是对18世纪以来传统的基于主体静态的观赏性审美的超越。"审美参与反对传统美学的二分思维,从一元论的视角出发强调主观与客观、审美与实践、人与自然的连续性,身体化、连续性和参与是审美参与的主要特征。"②

卡尔松主张一种自然审美的环境模式。他指出:"我们欣赏自然既不能将对象与其环境相分离,又不能如同欣赏景观画那样静观,而是将对象融入环境,全身心投入其中,动态地、全方位地去体验和感受。"③ 它与伯林特的参与美学模式都强调人与环境的连续性和融合性,也可以视为一种参与模式。虽然两者具有差异,即参与模式是一种经验美学,强调非认知因素的重要性,而环境模式是一种认知美学,强调科学知识在自然审美中的不可或缺,但是两者的一致性说明了审美参与是自然美欣赏的共同特点。

伯林特和卡尔松关于自然审美模式都强调审美参与,强调审美者基于经验的全身心投入,达到人与环境的融合。这是一种审美的存在状态。审美参与具有双重含义,不仅指参与美学,更指行动美学,即把审美作为一种手段或途径

---

① 刘素玲. 个人责任参与正义:当代学校公民教育走向探究 [J]. 当代教育科学,2017 (6):74-77.

② 庞尧. 阿诺德·伯林特审美经验现象学中的审美参与 [J]. 重庆科技学院学报(社会科学版),2014 (5):79-82.

③ 艾伦·卡尔松. 环境美学——自然、艺术与建筑的鉴赏 [M]. 杨平,译. 成都:四川人民出版社,2006:77.

来营造美丽环境、保护美丽环境，让人与环境得以深度融合。也就是说，审美参与不仅仅是欣赏自然美境，更是公民美育的组成部分。作为行动美学的审美参与既支持实践美学所说的"按美的法则"来实践，即美的手段，更指为了美而实践，即美的目的。因此，审美参与既是指诗意地栖居，也是指创造诗意的栖居地。以"宜居城市"为例。"何为宜居城市？应当是公共设施满足尽可能广泛的居民的需求，有利于该城居民的精神健康，为居民间的交流、交往最大限度地提供可能，有利于该城人的共生、融合的城市。"[1] 宜居城市应该是"可观、可游、可闲、可学、可赏、可憩、可居、可介入、可参与、可共享、可感知，并最终成为城市的集体记忆"[2]。这些"可"的标准就是一种审美状态的表现，以身体化、连续性和参与为特征。

公民的审美参与实践也有着两层含义：一是指公民参与的行为本身给个体带来一定程度的愉悦感受。这是作为过程或手段的审美参与。二是指公民参与的目标是为了创造一个美的事物，如美丽的自然生态环境和日常生活环境。这是作为目的的审美参与。作为公民美育的重要组成部分，公民审美参与实践一方面源自传统品德结构"知、情、意、行"的演绎结果，即从审美情感、理性到行为；另一方面则是公民美育的性质在于不仅强调情感联结固然重要，更强调行动和实践的重要性。公民审美参与实践不仅深化了对自然与环境的情感，更加强了这种情感里蕴含的感性和理性的圆融合一。

（二）公民行动学习与实践共同体

环境治理与保护强调了公民参与的重要性，尤其是审美参与。这也意味着公民学习成了公民美育的重要方式。公民的民主能力习得、民主习惯的形成和民主精神的形成更多地来自实践过程中的体验、分享、自我学习和相互学习，来自赋予公民对自我习得参与管理能力的信仰。[3] 格特·比斯塔（Gert Biesta）概括了两种公民学习形式："一是社会化的公民学习，强调学习参与现存的民主过程和实践，一种是主体化（subjectification）的学习，即强调学习参与他自己所指的关于民主的实验。"[4] 民主实验就是把私人麻烦转换为公共议题、把个人的"想要"转换为集体的"需要"的过程。这类似于米尔斯所说的社会学的想象力，即个人事情变成公共事务的过程，因此这也是一个公共领域建构

---

[1] 赵园. 世事苍茫 [M]. 北京：北京师范大学出版社，2014：17.
[2] 马道明. 城市的理性——生态城市调控 [M]. 南京：东南大学出版社，2008：13.
[3] 孙柏瑛，杜英歌. 地方治理中的有序公民参与 [M]. 北京：中国人民大学出版社，2013：75.
[4] Gert Biesta, Maria De Bie, Danny Wildemeersch. Civic Learning, Democratic Citizenship and the Public Sphere [M]. New York：Springer Netherlands, 2014：15.

第六章 公民审美参与实践

的重要维度。这样,"民主就不是'选择'这种市场概念,而是一种政治概念"。因此,格特·比斯塔认为,民主的危机不是因为公民缺乏公民知识、技能和倾向,首要的是公民缺乏通过参与公开的民主实验来展示其公民身份资格的机会。[1]

公民参与是一种公民行动学习。参与是行动学习的一种方式,行动学习是社会学习。在学习过程中,如参与社区生活环境的治理与维护,参与者也是学习者,也可能是教育者,相互学习让所有参与者逐步形成一种共同体,这是学习者相互交流的结果,也是公民美育追求的目标之一。社会学习强调个体与他人、环境的交往。

公民学习也是一种公民行动学习。这种行动学习本身就会带来环境的变化。而公民美育的造美本身就是一种环境保护和维护。通过某种活动或项目,如环境教育与生态公民教育,个体的学习扩展为一种参与共同体的实践,学习成为一种形成群体或共同体的过程,这是公民参与的结果。这些参与实践培养了年轻人的参与意识、行动能力和具体方法,让他们做出关于环境的有根据的决定。例如关于环境的探究式学习,学生实施调查,集中描述回答真实的科学问题,在学生们自己做出判断和决定中培养自己的能力。[2] 这些参与,与学生决策相关的结果或者调查结果,都不是预先能够想象或确定的,而是从人与环境的参与交往而产生的。这样,参与、兴趣、共同体就联系起来了。

公民行动学习超越了传统的认知学习。传统的学习理论大多是个人主义的学习理论,如行为主义、认知和建构主义等。它们把学习描述为一种个体内部的心理活动,其目标是获得知识和技能。这种心理学角度的分析忽视了学习的社会性,也没有认识到,学习本身是一种社会交往过程。康奈尔大学的克拉斯妮和蒂博尔(Krasny and Tidball)认为:"学习这个词通常让学生掌握一整套的信息或内容,这些内容是能够普遍化而不是与一个特殊的环境或其他学习情境相关。……这样的内容是可以在课堂里学到的,而互动或社会文化理论认为,科学和其他学科的学习是通过学习者在社会和生物物理过程在一个特定的环境或语境发生的参与。"[3] 学习的互动或社会文化理论将学习描述为个体与

---

[1] Gert Biesta, Maria De Bie, Danny Wildemeersch. Civic Learning, Democratic Citizenship and the Public Sphere [M]. New York: Springer Netherlands, 2014: 15.

[2] Marianne E Krasny, Keith G. Tidball, Sriskandarajah, et al. Education and Resilience: Social and Situated Learning among University and Secondary Students [J]. Ecology & Society, 2009, 14 (2).

[3] Marianne E Krasny, Keith G. Tidball. Community Gardens as Contexts for Science, Stewardship, and Civic Action Learning [J]. Cities and the Environment, 2009, 2 (1): 1-18.

社会环境互动的结果。在这一过程中，学习就是将一个没有经验的人转变为一个实践共同体里的熟手。学习不仅发生在一种社会环境中（这是学习的背景），更是一种社会活动过程。例如，一个年轻人参与到一个社区花园的建设活动中，通过与环境的互动，以及与园艺经验丰富的熟手，在一起建造社区花园的过程中成为一个社区花园实践共同体的成员。这种参与是一种公民行动学习。这一学习过程也是社区共同体的形成过程。

格特·比斯塔在反思参与的现存问题中探讨了社会学习与参与的关系。丹尼·维尔德迈尔施（Danny Wildemeersch）认为，社会学习常常与参与实践相联系。他认为，参与现在成了暴政，到处都是参与，从市场商人、质量监测、发展共同体、世界银行、政治、管理、协商机构等，都运用了参与做工具。这些参与都是些劝说、规范、选择的新技术。这种参与实践实际上"教会"了参与者如何在一种"积极的社会"里通过参与将自我界定为自主决定的能动者，这样参与成了一种新的道德－伦理实践。① 通过一些观察和研究，他认为，在参与实践中许多参与者获得模糊结果，有时产生了许多拒绝和抵制，有时产生顺从，最终合作过程变得很复杂，而且由官僚和专家所支配。② 政治科学家穆夫（Mouffe）区分了"政治理论"（politics）和"政治性的"（political）。前者是指在决策过程中，在不同行为者中创造共识，主要是忽略一些民主决策实践中的基本冲突。现在许多政治家（politician）把政治问题变成技术问题，由专家处理。在这个意义上，社会学习成了实践共同体中获得的问题解决能力的迁移。这是一种政治问题的技术还原论的典型。许多政治问题基本上是由冲突所驱动的，政治理论是关于处理冲突而不是处理专业知识的。后者是指，冲突不是因为技术短缺，而是新旧对立"antagonism"的反映，并支配了我们的社会、社会生活与政治生活。因此，"政治的"是关于处理冲突的，而且是以和平的方式来处理冲突。这就需要一定的冲突管理的规则。差异和冲突是民主的一部分。让民主有用的是观点、立场、拒绝共识的文化及其理解的差异。冲突、敌对，才是民主背后的驱动力量。学习就发生在这种冲突的民主实践情境中。民主学习不是追求共识的学习，而是抵制同化，或者与中断

---

① Gert Biesta, Maria De Bie, Danny Wildemeersch. Civic Learning, Democratic Citizenship and the Public Sphere [M]. New York: Springer Netherlands, 2014: 21.

② Gert Biesta, Maria De Bie, Danny Wildemeersch. Civic Learning, Democratic Citizenship and the Public Sphere [M]. New York: Springer Netherlands, 2014: 21.

共同事业（joint enterprise）相联系的学习。① 因此，社会学习就是形成一种新的存在方式、一种新的行为方式、一种新的认同。这就是一种"公共性"的形成。

"社会-情境学习理论（social and situated learning）强调学习者与社会环境、物理环境之间的互动交往，学习发生在这些环境里，也解释了各级各类教育是如何培养社会-生态弹性的。"② 舒斯勒（Schusler）等人把社会学习界定为：当人们相互共事时发生的学习（learning that occurs when people engage one another），共享多样化的观点、经验以形成一个共同的理解框架与共同行动的基础。③ 其中，在一项活动中，这些共同学习者也是利益相关者。不同利益相关者之间的相互交往是社会学习特征表现得特别明显的一种情况。社会学习中的参与过程大致包括利益相关者论坛、工作小组、信息发布会议、信息简报、参加指导委员会等。④ 所以，社会学习是一种集体学习，是学习者相互之间的交往。在这种学习过程中，成人是作为学习的促进者、有经验的参与者，而不是指导者，而年轻人则是开始作为外围参与者或新手参与者，首先通过观察，然后与具有更多经验的成人一起工作，最后成为一个实践共同体里的完全的参与者。

总之，社会学习是一种公共空间里的民主实践。"民主实践"概念很好地解释了公民参与中的问题，包括如何处理差异。社会学习最终是把混沌、差异、冲突、矛盾整合为一种公共性，形成实践共同体——和而不同的共同体。这是不消除个性的现代做法。比斯塔实际上是在指责，专家的介入或支配实际上中断了"公民参与"中的社会学习或民主实验过程。

（三）公民行动学习与审美参与

公民教育强调培养学生的参与意识和参与能力。这种参与意识和参与能力是在参与实践中形成的。而这种参与实践也是一种公民行动学习，采用了社会-情境学习的具体方法。无论是社会学习还是情境学习，行动、参与都是

---

① Gert Biesta, Maria De Bie, Danny Wildemeersch. Civic Learning, Democratic Citizenship and the Public Sphere [M]. New York: Springer Netherlands, 2014: 21.

② Marianne E Krasny, Keith G, Tidball, et al. Education and Resilience: Social and Situated Learning among University and Secondary Students [J]. Ecology & Society, 2009, 14 (2): 38.

③ 转引自：Marianne E Krasny, Keith G, Tidball, Sriskandarajah, et al. Education and Resilience: Social and Situated Learning among University and Secondary Students [J]. Ecology & Society, 2009, 14 (2): 38.

④ Marianne E Krasny, Keith G, Tidball, Sriskandarajah, et al. Education and Resilience: Social and Situated Learning among University and Secondary Students [J]. Ecology & Society, 2009, 14 (2): 38.

非常重要的因素。

在环境保护中,公民的审美参与就是一种公民行动学习。在环境问题上,公民行动学习与审美参与合为一体。审美参与是一种公民行动学习的途径,而公民行动学习也是一种审美参与教育。罗斯(Roth)概括了情境学习的六个要素:主体(即参与者)、客体(如花园、流域、其他社会-生态系统等环境保护实践)、共同体(参与者和受其工作影响的更大的共同体)、工具、规则(如尊重他者和环境)、分工(参与者与其他共同体成员的角色)。把这些要素连接起来的就是学习或者活动结果。例如,在营造美丽环境上,一群年轻人和成年人(主体)承担了修建一个花园的任务(客体),其结果或他们学习的内容取决于主体及其使用的工具(例如小孩也许选择种花籽,而年轻人也许想测量土壤的pH酸碱度)。通过建议,适应工具的使用的需要,同时也取决于参与者的兴趣和能力。行动有助于设计整合年轻人进入成人的环境治理与保护的实践中。因此,公民行动学习成为公民美育的重要方法。

审美参与的不足在于科学与理性的忽视。[①] 环境保护情境中的公民行动学习是一种科学学习。玛丽安·E. 克拉斯妮(Marianne E. Krasny)和基思·G. 蒂德博尔(Keith G. Tidball)指出,花园马赛克计划最初的目标就是让年轻人通过亲自实践的活动来获得科学知识和研究技巧。这些活动包括测量社会和生物物理现象,在一个伦理多样、都市花园的情境里与有知识的成人交往。在项目后的测试中,如年轻人发起的"我是科学"调查报告的测试,也表明该新项目提供了科学学习。[②] 这与卡尔松的科学认知主义环境美学思想是一致的。公民行动需要科学知识。西方哲学的认知理性精神或是卡尔松的"科学认知主义"态度,在今天我们解决当前人类面临的环境危机、创造美的自然环

[①] 问题在于,在环境危机已经成为现实的今天,中国传统美学提倡的那种情感性天人合一的观念,虽然可以有助于人们形成自觉的环境保护意识和丰富的环境审美体验,防止进一步破坏生态环境的事件发生,却不足以一种付诸实践的建设性方式,积极地改变和克服我们当下面临的环境危机的现实状况。在这方面,我们只有借助于现代化的科学技术这种有效可行的"工具理性",才能在实践中真正达成这一目的。举例来说,一旦涉及诸如城市环境规划、自然景观保护、消除各类污染这样一些具体而又现实的问题,仅仅凭借那种富于浪漫情感的天人合一呼吁就是远远不够的了,它们更需要的是理性化科学技术的冷静透视和积极干预。同时,我们也应该承认,如果能够放弃那种理性中心主义或是科学至上主义的偏见,对自然事物"如其所是"的科学认识,的确可以在一定程度上有助于我们丰富和充实环境审美的情感性体验。参见:刘清平,王希. 环境审美:科学认知还是情感参与?——从两种环境审美观看中西哲学自然观的整合[J]. 郑州大学学报(哲学社会科学版),2007(3):84-87.

[②] Marianne E Krasny, Keith G Tidball, Community Gardens as Contexts for Science, Stewardship, and Civic Action Learning [J] Cities and the Environment,2009,2(1):1-18.

境的活动中，仍有重要意义。有一种相当流行的看法认为，科学技术应该对现代性的生态危机承担主要的责任。这其实是一种误解，因为造成这种危机的罪魁祸首，归根结底还是人类自身那种贪得无厌的不当欲望，科学技术只不过是在这种欲望的主导下被利用的工具。更进一步看，科学技术不仅不应该在环境污染问题上代"人"受过，而且还能够充分发挥自己在环境治理与保护方面的积极作用。

当前强调科学知识的学习以及相关技能的培养只是体现在学习的材料与教师的培养上。不过美国的花园马赛克教育计划已经逐渐凸显了人与人的交往，凸显了这一学习的社会性。因此，公民行动学习逐渐在参与、行动之中得到弥补。公民行动学习强调学习者行动（即参与）的意识和能力。在造美与护美的过程中，不仅需要一种公共审美情感、一种审美批判能力，也需要一种科学知识以及参与的意识和参与能力。

公民行动学习是一种社会学习，学习过程中的人际交往产生的结果就是增加了学生们的社会资本。例如在美国的花园马赛克（The Garden Mosaics）教育项目中，年轻人与作为成人的园丁之间形成了信任的联系，这是社会资本的重要方面。更重要的是，社会行动学习最终形成了一种审美实践共同体（这将在下一节详细探讨），促进了社会的凝聚，也增进了这一体系应对灾难动荡、社会冲突的能力，这又反过来促进了环境保护与治理更好地完成。

公民行动学习是一种情境学习。公民行动学习强调情境认识与经验。① 这是人与环境的嵌入、融合关系的体现，更是公民美育中人与环境的审美关系的要求。环境的审美、造美、护美本身就是在营造一种情境。"审美参与并不是专指艺术的某一特殊领域，或者美的哲学，或者甚至是品味理论，而是一种积极的环境知识模式。这种积极的环境模式遵从了杜威的反思论"，强调审美经验是一种记录自身内部环境的方式，审美者不是被动的、脱离思考的主体。② 造美、护美就是公民审美参与的情境。或者说，我们要营造美丽环境，而我们要保护的美丽环境也正是学习的场所。在科学技术的帮助下，现代人与自然的关系从传统社会里人类对自然的敬畏和恐惧转变为人类对自然的征服与掠夺。

---

① Marianne E Krasny, Keith G Tidball. Civic Ecology: Adaptation and Transformation from the Ground Up [M]. London: MIT Press, 2015: 132; 以及 Marianne E Krasny, Keith G Tidball. Community Gardens as Contexts for Science, Stewardship, and Civic Action Learning [J] Cities and the Environment, 2009, 2 (1): 1—14.

② Mike T Carson. Long-Term Human-Environment Relations [M]. New York: Springer International Publishing, 2016: 150.

但是两者都属于人类与自然的支配与被支配关系。人类与环境的审美关系意味着人与环境的融合。人类的嵌入性（embodied）和环境情境性（自然的）强调了一种"情境化的自我"，这可以作为"情境化学习"的基础。这是情境学习之审美参与的本质。

因此，公民美育的三个要素（审美情感、审美批判、审美参与）在公民行动学习中最终得以融合。

三、公民行动学习与审美实践共同体

作为一种社会-情境学习，公民行动学习的结果就是形成一个实践共同体。美丽中国建设中的公民行动学习是为了营造与保护美丽环境的行动，因为这一实践共同体也是一种审美实践共同体。这是公民美育在最终教育结果上的表现。

审美参与促进审美共同体的形成。如前所述，美丽中国本身就是一种自然-文化共同体。这是公民的审美参与的重要场域。而在环境中的审美参与将这一自然-文化共同体转换为一种审美共同体。

审美参与首先形成的是一种审美共同体。这种审美共同体既可以指具有相同审美趣味的人群聚集，也可以指虽然没有共同的审美趣味但是能够"美美与共"的存在状态。其中后者更具有意义，体现了一种环境美学与环境伦理的整合，从而成为真正的审美状态。

审美共同体是一种审美普遍性和"共通感"促成的结果。以城市为例，"按照康德的说法，'共通感'是一种'趣味'，那么城市共同体最显著的'共通感'，就是居住在同一个城市的市民对这个与自己日常生活息息相关的各种信息与活动的共享，事实上，大众媒体在参与共同体建构中的主要途径也在于'共同趣味'的建构"[1]。这种共同的审美趣味造就了一座城市具有鲜明个性的风情景致。比如回族聚居的城市与藏族聚居的城市，其建筑风格就大不相同。这些都增进了市民对所在城市的归属感与认同感，进而增强了其公民的责任感。这也是一种文化认同的体现。人与人之间的审美共通感最终让人们走向"美人之美、美美与共"的状态。

就环境审美而言，审美共同体是一种"审美的经验域"。伯林特的参与式审美有其审美理论基础，即关于审美经验的看法。这集中体现于其早期作品

---

[1] 徐国源. 空间性、媒介化与城市造像：文化诗学与城市审美[M]. 上海：上海人民出版社，2015：127-128.

第六章 公民审美参与实践

《审美之域——审美经验现象学》。在杜威的经验论的基础上,他从人的审美经验来分析审美,而不是从一些相关物和优秀作品的先在标准来分析。因此,柏林特对艺术的理解就超越传统的要素论走向一种结构论。以往的艺术理论总是倾向于把理论建立在某个要素之上如艺术客体、感知者、艺术家和表演者这四个要素。但伯林特认为,这四个要素彼此之间相互作用形成一个交流的场域。[1] 这个场域即审美之域。这种审美之域就是一种审美共同体。如果将之用于分析环境保护与环境审美,那么这四个要素分别为:自然环境和生活环境、栖居其中的主体、环境营造者、环境保护者与环境审美者,四个要素融为一体,审美参与起了重要作用。例如,利奥波德将土地视为一个共同体,土地的诸要素与人都是其中一员。这一思维与阿诺德·伯林特的思维是一致的。因此,"审美之域"通过公民参与形成了一种共同体。

但是,环境治理与保护中的审美参与更强调这种审美共同体的实践性。这种实践性又进一步促进了审美共同体的巩固与完善。就环境治理与保护而言,审美共同体的意义在于抵制"公地悲剧"。共同性或公共性不是自动形成的,而且只是在有利的条件下才会发挥作用的。审美共同体需要营造、培育和维护,而实践(行动和参与)则是重要的培育方式。公民美育不仅强调参与式的审美,更强调对审美对象的营造和维护。这决定了这种审美共同体也是由美的行动或实践而形成的。通过审美参与、行动学习等实践,最终形成了一种审美实践共同体。因此,公民行动学习是培育审美共同体的重要方式。

那么审美参与的实践是如何形成审美实践共同体的呢?我们以温格的情境学习理论为理论依据作一简要分析。如前所述,在环境保护中,公民的审美参与即是一种公民行动学习,公民行动学习自然也致力于形成实践共同体。让·莱夫(Jean Lave)、爱丁纳·温格(Etienne Wenger)认为,学习是一种社会实践,把人与外在的社会联系起来,这样个人成为某一共同体的一员,成为一种活动的主体,"与社会世界中的意义和行为密切联系起来"[2]。情境学习活动就转换为实践共同体里的"合法性边缘性参与"(legitimate peripheral participation),即学习者通过参与,从一个新手、实践共同体中的边缘者逐步成为实践共同体的核心成员、熟手,虽然不一定居于中心地位,但是都是实践共同体不可或缺的一员。而这些学习者的加入让学习形成的实践共同体也不断

---

[1] 庞尧. 阿诺德·伯林特审美经验现象学中的审美参与 [J]. 重庆科技学院学报(社会科学版),2014 (5):79—82.

[2] Jean Lave, Etienne Wenger. Situated Learning: Legitimate Peripheral Participation [M]. New York: Cambridge university, 1991:122.

地发生转化和变化。①"学习是一种社会实践"意味着学习是学习者进入某一共同体并成为其成员的过程。认识（knowing）就隐含在认同的形成与转换之中，并定位在参与者的关系、他们的实践及其作品、实践共同体的社会组织和政治经济之中。从边缘移向中心的位置变换经历了一系列复杂的实践形式，创造了理解所体验到的世界的可能性。②所以这些学习都发生在社会世界之中，辩证地构成了社会实践——复制、转换和变迁的过程。学习者就成了一种社会实践参与者。③这一过程凸显了学习过程中存在着的复杂多样的关系，既有共同体内部的关系，也有与外部世界的关系。④这种社会联系形成了一种实践共同体。"一个实践共同体包括一系列个体共享的、相互明确的实践和信念以及对长时间追求共同利益的理解。"⑤学习者的身份是一个动态的、生成性的概念，是共同体成员之间的互动与联结。⑥简单地说，莱夫等人的情境学习理论强调了学习的社会性，重视学习者在整个学习共同体中的角色变化。在不断变化的共同实践的背景下，社会文化的转变与新手和熟手之间的不断变化是相互联系的⑦。

从边缘到中心的学习过程，比如作为初学者逐步进入专家共同体，其中自然会遇到资格、排斥、权力等方面的问题。2004年，英国伦敦大学教育研究所的凯伦·埃文斯（Karen Evans）和德国弗伦斯堡大学的比阿特丽克丝·尼梅耶（Beatrix Niemeyer）主编了一本书——《重新连接：通过情境学习抵制社会排斥》，直接回答了这一问题。该书的出版是欧盟的教育举措"苏格拉底

---

① J. 莱夫，E. 温格. 情景学习：合法的边缘性参与[M]. 王文静，译. 上海：华东师范大学出版社，2004：61.
② Jean Lave, Etienne Wenger. Situated Learning: Legitimate Peripheral Participation [M]. Cambridge university, 1991：122—123.
③ J. 莱夫，E. 温格. 情景学习：合法的边缘性参与[M]. 王文静，译. 上海：华东师范大学出版社，2004：序言 2—3.
④ J. 莱夫，E. 温格. 情景学习：合法的边缘性参与[M]. 王文静，译. 上海：华东师范大学出版社，2004：56.
⑤ J. 莱夫，E. 温格. 情景学习：合法的边缘性参与[M]. 王文静，译. 上海：华东师范大学出版社，2004：序言 4.
⑥ J. 莱夫，E. 温格. 情景学习：合法的边缘性参与[M]. 王文静，译. 上海：华东师范大学出版社，2004：序言 5.
⑦ J. 莱夫，E. 温格. 情景学习：合法的边缘性参与[M]. 王文静，译. 上海：华东师范大学出版社，2004：14.

计划"① 资助的一个项目。他们的目的是探讨一种新的思维方式,以解决14~25 岁之间处于或体验到社会排斥的风险中的群体的处境。具体而言,就是让这些在早期生活中遭到排斥的人群通过终身学习重新进入教育和培训的路径,通过基于"以实践为中心的学习共同体"的情境学习,让他们获得重新与社会结构的联结机会,以及相互之间、个体与共同体之间重新连接的能力。② 这也是西方古典意义上对公共领域的"公共性"的共和主义传统的理解。从空间的角度来看,这些处境不利群体的学习者居于公共空间的边缘。"以实践为中心的学习共同体"(Learning Community centred on Practice,简称LCP)是一种范围广泛、内容多样的单位(unit),由参与"苏格拉底计划"教育项目的,并在共同实践中有着良好表现的人员组成。每个参与者以一种或其他多种方式参与进来,例如学习者、项目工作者、职业服务者、社会工作者、家长、项目合作者等。LCP 不是僵化的、固定的框架或组织单位,它是一种制度。共同体由相互了解的人、相互有联系的人组成。共享的目标和实践形成了共同体。③ "以实践为中心的学习共同体"这一概念与莱夫和温格的"合法性边缘性参与"有着相同的价值指向(即学习正义),都强调学习是一种社会活动,即共同体里的社会交往。他们认为,个体"被排斥于培训和教育之外,就限制了他们参与社会生活的能力"④。虽然这些论述主要针对职业教育,但是他关于情境学习的一些观点为我们理解环境治理与保护中的公民学习有着重要的价值。

公民行动学习中的审美参与也会形成一种实践共同体。公民美育中的参与是指公民不可避免地参与到环境的治理与保护这一社会实践中,这可能有个体理性的原因,但更多是公共审美情感的促成,并且相关的知识与技能的学习、掌握和运用也要求新手充分地参与到共同体的社会文化实践中来。也就是说,公民行动学习中的参与是在成人指导下进行的。年轻人获得了关于环境治理与保护这一实践共同体成员所需的知识和能力,但是更重要的是学习者与指导者

---

① 该计划于 1994 年开始,持续了两期,2006 年之后被 2007—2013 年的终身学习计划取代。苏格拉底计划致力于加强各级各类教育的欧洲特性,改进欧洲语言知识,通过教育促进合作与流动,鼓励教育革新,促进所有教育部门的机会均等。其中语言学习是该计划的重点内容。

② Karen Evans, Beatrix Niemeyer. Reconnection: Countering Social Exclusion through Situated Learning [M]. Dordrecht: Kluwer Academic Publishers, 2004: vii.

③ Karen Evans, Beatrix Niemeyer. Reconnection: Countering Social Exclusion through Situated Learning [M]. Dordrecht: Kluwer Academic Publishers, 2004: 195.

④ Karen Evans, Beatrix Niemeyer. Reconnection: Countering Social Exclusion through Situated Learning [M]. Dordrecht: Kluwer Academic Publishers, 2004: 187.

的关系，这是一种社会资本。为了共同参与的事业，参与者被接纳、承认，进而形成了一种对环境治理与保护的责任感。

因此，温格的情境学习理论为传统环境教育提供了新的思想，即从共同体成员的身份角色的动态关系来讨论公民美育。"伦理是美的象征。这就走向了一种共同体意识。"① 环境参与真正实现了伦理与美的整合。环境治理与保护成为一个共同事业，让公民进入了一个实践共同体。其中的社会联系也包括了一种政治联系，即一种公民权利的伸张与维护。在这一争论、对话、批判与行动之中，公民以一个合法的边缘者身份成为环境治理与保护的核心成员，真正自下而上地成为环境保护的主力军，通过为自己赢得美丽生存生活环境而实现公民的社会生活权。这是公民美育中审美参与教育的重要目的。

以发达国家市民参与生态城市建设为例。他们"将市民参与、市民组织、市民教育作为工作重点，以生态社区建设为核心，将政府力量与民间力量相互交融，共同推进生态城市的建设"②。雷吉斯特指出生态城市建设的规划必须普及与增强人们的生态意识，市民作为城市的生产者、建设者、保护者必须为生态城市建设承担责任。1996年，雷吉斯特领导的"城市生态组织"制定了十条原则，其中有若干条都涉及市民和社区的责任，如"修改交通优先权，强调就近出行"，"建设体面、低价、安全的混合社区"，"培育社会公正性，改善妇女、残疾人等的社会状况"，"提倡回收，采用新型技术"，"提倡自觉的简单化的生活方式，反对过多消费资源和商品"，"通过市民教育，提高公众生态可持续发展意识，进行宣传活动和教育项目，提高公众环境意识和生物区域意识"。③ 市民从生态城市建设的合法边缘者，到积极参与到环境保护之中，公众参与环境的治理与保护的积极性和责任感慢慢会增强，逐渐成了城市环境治理与保护的主体。其实，城市环境的维护很大程度上靠市民在日常生活中的自我组织与自我维护，套用一句俗话就是"城市是我家，美丽靠大家"。这既是市民人人参与的问题，也是需要进行审美参与教育的问题。公众参与环境治理与保护的意识和能力是需要教育的，而一种合法的边缘性参与的情境学习成了公民美育的一种可能途径。

---

① King-Tak Ip. Environmental Ethics: Intercultural Perspectives [M]. Amsterdam: Rodopi B. V., 2009: 47.
② 关巍. 美丽中国生态城市建设与公民责任 [J]. 长春理工大学学报（社会科学版），2013, 26 (3): 69.
③ 关巍. 美丽中国生态城市建设与公民责任 [J]. 长春理工大学学报（社会科学版），2013, 26 (3): 68-70.

针对环境问题的公民行动学习形成了一种审美实践共同体,这既是公民美育的一种结果,也是公民美育的一种目的。

四、公民参与社会想象

公民美育应该如何促进公众的参与呢？公民美育主要是培养主体对自然环境和生活环境的审美能力,激发其公共审美情感和审美批判能力。但是这些目标的达成是通过环境审美实践来实现的。尤其积极参与营造与保护美丽环境,更是公民美育的主要过程。

(一) 作为公民参与的社会想象与民主实验

在公民行动学习中,审美参与意味着一种社会想象。公民美育中的公民行动学习致力于培养环境治理与保护的主体。"民主实验"（The Experiment of Democracy）成为它的主要方法。如前所述,"民主实验"是一个转换的过程,最重要的转换就是把私人麻烦转换为公共议题。[①] 这是审美批判的重要因素。通过审美批判激发的想象力把自己的事情变成公共的。那么这种转换与民主有什么关系呢？这一转换过程是一个开放的过程。"民主实验"把民主视为一个持续进行、永不终结的实验,是为了表达"民主过程本质上需要保持向更多民主和不同民主的可能性敞开"这一理念。[②]

民主实验最终朝向"一种集体利益和公共的善"的取向,强调公共性问题。那么,"在民主实验中,重要的内容常常是：私人的'想要'（wants）在何种程度上,以什么形式能够作为集体需要（needs）而被支持"[③]。"这一过程不仅是私人问题被转译为公共问题的语言的过程,也是用公共解决方案处理私人麻烦而被追问、协商和赞同的过程。民主实验的转换过程不仅仅意味着人的问题被转换了,同时民主实验的进行也转换了人,最重要的是它潜在地让人具有了民主的主体性和政治能动性。这就是公民学习的主体化。作为一种学习过程,民主实验不是关于知识、技能和倾向的获得,作为实验,它永远不能完全清楚实验的适当方式是什么。它不是线性的,不是让人从不是公民经引导成为公民。它只是影响了他们在这一民主实验中获得的经验和行为。"基于民

---

① Gert Biesta, Maria De Bie, Danny Wildemeersch. Civic Learning, Democratic Citizenship and the Public Sphere [M]. New York: Springer Netherlands, 2014: xv.

② Gert Biesta, Maria De Bie, Danny Wildemeersch. Civic Learning, Democratic Citizenship and the Public Sphere [M]. New York: Springer Netherlands, 2014: 6.

③ Gert Biesta, Maria De Bie, Danny Wildemeersch. Civic Learning, Democratic Citizenship and the Public Sphere [M]. New York: Springer Netherlands, 2014: 7.

实验的公民学习是一种循环的过程,"所学的内容不只是存储在某处,它一直对行动产生反馈"①,但是,它也是累积的过程:来自过去的经验不能简单地被消除或覆盖,而是继续在未来的经验和行动中发挥着重要作用。

民主实验的具体方法就是"将问题公之于众",即让公民学习重视解决手边的问题,刺激了民主的开放性和争论。我们也许听过我们的焦虑、我们关注的事情、我们关心的问题,是这些焦虑、关注、关心将我们互相联系在一起,而不是其他一套价值观、观点、态度或原则。② 这些共同的问题大到全球变暖,小到拆迁、绿色空间争取等。这种开放性的民主不关注共同性,而是关注差异。基于这种差异性的公民学习,形成的是一种混合的共同体。"混合的共同体"出现在各种场所与空间里,人们要解决许多与有争议的问题密切关联的"关注的事务"。③ 因此,在这种民主实验中的讨论中,主体诞生了,公共性得以建构。

(二) 审美实践共同体里的集体行动

环境治理与保护作为一种共同的事业,既是公民审美参与的情境,也是公民审美参与的途径。动员共同体本身就是当前发达国家环境运动的重要方式。"环境运动往往牵涉到特定的共同体,致力于动员和协调这些共同体的活动以对抗环境威胁或者发展规划。它们通过显示其'承诺、团结和价值',对权力拥有者和国家部门提出持续性挑战。"④ 20世纪70年代,希腊迦摩罗抗议运动就是一个典范。迦摩罗运动是一个地方化的环境运动,即反对希腊约阿尼纳(Ioannina)市政当局建设污水处理厂的计划。该计划把处理过的废水排放到迦摩罗河,导致作为当地传统农业和不断增长的旅游业之基础的生态系统的改变。这个项目得到了希腊中央政府的支持,以及获得了来自欧盟的技术和财政支持。但是,这一计划引发了大范围的公众动员来抵制和挑战该项目。在摩伽罗委员会(一个松散的运动组织)的组织下,当地民众包括所有的工会、社团和个体公民都投票决定停止所有活动,甚至学校和医院也被关闭,通往城市的

---

① Gert Biesta, Maria De Bie, Danny Wildemeersch. Civic Learning, Democratic Citizenship and the Public Sphere [M]. New York: Springer Netherlands, 2014: 7.
② Bruno Latour, Peter Weibel. Making Things Public: Atmospheres of Democracy [M]. London: MIT Press, 2005: 4.
③ Gert Biesta, Maria De Bie, Danny Wildemeersch. Civic Learning, Democratic Citizenship and the Public Sphere [M]. New York: Springer Netherlands, 2014: 26.
④ 马克·史密斯,皮亚·庞萨帕. 环境与公民权:整合正义、责任与公民参与 [M]. 侯艳芳,杨晓燕,译. 济南:山东大学出版社,2012:105.

第六章 公民审美参与实践

道路被堵住，市政厅也被委员会的成员锁住，当地市政府占领了政府办公楼，农用拖拉机也被用来运输示威者。① 当然，所有这些抗议策略都是非暴力的。当地民众共同解决了污水处理厂问题。这种参与是一种批判性的参与。

正是在这一运动中，当地民众形成了一种审美实践共同体。"审美"一方面是指这一运动致力于营造和保护当地的美丽环境，另一方面是指这一共同体的形成乃是一种想象的产物。民众参与这一共同的行动，虽然他们也是为了各自的利益，但也都植根于当地社区的共同集体身份，即想象的共同体的成员。这一共同体成员身份与各自的利益，让平日素不相识的当地民众，为了保护环境而走到一起，集体行动。

（三）多主体实施公民美育：全球视野与地方参与的辩证互动

公民美育中关于全球化视野与地方性参与的关系处理，在发展中国家的环境治理与保护中体现得更加明显，这已在第五章有所论及。我国属于发展中国家，但是人民理应享受美好的生活。这也是党和政府提出的期待，是美丽中国建设的目标。

今日环境问题的全球性使得环境问题的治理与保护要具有一种全球性的视野。个体针对资源枯竭和环境破坏产生的对地球上的他人的责任意识，形成了一种人类命运共同体的意识。"全球视野"有助于揭示环境问题的深层次原因和长距离结果。解决问题首先要找出原因。环境问题的原因和结果之间存在着较远的距离，尤其是其中社会－环境问题的原因经常很难判断，因为它们的联系非常复杂，也因政治而被隐藏。格雷格里·威廉·米西亚斯泽克（Gregery William Misiaszek）概括了环境问题与原因之间的四种长距离联系：（1）位置的远距离，如上风地区的空气污染导致下风地区人们的肺癌；（2）时间的远距离，如一项污染要20年后才看到结果；（3）霸权的远距离，如公司工厂对地方官员的行贿没有受到制裁；（4）城邦的远距离，这是指国家边界局限。② 没有一种宽广的视野，很难找到环境问题的深层次原因。人们对环境问题的后果的感知也是如此。格雷格里·威廉·米西亚斯泽克概括了四种情况：环境问题在范围上是国际性的，无视地理政治边界，如空气污染；环境问题的负面影响要经过很长时间才会被感知；有些动植物的灭绝也要加以考虑，不能局限于人

---

① 马克·史密斯，皮亚·庞萨帕. 环境与公民权：整合正义、责任与公民参与 [M]. 侯艳芳，杨晓燕，译. 济南：山东大学出版社，2012：105—106.

② Gregery William Misiaszek. Ecopedagogy in the Age of Globalization: Educators Perspectives of Environmental Education Programs in the Americas which Incorporate Social Justice Models [D]. Los Angeles: Dissertation for PHD, Education, University of California, 2011: 5—7.

类中心立场；批判地从宏观与微观的角度来审视社会－环境问题是必要的。①

在地行动更重要。环境问题的解决主要是在国家内部进行。采取地方化的行动，推动政府做事，引导个体改变自身行为与生活方式，"切实改变我们的习惯，更新学习方式，革新伦理观，并积极投入到实践中去"②。这是审美参与的重要意义。尤其对成人而言，环境保护从我做起，改变个体的生活方式，以自己的方式参与到环境问题的治理与美丽环境的保护中来。这是最直接和简单的审美参与方式。公民美育"让许多人意识到自己在破坏环境中所起的作用，从而在社会活动中逐渐变得积极起来，共同参与建立生态和谐以及可持续发展的世界"③。如果做到这一点，那么公民美育就已经发挥作用了。也许这种作用很微小，"重要的是国家里的个人像全球公民那样思考，并寻找一起行动的方式"④。

因此，审美参与是地方性的，这与全球性的理念有关。从地方开始，就是从自己的家园开始，从邻里开始，维护自己家园和邻里的美丽，这是公民参与"地方"的真正价值所在。正如杜威所言，"民主必须从家庭开始，它的家园就在邻里社区"⑤，"地方往往是公民参与的直接发源地。地方治理的责任在于向本地公民提供有效的公共服务，为公民提供良好的生活秩序和生活环境"⑥。因为作为公共服务的直接享有者和体验者，他们对"地方服务信息和状况的知情，也赋予本地公民拥有相对的话语权与偏好显示能力，使得公民参与有较大的可能性"，"公民参与的本质的是地方化的，是以地方（社区）问题及其解决为导向的。地方公民参与能够让公民感知到个体与公共领域的交集，从而发现自己对于公共生活的价值。"⑦ 按照情境学习理论，地方知识的运用则是一种典型的地方审美参与。所以参与的地方性，还有一层含义或价值是指只有纳入

---

① Robert C Paehlke. Hegemony and Global Citizenship: Transitional Governance for the 21st Century [M]. New York: Palgrave Macmillan, 2014: 173.

② 詹姆斯·恩格尔. 环境教育：艺术、科学与生态批评 [J]. 陈靓，编译. 社会科学研究，2014 (5): 206—208.

③ Richard Kahn. 批判教育学、生态扫盲与全球危机：生态教育学运动 [M]. 张亦默，李博，译. 北京：高等教育出版社，2013: 4.

④ Robert C Paehlke. Hegemony and Global Citizenship: Transitional Governance for the 21st Century [M]. New York: Palgrave Macmillan, 2014: 188.

⑤ John Dewey. The Public and its Problems: An Essay in Political inquiry [M]. New York: Holt, 1927: 218.

⑥ 孙柏瑛，杜英歌. 地方治理中的有序公民参与 [M]. 北京：中国人民大学出版社，2013: 20.

⑦ 孙柏瑛，杜英歌. 地方治理中的有序公民参与 [M]. 北京：中国人民大学出版社，2013: 20—21.

地方知识包括传统的知识和经验，才能提出更适合的环境问题的处理方法。因此，如何处理科学知识和地方知识的关系、如何处理地方社区与外部社会的关系，成为公民美育中审美参与教育的重要内容。这样，审美实践共同体是学习者的全球化视野与本土化行动的完美结合。[①]

第二节　公民审美参与实践：来自美国社区花园运动的经验

作为公民美育的行动维度，公民审美参与实践融合了情境学习、社会学习、公民参与、社区教育、环境教育等多种教育形式，由于参与又具有地方性，因而其步骤与过程也就复杂多样，难以简单概括。本节以美国社区花园运动（The Community Garden Movement）为个案，叙述了这一运动在营造、美化社区日常生活环境方面的多年经验以及存在的问题，论述了社区花园运动在造美、护美实践中的措施、内容、功能、保障等，并在此基础上分析美国社区花园运动对公民审美参与实践的若干启示。

一、美国社区花园运动概述

（一）美国社区花园的概念

社区花园是位于某一场所的、由民众共享的花园。美国社区园艺联合会（American Community Gardening Association，ACGA）给社区花园下了一个简单而宽泛的定义："只要有一群人共同从事园艺活动，任何一块土地都可以称为社区花园。它可以在城市、在郊区或者在乡村。它可以培育花卉、蔬菜或者社区。它可以是一个共同的地块，也可以有许多个人的份地。它可以在学校、医院或者在街道，甚至在公园。它也可以是一系列的份地用于'都市农业'，其产品供应市场……"[②] 也就是说，产权不限公私：有的属于私人财产，有的是公共土地。个人在自己土地上建造的花园也可以是社区的——只要它供社区民众观赏，与社区共享花园的管理。每一片这样的美丽花园，都会增加城市整体的美丽。另外，虽然称之为社区花园，但是它种植的也不局限于花草树木，也有瓜果蔬菜，有些花园它只栽种蔬菜。所以，也有人将之译为"社区农

[①] J. 莱夫，E. 温格. 情景学习：合法的边缘性参与[M]. 王文静，译. 上海：华东师范大学出版社，2004：序言 5.

[②] 钱静. 西欧份地花园与美国社区花园的体系比较[J]. 现代城市研究，2011，26（1）：86-92.

园"。这也说明社区花园在种植内容上是复杂多样的。有的专注于蔬菜园艺，有的种植花卉，有的种植本地植物，还有的甚至成为飞禽栖息地。①

"社区花园在美国已经开始遍地开花，在很多大城市都有上百个社区花园，坐落在城市的街道、公园、学校、屋顶。居民们可以在社区花园种菜，做堆肥，那里还是孩子们的乐园。"② 其实，社区花园的形式、内容、管理都是地方性的，这与当地的具体政治、经济、文化的特性密切相关。

（二）美国社区花园的历史

在美国，社区花园有着悠久的历史，可以追溯到19世纪。社区花园在早期被视为城市园林而被推广。在19世纪，新移民和工人集中在拥挤，充满疾病、犯罪和压力等恶劣条件下的城市工业中心周围。这些新形成的"灾难区域"被社会上层人士视为一种文化失败。这些人设法帮助新移民和工人应对新的环境与新的生活方式。"解决方案的灵感来源于17、18世纪的浪漫主义。这种浪漫主义认为自然是有恢复能力的，绿色植物和开放空间有益人们健康。"③因此他们认为，在城市里制造出自然景观就能改变新移民和工人们糟糕的生活状态。社区花园便产生了。最初这些城市花园都是在那些荒芜、荒废和未使用的土地上建成。花园支持者们仍主张把城市花园看成是用以满足城市居民生存、保护和生存相关的需求以及公民职能而存在的公共资源。④ 美国社区花园产生之初就被视为解决社会问题的手段。因此，社区花园被视为城市物质和精神价值的体现，其目的是采取一种相对体面的方式为穷人提供救济，同时，"社区花园也是一个大熔炉，促使移民和本地居民聚集在一起学习和适应美国方式"⑤。

---

① Laura J. Lawson. City Bountiful: A Century of Community Gardening in America [M]. Berkeley and Los Angeles, California and London, England: University of California Press, 2005: 2.

② 80后女孩从美国回到国内要建2014个社区花园 [EB/OL]. (2017-08-13) [2019-11-14]. http://www.sohu.com/a/164319514_275605.html.

③ Efrat Eizenberg. From the Ground Up: Community Gardens in New York City and the Politics of Spatial Transformation [M]. Farnham, Burlington: Ashgate Publishing Limited, 2013: 17.

④ Laura J. Lawson. City Bountiful: A Century of Community Gardening in America [M]. Berkeley, England: University of California Press, 2005: 2.

⑤ Bassett T J. Vacant Lot Cultivation: Community Gardening in America, 1893-1978 [D]. Berkeley: Unpublished manuscript, Department of Geography, University of California, 1979; Laura J. Lawson. City Bountiful: A Century of Community Gardening in America [M]. Berkeley: University of California Press, 2005.

第六章　公民审美参与实践

19 世纪中后期，美国的许多城市都建立了大型的公园。此外，19 世纪末，在底特律、费城、纽约等城市的改革者发起了空地救助项目，教育工作者则成立了校园花园空地种植协会。然而，在以后几年时间内，美国经历了经济危机，这让城市居民逐渐失去了对社区花园的兴趣。社区花园的发展处于一种停滞不前的状态。

在第一次世界大战和第二次世界大战期间以及 20 世纪 30 年代的经济萧条时期，园艺被视为民族自助行为。美国的大部分社区花园成了爱国主义的象征。城市居民都参与到社区花园的项目之中，在当时被视为是"播种自由"。同时，社区花园也被视为是第一次世界大战中的"战争花园"和第二次世界大战中的"胜利花园"。① 尤其是在第二次世界大战中，当来自农村地区的粮食供应不足时，城市居民则被要求在任何可以种植的地方进行种植，并自给自足水果和蔬菜以确保战争取得胜利。不过，在第二次世界大战结束以后至 20 世纪 70 年代以前，由于战争与饥荒的威胁消除了，社区花园也就逐渐淡出城市视野。

然而，从 20 世纪 70 年代开始，人们对社区花园的热情又开始复苏。能源危机和食物价格上涨重新引起了人们对城市园艺的兴趣。1970 年以后美国的社区花园运动是城市郊区化背景下的内城空心化，石油危机之后的通货膨胀，以及反文化运动和深度生态思想、社区自治精神共同作用的结果。② 同时，城市居民的意识形态发生了变化。这一时期的社区花园是由草根阶层建造的、由城市居民领导的，而不是以前由革命家或战争运动者领导进行的社区花园。为适应日益增长的兴趣，人们在全市范围内自发形成组织，以协助建立其他新的花园社区。像纽约的城市绿色游击队（City Green Guerillas）、西雅图的 P-Patch（Seattle P-Patch）、波士顿的都市园丁（Urban Gardeners）和费城的绿色（Green）这些组织在土地收购方面都提供了志愿者和工作人员援助、园林建设、教育项目等活动。③

同时，公共和私人投资的增加与扩大移民社区之间的耦合导致了许多土地被废弃及有意拆除了许多建筑物。"在城市中，瓦砾的空地成倍增加，变成了

---

① Efrat Eizenberg. From the Ground Up: Community Gardens in New York City and the Politics of Spatial Transformation [M]. Farnham, Burlington: Ashgate Publishing Limited, 2013: 17—18.

② 钱静. 西欧份地花园与美国社区花园的体系比较 [J]. 现代城市研究, 2011, 26 (1): 86—92.

③ Laura J. Lawson. City Bountiful: A Century of Community Gardening in America [M]. Berkeley: University of California Press, 2005: 205

城市卫生、暴力、犯罪和缺乏娱乐设施等问题的温床。"① 无论是对领导人还是对园丁而言,园林被誉为更美丽和健康世界的象征。② 面临着种族关系紧张、城市人口减少、财产被遗弃,以及城市更新项目的状况,当地居民和积极分子试图回收和重建社区,扩大园艺在他们社区的空间。城市居民为社区的发展做出了努力,从而演变为社区花园,其他如美化园艺、营养健康、创收和教育等动机也促成了人们在空置地区和其他未被充分利用的地区上建造花园。开始的时候,人们在空地上和树坑边种植鲜花,在栅栏上扔"种子炸弹",把垃圾遍地的空地变成了公共绿地,或者建为用于娱乐、园艺的场所,甚至是小规模的城市农业地。

社区花园在20世纪70年代复苏具有重要的社会影响。1978年成立的一个社区花园组织"绿拇指"在推动新时期美国社区花园发展上起到了重要作用。"绿拇指"负责监督和鼓励社区团体开发社区和管理开放式的空间项目。这一时期还纷纷成立了其他组织,如纽约的园丁联盟,1983年成立了美国国家社区花园协会(ACGA)。③

20世纪80年代以来,美国城市社区花园已经开始蓬勃发展,也面临着资本力量的冲击。但是随着金融和房地产市场的复苏,政府改变了他们对社区花园的态度。金融与房地产市场复苏必须让更多城市的中心区域被写字楼、办公楼占据。纽约市政府将许多城市花园进行拍卖,并公开谴责花园是自由市场经济的障碍。市政府对城市社区花园的威胁引起了公众的强烈抗议,园丁、邻居和当地的绿色组织聚集在一起,为反对根除社区花园而努力。他们在街道上游行,在市政厅前抗议,并将自己绑在花园的大门上,以阻止推土机。在这些激烈行动的抵制下,纽约市政府作出了让步。2000年2月,纽约市签署了一项法庭禁令,要求停止对所有社区花园的破坏。虽然一些社区花园已经遭到破坏,但是该法令还是阻止了其他许多社区花园被破坏。④ 因此,纽约市没有改变城市社区花园的现状,只是要求居民遵守园艺许可和花园审查程序。这是城市公共空间争夺的必然。

---

① Francis M, Cashdan L, Paxson L. Community Open Spaces: Greening Neighborhoods through Community Action and Land Conservation [M]. Washington, DC: Island Press, 1984.

② Laura J. Lawson. City Bountiful: A Century of Community Gardening in America [M]. Berkeley: University of California Press, 2005: 287.

③ Efrat Eizenberg. From the Ground Up: Community Gardens in New York City and the Politics of Spatial Transformation [M]. Farnham, Burlington: Ashgate Publishing Limited, 2013: 20—21.

④ Efrat Eizenberg. From the Ground Up: Community Gardens in New York City and the Politics of Spatial Transformation [M]. Farnham, Burlington: Ashgate Publishing Limited, 2013: 21.

时至今日，美国社区花园建设在获得城市用地和学校设立方面仍有较大困难和阻碍。主要就是土地的产权问题。今天大多数社区花园都是在捐赠或短期出租的土地上建造的。根据1996年美国社区园艺协会（ACGA）的一项调查，38个城市中只有5.3%的花园拥有永久的土地信托。另外，ACGA调查也发现，造成园林流失的主要原因是园丁们缺乏兴趣，随后将土地留给公共机构或私人所有者。不过，每年建造的花园比失去的花园还多，虽然地点和参与者的数量可能有所改变，但是城市社区花园的数量还是在逐步地增长。[①]园丁或花园管理者的流动造成了这类社区花园的不可持续性。

二、美国社区花园建设的经验

（一）建立人与环境的审美关系：审美参与与造美实践

花园是一种人工自然或者文化的自然。花园被理解为一种自然与人类之间相互依赖的有意义场所。个人与共同体塑造和滋养了自然，通过建造花园来与自然相互作用能够促进福利。花园体现了人与环境的有机联系，其中存在一种关心伦理与审美参与。关心伦理确保了现有环境的永久化，同时，审美参与能够激励我们在自己所住的空间里实施绿化运动。[②]

审美和庆典是人们体验花园的核心。审美和庆典是城市居民与环境相互作用的组成部分。社区花园的审美和庆典活动对社区居民个人的日常城市生活经验具有积极价值，也是一种空间斗争的策略。

审美指的是对环境的美丽和满意程度的感官体验，以及有机会参与创造性活动并在此过程中产生美感。[③]花园提供了一种不同于其他建筑环境和城市公园的独特而多样的审美体验。它们在植被（树木、灌木、花卉、水果、蔬菜、水草、草药等）、动物（主要是鸟类、蝴蝶和蜜蜂、乌龟、鱼、松鼠、母鸡等）、设计结构（长椅、工具棚、露天剧场、舞台等）、设计元素（个人地块、高架地块、草坪、池塘等）、艺术展览（雕塑、壁画、曼陀罗等）和艺术活动

---

① Laura J Lawson. City Bountiful：A Century of Community Gardening in America [M]. Berkeley：University of California Press，2005：12.

② Mike T Carson. Long-Term Human-Environment Relations [M]. New York：Springer International Publishing，2016：xiv.

③ Efrat Eizenberg. From the Ground Up：Community Gardens in New York City and the Politics of Spatial Transformation [M]. Farnham，Burlington：Ashgate Publishing Limited，2013：43.

（剧院和音乐表演、电影放映、艺术展览等）方面独具特色。① 因此，参观城市社区花园的游客可以根据他们的喜好获得各种各样的审美体验。

园丁是美境营造者。园丁通过对植物、石头和花园结构的设计，创造出他们自己的审美视野。社区花园作为城市的开放创意场所，对观察者和艺术生产者都是开放的。在 20 世纪 80 年代，花园是城市中唯一的公共艺术空间。后来，这些公共艺术从城市的街道上被清除了，不过今日仍然可以看到一些遗留的公共艺术。如在花园边缘的建筑上有许多壁画，这些壁画表达了各种各样的社会评论和政治评论。一些内容是关于园丁们发起的土地斗争，另一些则涉及诸如自由、社区、自然等抽象问题。

庆典与审美体验相互作用。"庆典活动在花园中通常表现为聚会、街头游行、社区野餐、音乐和舞蹈，以及为儿童和成人提供的各种休闲工作坊和节目。但庆典活动也表现在简单而不被精心安排的活动中，如与孩子玩耍、寻找宁静的地方、观察大自然以及阅读。"② 简而言之，在花园中，休闲的实践活动是十分丰富并受到赞许的。社区花园允许所有市民，无论是富人和穷人，都可以参与花园的庆典活动和审美体验。这种无成本的免费的活动能让居民们获得更多的自由体验。因而，花园活动参与者可以比在付费活动中更积极地参与表演或讨论。

社区花园中经常发生的集体创造活动是公共空间觉醒的实例。"这一生产过程可能被理解为马克思所说的物种的物化，因为他们不仅在意识中复制自己，而且在现实生活中也是一样的。通过对集体经验和行为的客观化，人们可以在他们创造的世界中思考自己的价值，同时在社会关系结构中为他人提供东西，并以这种方式创造文明。"③

根据美国公民集体狂欢的消逝迹象可知，美国新兴的资本主义聚焦于底线并显示出了对"规范的人类劳动"的渴望。在这种方式下，休闲就代表着宝贵资源的浪费，因而，庆典活动没有可取之处。特纳认为，集体狂欢是一种普遍的能力，并将其视为在一个平等的群体中产生自发的爱和团结。列斐伏尔认为，社区花园将审美和庆典作为"自然审美"的改造项目，这是一种"高创造

---

① Efrat Eizenberg. From the Ground Up: Community Gardens in New York City and the Politics of Spatial Transformation [M]. Farnham, Burlington: Ashgate Publishing Limited, 2013: 44.

② Efrat Eizenberg. From the Ground Up: Community Gardens in New York City and the Politics of Spatial Transformation [M]. Farnham, Burlington: Ashgate Publishing Limited, 2013: 46.

③ Morrison K. Marx, Durkheim, Weber: Formations of Modern Social Thought [M]. Thousand Oaks: Sage, 2006: 404.

性活动"的水平。① 在这种活动中,享受自然的乐趣并不局限于物质的消费,而是由自然生活的自发性和最初的创造性所驱动的。艺术将被重新融入日常生活中。每个人都将通过艺术家的眼睛感知世界,通过音乐家的耳朵和诗人的语言来享受。

因此,社区花园是一种培育公共审美体验的典型场所。公民在其中的审美参与、园丁们的造美与护美,这些都证明社区花园本身是非常重要的公民美育实践。本身"这些场所的投资是审美的。建造花园的初始动机,城市居民表达的奇迹。花园是具体的装饰,建构了都市结构,丰富的风景和情境,但是这也是一种伦理投资——符合各种意义上的更好生活的期望:集体的和个体的。美的形式指导走向更好生活的方案里的行为。重要的是要鼓励居民的审美参与,这与丰富而不同的社会分析和环境分析一样重要。正是责任发展了一种与环境的建构性联系"②。

(二)建构审美实践共同体

花园是一种人工与自然的混合空间,是"作为人类的创造实践与自然体验之间深层共同依赖的象征"③。营造和维护社区花园的美丽过程的结果是形成了一种审美实践共同体。

社区花园是集体建造的。虽然社区花园不一定是由一个团体发起的,但它从来都不是一种个人项目。"社区园丁的集体是从团队基础上培育出来的,它是通过邻居在空间上的实践和他们的经验来产生和维护的。"④ 为了能创造和维护一个社区花园,居民进行了多年的合作,他们共同决定并共同利用花园的空间,这已成为他们日常生活的一部分。花园的真正价值和独特性在于通过不同的人、不同的想法、不同的投入和需求来实现共同的目标。与此同时,通过这些共享的产品,个人成为共享产品的一部分。在生产花园的过程中,个体当然会成长和发展,但他们并不是彼此独立成长;相反,他们一起学习,一起社交,并依附于共享的产品和其他生产者。"园丁的集体是建立在一个基于正在

---

① Efrat Eizenberg. From the Ground Up: Community Gardens in New York City and the Politics of Spatial Transformation [M]. Farnham, Burlington: Ashgate Publishing Limited, 2013: 43.

② Mike T Carson. Long Term Human-Environment Relations [M]. New York: Springer International Publishing, 2016: 160.

③ Mike T Carson. Long Term Human-Environment Relations [M]. New York: Springer International Publishing, 2016: xii.

④ Efrat Eizenberg. From the Ground Up: Community Gardens in New York City and the Politics of Spatial Transformation [M]. Farnham, Burlington: Ashgate Publishing Limited, 2013: 85.

进行和每天共同生产空间的参与者之间的多维关系的基础上的。"①

自 20 世纪 70 年代初以来，社区花园通常是由几个邻居共同发起的，以创建一个社区花园的小群体。有时是一个人发起了行动，并激发其他人效仿。起初，他们在一片布满碎石的空地上种上了花，然后又开始清理整块土地，并种上植被。在这一过程中，越来越多的居民加入改变社区的努力中，他们进一步建立了他们的花园小组。这个花园小组负责组织他们的成员，并制定他们的规则。

城市居民为何要参加花园活动呢？人们的回答显得十分实用。第一，为了新鲜、美味的食物。第二，花园活动是一种简单乐趣的休闲活动。第三，居民们认为有必要加入一个共同体。这个花园融入了园丁们的生活故事，以一种维持着园丁的"自我"的方式延续。所有的建筑、园艺、社交和为花园而战的工作都让参与者之间有了强烈的共同感。

在大多数情况下，园丁是社区花园空间的生产者。花园为园丁提供了对环境的一种控制和拥有的感觉。起着连接过去和现在作用的城市花园有助于维持参与者的一种持续的空间自我意识，并起着身份认同和识别功能。花园是园丁可以对空间进行高度控制的地方，也是园丁自我表达和创造力的出口。花园为参与者提供了一种安全感和意义。除了引入空间多样性和对现有环境空间的识别，社区花园也承载着人类的多样性。各种各样的人都能在花园里找到自己的位置。这种多样性往往会导致花园产生内部冲突，园丁通常将这种内部冲突定义为个性问题。在大多数情况下，尽管园丁们有着不同的个性，但他们在社区花园中只是学会了一起工作。按照情境学习的理论分析，个体加入花园建造的过程就是一个成员身份确定、共同体形成的过程。

社区花园最初聚集在贫困社区。然而，随着 20 世纪 80 年代的城市结构调整，其他有着较高的社会经济地位的居民加入花园建造中来。美国的城市社区花园开始了中产阶级化。花园容纳了更多的人，形成了一种依靠政府补贴生活的居民与富裕的居民一起在花园工作的场景。这种共同体是一种审美实践共同体，其核心构成要素不是经济、阶层，而是对花园的热情与喜欢。

社区结构的变化影响着社区花园内的社会动态，并产生了一些挑战。花园作为生产新鲜农产品和新鲜空气的社区资源，作为文化表达的场所，作为一种娱乐设施，或者作为一种意识形态的运动场所，尽管存在一些内部的挑战，但

---

① Efrat Eizenberg. From the Ground Up: Community Gardens in New York City and the Politics of Spatial Transformation [M]. Farnham, Burlington: Ashgate Publishing Limited, 2013: 85-86.

是花园让来自各行各业的人们聚集在一起,并通过不同类型的活动来维持花园社会的多样性。花园为园丁和非会员访客之间的巧合互动提供了一个环境。此外,花园的日常运作要求园丁们在会议、工作和活动中进行协作。

花园帮助居民熟悉他们的社会环境,了解他们的邻居。与此同时,他们还为居民提供体验不同类型的互动的机会,包括一起工作、一起享受艺术、一起亲近自然和一起创造新的东西。"一般来说,现代城市生活往往会导致人们疏远来自周围环境的人。然而,通过与周围的空间进行接触,并将花园作为支持有意义关系的环境,居民就有可能改变这种疏离感。"① 花园成了园丁们积极地构成地方身份的重要组成部分。由于社区花园美化社区并为其安全做出贡献,为社区居民创造了身份认同的条件,并为非园艺居民提供了积极的身份认同。因此,花园可以容纳各种身份的居民,同时又将他们重新塑造为多重身份的参与者。花园既可以包含也可以再现社会的多样性。

花园的空间和它所建立的实践可以使不同身份的居民融合在一起进行合作,并从中获得独特的体验价值。"社区可以被理解为个人空间里的情感关系通过文化身份构建有价值和有意义的身份的场所,也可以被看作是日常生活的物质环境和社会关系的产物。"② 换句话说,身份是一个社区的产物。它仍然是在展示社区在社区花园中形成的方式,它是在有意识的政治行动中重建政治身份或主观身份的。

参与社区花园的目的多样性到身份多样性,说明社区花园的审美者、园丁都具有较强的异质性。社区花园建设活动成为社区民众的共同事业,为他们创造了身份认同的条件,最终走向一种审美实践共同体。

但是,社区居民构成的变化和园艺者的变化还是给城市社区花园带来了一些困难和冲突。在一些社区花园中,出现了排外的现象,而不是对多样性和谐的接受。例如,纽约市东村的花园过去一直由波多黎各人统治,直到20世纪80年代中期,"艺术家园丁"来到了这个社区才改变了这种状况。在21世纪头十年,这个社区已经呈现出更大程度的种族多样性(相对于20世纪80年代之前的西班牙裔),但它的花园维持了白人或拉丁裔园丁的优势。因此,种族界限并没有被抹去,反而实际上得到了加强。

---

① Efrat Eizenberg. From the Ground Up: Community Gardens in New York City and the Politics of Spatial Transformation [M]. Farnham, Burlington: Ashgate Publishing Limited, 2013: 56.

② Efrat Eizenberg. From the Ground Up: Community Gardens in New York City and the Politics of Spatial Transformation [M]. Farnham, Burlington: Ashgate Publishing Limited, 2013: 56.

(三) 现场学习

社区花园的建造及其活动的学习机制是情境学习和社会学习。基于场所的学习，这是社区花园发挥其社会教育功能的重要方式。

社区花园是一种教育场所，并为社区居民提供了一个休闲娱乐的公共开放空间。居民可以带孩子参观社区花园里的种植物，孩子通过感官的刺激而加强其对事物的认识。同时，在社区花园中孩子可以无拘束地进行体育活动。社区花园也是家长同孩子进行亲子互动的场所。孩子可以在这里与不同年龄、不同成长背景、不同性格的孩子一起交流玩耍。同时，社区花园提供了一些动手的活动。比如，让孩子们帮忙拔花园里的萝卜，并放置在储物室中。在这样的活动中，孩子们学会了相互协作，提升了其沟通表达能力。"家长表示，他们会带孩子去社区花园中参观园丁们的劳作，并让孩子通过观察了解到不同种植物的播种时节，掌握简单的铲土等劳动技能。"[①] 通过让孩子切身体验，让孩子明白食物来之不易，不能浪费食物。在社区花园的实践中，家长增进了同孩子的情感交流，并身体力行，教会孩子掌握生活技能，培养其独立意识，同时，培养了孩子知礼节、勤恳、刻苦的品德。

学校同社区花园进行合作，开发了校本课程，并通过组织学生参与到花园的实践中，让学生通过实践去理解所学的科学知识和人文知识。甚至有学校将课堂搬到了社区花园中，通过学生先观察，教师引导提问，学生动手操作，教师再进行讲解的方式学习。让学生在这一过程中学会分工合作，学会学习，并提高了他们的动手能力。除了书本和实践学习，社区花园也有助于学生的美感培养。在教师的引导下，学生在社区花园中有自己的直观的感受，并通过活动培养学生发现美、欣赏美和创造美的能力。在美感教育的过程中，通过活动培养学生的道德意识，增强其生态保护意识。社区花园也为大学生提供了暑期社会实践的机会，以促进学生将所学知识和具体实践相结合。同时，在花园中的劳动中，学生们掌握了许多生活技能，培养了集体协作意识和独立自强的意识。通过与园丁们和其他参与者的交流，学生能发现自己存在的不足之处并学习别人的优点，搭建自己的人脉网络。从实践活动中，学生们培养自己吃苦耐劳的品性，形成自己的价值观。这种在实践中、交往中的学习就是一种典型的社会学习。

社区花园是由一个具有领导力的居民或组织发起的。首先，他要征求社区

---

① Jeremy N Smith. The Urban Garden: How one Community Turned Idle Land into a Garden City and How You Can, Too [M]. New York: Skyhorse Publishing, 2015: 95.

居民的意见,确定有多少居民会参与到社区花园的建设中来。然后清理空地,根据地方储物所的需要或居民捐赠的种子来确定种植什么。社区花园的建设在一开始没有明显的规划性。随着居民的加入和园丁的确立,社区成员对花园进行设计和规划。这一过程增强了人们的集体意识,提高了人们的团队协作能力。花园的设计规划体现了参与者的价值观和美感认识。通过不断地改进花园的布置,居民的美感体验得到强化。虽然居民加入花园的目的有所不同,他们做事的方式也不相同,在花园的活动中无可避免地会产生一些冲突,但是为了花园的发展,参与者学会了如何同他人相处、如何与他人协作。花园产出的食物用于捐赠给经济困难的人,这大大增强了居民的社会责任感。社区花园从建立到发展壮大,都是园丁和社区花园成员共同参与的。因而,在这个过程中,他们有了很强的归属感和安全感。

他们的行动影响着更多的居民加入进来,这极大地增强了社区居民的社会认同感。在社区花园的建造中,他们共同学习,共同进步,共同创建更好的生活环境,共同承担社会责任,共同为社会的发展做出贡献。

社区花园的空间是过去与现在、个人自我意识与身份的连接。人们对社区花园的控制程度以及他们对环境的所有权意识得到了增强。园丁珍惜这些花园,因为它们在城市环境中不易获得。这一过程正是情境学习理论所说的从新手到熟手、从边缘人到共同体核心成员的演化历程。

园丁的人生故事和环境自传揭示了成员们如何加入社区花园的另一种方式。当参与者把花园的重要性描述给他人时,他们经常会介绍他们当园丁的故事,那就是他们发现花园对他们很重要的方式。"成为一名社区花园的园丁给他们的生活带来了巨大的变化,足以被记住并融入他们的人生故事中。"[1]

在社区花园的营造及其空间里,居民们创造和发现了许多机会,提高了他们的生存实践能力,并恢复了他们作为有意义的社会参与者的尊严。那些被边缘化的居民或群体找到了在社会领域中重新建构自己身份的方法。通过纯粹的创造性工作,人们把花园变成了一个舒适和平衡的空间。"这些被发现的机会只是一个居民空间发展的平台。新发现的机遇是居民批判性思维、政治意识、政治话语和政治实践进一步发展的基础。"[2]

---

[1] Efrat Eizenberg. From the Ground Up: Community Gardens in New York City and the Politics of Spatial Transformation [M]. Farnham, Burlington: Ashgate Publishing Limited, 2013: 76.

[2] Efrat Eizenberg. From the Ground Up: Community Gardens in New York City and the Politics of Spatial Transformation [M]. Farnham, Burlington: Ashgate Publishing Limited, 2013: 81.

(四) 社区花园建设的内部文化民主

社区花园建设也是建构城市公共空间的重要方式。公共空间的争夺与公民权利声称的冲突是当前社区花园发展的重要障碍。这也是影响国民审美参与的重要障碍。

在 20 世纪 80 年代末,社区花园失去了他们在城市中享有的合法地位。"他们的存在突然与重新崛起的市场力量发生冲突。这一变化可能是花园正当合法权的分水岭。"① 园丁为了争取社区花园的合法地位展开了斗争,部分斗争实际上是关于主张和承认他们的团体身份。而个人动机是为了某种利益而作为一个集体成员去组织和共同行动。"地方的意义在于,社区成员在同一土地上有共同的投资。然而,投资有不同的含义。一方面,投资者追求使用价值最大化,公共生活空间的含义和用途是作为一个社区使用。另一方面,投资需要追求交换价值,即空间的意义和用途是商品。"② 在追求使用价值和追求交换价值之间产生的冲突,是栖居利益和积累利益之间的冲突:使用、安全、舒适、自治与交换、公平、流动性和遗产之间的关系,社区园丁与城市行政之间的斗争代表着城市空间的"相互竞争的权利"。社区花园是社区空间的一部分,为特定地区的居民服务,因为成了投资冲突的场所(私人与公众的对立),从而引出了集体的形成。花园的集体为土地的权利而斗争,为其成员提供花园的使用价值。③

社区花园的财产权利必然是排外的。拥有财产权可以使其占有人排除不受欢迎的人。更简单地说,私有财产本质上包含了公众访问和使用空间。在大多数情况下,社区园丁属于一个被剥夺了土地所有权的社会群体。他们主要是租房者而不是房屋所有者。在空间的斗争中,集体的大小是一个非常重要的组成部分。他们需要大量的花园和大量的园丁,以产生政治影响力,保护和规范这类开放空间。

(五) 成功的外部保障措施

"美国社区花园的共同特征是由一些非营利组织、私人团体或者地区议会、地方政府将其所有的或租用的闲置土地分割成小块廉价租借或是分配给个人和家庭用于园艺或农艺,并且有志愿者提供技术支援、协调及管理等服务,亦可

---

① Efrat Eizenberg. From the Ground Up: Community Gardens in New York City and the Politics of Spatial Transformation [M]. Farnham, Burlington: Ashgate Publishing Limited, 2013: 89.

② De Filippis J. Unmaking Goliath: Community Control in the Face of Global Capital [M]. New York: Routledge, 2004: 6.

③ Efrat Eizenberg. From the Ground Up: Community Gardens in New York City and the Politics of Spatial Transformation [M]. Farnham, Burlington: Ashgate Publishing Limited, 2013: 90.

由居民自发组织起来的团体自行管理运作。"[1]

1978年建立的"绿拇指"在社区花园的发展中起着重要的作用。该组织向所有在城市管辖范围内的社区花园提供许可证，并鼓励公共土地信托（TPL）和纽约修复项目（NYRP）的花园获得许可，并接受来自城市的各种服务。社区花园的集体规模是很重要的，成员数量在一定程度上代表的是金钱和权力，是管理的核心要素。因而，"绿拇指"许可一个社区花园小组至少需要其拥有 10 名成员。

"绿拇指"的任务是培养园丁，帮助园丁解决问题，以维持其成员的生存。"绿拇指缺乏一个对于花园社会或环境的议程，只是被视为一种技术官僚机构。"[2] "绿拇指"为园丁提供了帮助和服务，但同时也让许多花园失去了潜在可用的土地。

"绿拇指"十分注重保护花园的草根特性，但这种态度也让园艺部门和公园部门很容易失去其他用途的花园用地。面对这样的态度，许多园丁认为城市没有完全忽视他们，但同时也不鼓励他们，也不保护他们。因为，对城市而言，具有正式地位和重要性的都是公园和游乐场。所以，园丁必须维护自己的利益，而不是依靠外部的实体，比如让"绿拇指"来代表他们。

三、结论：美国社区花园运动对公民审美实践的启示

美国社区花园运动属于一种日常生活环境的改造与维护，类似于我国一些城市的"微绿地""街头草坪"。这也是美丽中国建设的重要内容。在社区花园的建设过程中，在邻里公民审美过程中，以及在维护社区花园的运转过程中，都揭示出了社区花园在培养民众的环境审美意识和环境保护意识、增进社会凝聚力、提升城市环境质量方面具有重要的价值。更重要的是，这种环境营造和保护的措施虽然因为个体行为和群体行为居多，缺乏足够的公共性而不为美国政府承认，但是它的确是自下而上的美化环境、提升民众美化环境意识、责任和能力的重要途径。它的功能、措施、意义都与公民美育的审美参与实践相契合。因此，虽然存在土地产权问题、后续管理难以保证等障碍，但是仍值得我们借鉴，从中吸取教训、获得经验，最终提升我国民众的公共环境审美素质，以及保护自然环境和生活美境的能力，让我们自己生活在美丽整洁的环境之

---

[1] 钱静. 西欧份地花园与美国社区花园的体系比较 [J]. 现代城市研究，2011，26（1）：86—92.

[2] Efrat Eizenberg. From the Ground Up: Community Gardens in New York City and the Politics of Spatial Transformation [M]. Farnham, Burlington: Ashgate Publishing Limited, 2013: 88.

中。对己而言,"诗意地栖居"彰显了为人的尊严,同时,也让自己生活的社区成为宜居和可持续发展的美丽家园。

第三节 中国式公共美境营造实践

我国营造美丽公共环境的举措发展比较缓慢。这不仅有土地制度、参与传统方面的原因,更有民众生活方式方面的原因。随着政府对城乡环境综合治理与环境保护的大力推动,社会民众自发地组织起来,积极参与到环境治理与保护中来,倒是值得关注的现象。而且公益组织、志愿者也纷纷加入进来,环境保护似乎已经成了一种时尚。

一、中国式的审美参与实践

近年来,随着雾霾、PM2.5等词汇成为人们的口头禅,民众的环境意识大大增强了,但是环境保护意识却没有跟上。在环境污染的严峻形势下,民众选择通过口罩、净化器自净。也有一些个体选择自发地维护环境或者维护自己的或公共的绿地等美丽整洁的环境。

四川资阳市雁江区有位叫魏华君的老人。1991年他随女儿搬进城里,居住在九曲河边的晶鑫小区。魏华君对九曲河有很深的感情。早在1959年,他就作为乡里的优秀共产党员和村干部被选派到资阳县城参加学习,曾参与改道九曲河、增大耕地面积的整治义务劳动。这里有他年轻时的回忆。现在他每天出门就看到九曲河,又亲眼见证了九曲河市容市貌整治改造工程。看到崭新的九曲河里有一些漂浮垃圾影响美观,他就有了维护九曲河干净美丽、让市民享受优美城市环境的愿望。2007年,他用铁丝、铁柄、绳索和网箅等材料自制了一个抛撒自如,能够准确将河中十多米外的垃圾打捞上岸的矩形神器。他每天提着塑料袋和绳索、网兜,坚持上下午到九曲河义务打捞流经城市的8公里河面垃圾,维护着城市河面的清洁。① 对这条河流的情感与它曾经的美丽,让魏华君执着地维护着九曲河的美丽整洁。

霍岱珊,1953年生,河南省周口市沈丘县人,原《周口日报》摄影记者。1998年,他辞去公职专门进行淮河污染调查。他是第一个向公众揭示了淮河十年治污不成的真相和癌症村的生态灾难的人,并创办了淮河流域第一家民间

---

① 吴传明. 资阳八旬老党员十年义务守护城市河道美丽［EB/OL］.（2017-08-04）［2019-09-01］. http://sc.wenming.cn/tpxw/201708/t20170804_4371230.shtml.

环保组织——淮河卫士。他的家乡有条河叫沙颍河,是淮河最大的支流。"60年代,沙颍河水清可宴茶。那时候,沈丘的河岸旁常站立着一个看帆的少年,眼见成队的帆船从远方驶来又开去,一望就是半天。船民娶亲的风情也让他迷醉,红衣新娘和碧水白帆,深烙在少年的记忆之中。在后来的岁月里,少年身旁的这条大河逐渐沦为淮河流域污染最严重的水面。在每年长达7个月的枯水期,沙颍河水呈酱油色。晚上,污水在岸边积起粉色的泡沫,太阳一出来,泡沫噼啪爆裂,发出恶臭。河水碰到眼睛,眼睛就肿成一条缝。这个叫霍岱珊的少年长大后成了一名摄影记者,他看惯河水的美,如今却只能用镜头来记录它的污秽"①。从20世纪80年代末开始,霍岱珊就不断向有关部门反映沙颍河的污染状况。"霍岱珊向国家环保总局下属《中国环境报》申请,得到了对淮河流域1997年达标后情况进行后续调查的委托书。拿着这份委托书,他离开了《周口日报》社,开始沿淮河拍摄、调查。最初,霍岱珊的目标只是把淮河水污染的真实情况大白于天下。他以为,少则一年,多则两年,把淮河从头到尾走上一遍就可以完成自己的使命。没想到,这一走,就再没有停下来。"②从最初的关注河水是否清澈,到后来他更加关注河流两岸的人的生存状况。霍岱珊自发地进行环保的行动,源自对儿时美丽清澈的家乡河的情感与记忆。

这两位个体环境保护者,都是基于对家乡环境的深厚情感,对往昔河流美丽的记忆,积极参与到家乡的环境保护行动中来。这就是审美参与。

上述两位参与环境治理与保护的个体行为彰显了中国式环境营造的独特性。第一,个体化行为的公共性。一般认为,这种审美参与环境保护是个体化的行为,不具有强烈的公共性。但是,在中国文化情境里,在美丽中国建设的语境里,"山河""大地"都具有强烈的民族国家特性。这是中国独有的审美特性。描绘了中国山河的壮美,体现了中华民族环境美学的重要特质——家国情怀。"自然山水审美导向家国情怀具有必然性。"③但这正是中国式环境保护的文化特质,也是审美参与的公共性体现。这是一种文化的公共性。

这种审美参与具有地方性。如前所述,段义孚的"恋地情结"能够解释这一乡恋情感。一种地方的情感依恋让老一辈的公众有着较强的环境自觉。爱家乡不是抽象的,而是具体的、生活的,而且是烙在个体身上而不自觉的。也许只有当他们看到了这种对比,感到失落,才会出现这种"恋地情结"。但是,

---

① 曹红蓓,霍岱珊. 守望淮河的人 [J]. 中国新闻周刊,2004 (38):46—47.
② 曹红蓓,霍岱珊. 守望淮河的人 [J]. 中国新闻周刊,2004 (38):46—47.
③ 陈望衡. 中国美学的国家意识 [J]. 文学评论,2016 (3):11.

如果没有早期对家乡的审美体验,即使给予适当的情境,也难以激发出"恋地情结"来。

二、自上而下与自上而下的弹性合作机制

个人的力量是单薄的,但是在这种文化公共性的引导下,这些具有共同乡恋情怀的人如何组织起来,发挥更大的力量,形成一种审美实践共同体,这倒是当下民众环境保护者需要关注的。这是一种自上而下与自下而上相结合的环境治理与保护的路径。

政府无疑是今日环境保护的主力军。政府治理与保护环境是自上而下的路径。以四川渠县为例。自2008年的城乡环境综合整治行动以来,"渠县整个社会正发生着一场深刻的变化:从曾经脏乱的场镇到如今美丽的农家小院,从随手乱扔、随口乱吐到带头戒除并互相监督;从乱搭乱建到统一按规划建设;从干部逼着群众干到现在群众逼着干部继续干;从请不来投资者到商家主动上门考察……"[①] 在这之前,渠县的环境非常糟糕:城区"高大密、一线天","雨天一身泥、晴天一身灰",农村更是柴草乱堆、垃圾乱扔、污水乱流。好不容易邀请来客商,一到渠县,看到渠县的环境就皱眉头,拂袖而去。外商招不来,资金引不进,"人口多、项目少、交通差、财政难"的渠县,发展举步维艰。[②] "抓环境就是抓发展,抓环境就是抓民生!"[③] 最初,民众都持一种看戏的态度,认为这是领导在作秀,"连很多干部都觉得又是一个'面子'工程,不过是粉粉墙、扫扫地,敷衍检查而已,搞不了多久"[④]。这样,城乡环境综合治理成了一种移风易俗的社会运动。渠县环境治理最重要的经验就是人的改变。第一是干部作风的转变。整肃干部作风成了渠县环境治理的前奏。所有县委常委分片承包区域,并对仍未改变的区域进行曝光。"所有县领导、各大局长、乡镇负责人均扛着扫帚走上街头。刚开始,有些干部觉得脸面拿不下来,

---

① 李斌,陈庆. 嬗变——渠县城乡环境综合整治纪实[J]. 四川党的建设(城市版),2009(12):46-48.
② 李斌,陈庆. 嬗变——渠县城乡环境综合整治纪实[J]. 四川党的建设(城市版),2009(12):46-48.
③ 李斌,陈庆. 嬗变——渠县城乡环境综合整治纪实[J]. 四川党的建设(城市版),2009(12):46-48.
④ 李斌,陈庆. 嬗变——渠县城乡环境综合整治纪实[J]. 四川党的建设(城市版),2009(12):46-48.

心急火燎地扫完后,赶快走人,生怕被群众奚落。"① 渐渐地,民众也从看热闹、奚落,逐渐觉得不好意思,到后来主动要求自己扫。第二是良好的群众工作方法。一位社区支部书记说:"我们不能只是堵,特别要做好疏导工作,要从老百姓利益的角度去处理事情。老百姓明白了,并不是不让他们挣钱生活,而是规范秩序,帮他找门路,就不会有怨言了。"② 他们认为,只有搞好了群众关系,依靠群众,环境才会保持面貌不反弹。因为"群众已经适应了整洁舒适的环境,一旦反弹,他们绝不会答应……县环治办和县广播电视局开通了两部热线电话,欢迎居民对环境整治工作问题进行举报。一旦查实,将通过各种媒体途径进行曝光。同时,县环治办认真处理群众反映的问题,每一件都仔细记录,快捷回应。另外,通过'蒙山论坛'等网站,县委、县政府广泛搜集社情民意,及时发现工作疏漏,随时调整工作方案,为环境治理工作的'干净、整洁、规范、有序'夯实了民意基础。去年以来,渠县从下岗失业人员、返乡农民工中新聘保洁人员320人,总数超过1000人的保洁队伍对县城主要街道实行定时段清扫、全天候保洁,对乡镇街道加大清扫保洁力度;新聘交通协警50名、城管人员40名,协助维护交通和市场秩序"③。这些防反弹的举措恰恰就是依赖群众、发动群众。如果一味靠政府监管,那么将很难杜绝乱扔垃圾、乱排乱放等行为。

的确,在环境污染的治理上,公众是没有能力做的,比如治理水体、土壤和大气的污染问题。公众的审美参与是一种公民参与,在维护日常生活环境的美丽整洁上,公众是主力军,在坏境治理的监督上可以有所作为。

自然环境进入了今日公民权的视野,而生态公民权也让公民权的形式多样化,在范围上从国家政府拓展到自然界和非政府组织等领域。个人领域也具有重要的政治价值,即"个人的就是'政治的'"④。这是由环境问题的普遍性决定的。这也意味着在环境问题上,公民参与和政府主导没有对立。这是公私合作的一个重要基点。保持一种自上而下、自下而上的弹性合作机制是一种比较合理的选择。

---

① 李斌,陈庆. 嬗变——渠县城乡环境综合整治纪实 [J]. 四川党的建设(城市版),2009(12):46—48.

② 李斌,陈庆. 嬗变——渠县城乡环境综合整治纪实 [J]. 四川党的建设(城市版),2009(12):46—48.

③ 李斌,陈庆. 嬗变——渠县城乡环境综合整治纪实 [J]. 四川党的建设(城市版),2009(12):46—48.

④ 马克·史密斯,皮亚·庞萨帕. 环境与公民权:整合正义、责任与公民参与 [M]. 侯艳芳,杨晓燕,译. 济南:山东大学出版社,2012:译序 1.

就美丽中国建设而言，人们应该享有美好的生活与美丽整洁的环境，这是当前政府与民众的共同目标，更是我国政府与民众在环境的治理与保护上共同合作的重要基础。因此，中国式的美丽环境营造是政府的大力推动与民众的积极参与这种双向行动下形成的。

三、公共美境营造的社会教育途径

公共美境的营造既需要政府自上而下的推动与指导，又需要民众自下而上的积极参与。那么如何改变民众在环境问题上的冷漠与无感呢？一种基于环境保护、美境营造的社会环境美育或者说公民美育就势在必行。政府也非常支持环境教育，"积极强化城乡居民的环境保护意识，发动全民参与生态文明创建，让生态文明教育进课堂、进社区，提高了居民的环保意识、生态意识和责任意识，增强了生态文明建设的理念，形成了文明健康、绿色低碳的生活方式"[①]。这些教育内容也是合理的，但是还缺乏美育维度的意识和内容。

公民美育是在对公共环境的审美、造美、护美过程中培养人的公民意识和责任感的教育形式。从前面所说的魏华君、霍岱珊两位审美参与者的行动来看，这种教育要具有情感层面的内容，因此，公民美育对于增强公众环境参与的情感动力具有重要的价值和意义。这种公民美育是社会环境美育。

同时，针对我国公众环境治理与保护的个体性，社会环境美育要增强公共性，这才能成为公民美育。比如关于垃圾分类的宣传，余秋雨以自己的亲身经历为例，说我国对垃圾分类投入很多，宣传不少，但是依然扭不过城市居民"垃圾一袋装"的老习惯。"循循善诱看起来没有用武之地，就有了'史上最严'垃圾分类法规的出炉。广州、上海分别开始实施对垃圾不分类行为开罚的地方性法规。在这两个城市，违反垃圾投放规定的个人最高将被罚款200元。然而，效果却依然不理想。"[②] 他认为，这是因为没有上升到意识层面。发达国家的垃圾分类，已上升到"尊重别人"的地步，即"因为你心中没有别人"[③]。尊重他人，这就是公共道德的表现。因为我们要保护与治理的是公共美境。

社会公共美境教育或者说社会公共环境美育，最终在于形成一种审美实践

---

① 赵游龙. 青山绿水鸟虫鸣 生态宜居惠民生 [N]. 学习时报，2014—11—17 (011).
② 谢伟锋. 垃圾分类之窘或在于源头意识的跑偏 [EB/OL]. (2016—02—02) [2019—11—17]. http://www.rmzxb.com.cn/c/2016-02-02/692702.shtml.
③ 余秋雨在德国被拒租：因为你心中没有别人!. (2020—01—04) [2020—01—20]. http://www.360doc.com/content/20/0104/22/8743474_884184391.shtml.

共同体。因此，公民美育要加强公众的责任意识与参与意识。社会教育方法的特性是交往性与参与性。建构实践共同体即学习过程。日本学者末本诚举了一个社区教育与社区绿地维护的例子，我们借用来阐述营造公共美境中的社区参与问题。"有关社区小公园的除草问题，也可以成为居民共同的课题。母亲正领着孩子在公园的沙地上玩耍，旁边老年人打门球的场地却长满杂草。解决这种问题时，老人可能会若无其事地提议使用含有毒成分的除草剂，而孩子的母亲则从孩子的健康着想，反对使用药剂，提议人工拔草。这时，公园里茂盛的杂草就成为牵连着全体居民和地区的课题，如何解决，需要居民共同达成协议，也许还需要了解除草剂的药物成分。"① 从该事例中，我们还可以发现，学习共同体的集体学习方式主要包括讲述故事（使个人经验显性化）、社会交往互动、集体反思活动（行动学习）、问题解决等途径，但更重要的在于行动。

我们日常生活实践中仍有很多大家共同面临的公共环境问题或难题。从社区居民的立场来看，大到工程修建，小到路灯、下水道、楼梯间卫生等，各种各样的问题需要我们去努力解决它们。这些公共环境的营造和维护不论多么琐碎，都不可忽视，因为它关系到人们生息、生活的社区，关系到人们的健康、安危、宜居等审美状态。

审美参与是以解决问题为目的的教学策略。致力于解决问题的审美参与也是"通过参与去学习"，不仅能够提高地区居民解决社区环境问题的相关能力，还使地区以解决某种共同的问题为契机而团结一心，形成了一种共同体。"关于参与者，必须避免强制，持一种民主立场，即努力为所有的人提供'参与'的机会。地区社会旨在地区的团结，其共同的课题就在于提供尽量多的'参与'机会，因为这对每一个居民来说，意味着证明自己是否是以民主主义的主体而存在，或者是否有权对问题提出自己的主张。"② 因此，在公共美丽环境的营造与保护的问题上，这一共同体就成了审美实践共同体。这种公民审美参与也是一种日常生活中的学习。通过这种公民参与，这些社区民众的公民实践能力和审美批判能力逐渐增强了，以及对"地方"的情感日益浓厚，从而为公共美境的营造与保护提供了持续动力和重要基础。

---

① 小林文人，末本诚，吴遵民. 当代社区教育新视野[M]. 上海：上海教育出版社，2003：92—93.
② 小林文人，末本诚，吴遵民. 当代社区教育新视野[M]. 上海：上海教育出版社，2003：92—93.

第七章 公民美育的双重实践：社区与学校

公民美育作为美丽中国建设的教育途径，整合了生态教育、环境教育、美育与公民教育，以培养美丽中国建设主体。公民美育的内容包括了公共审美情感教育、公民审美批判教育与公民审美参与实践。公民美育是一种整合性的教育，需要多种资源与相应制度做支撑。在实践中如何实施公民美育是一个复杂的问题。本章探讨公民美育的实现机制。首先根据前面各章的分析概括公民美育的若干原则，这也是对前面各章公民美育论述的总结；其次从社会教育和学校教育两个层面，根据这些原则，运用个案分析，分别论述在学校和社区如何实施公民美育。关于公民美育实践的探讨既是为了深入理解公民美育的性质与内容，也是就如何实施公民美育为学校和社会提供一些指导与建议。

第一节 公民美育的七个原则

如何有效地实施公民美育，没有唯一的指南，但有一些重要的基本原则。本节归纳了七个原则作为学校和社会规划与评价公民美育实施方案的标准。前面三个原则解释了公民美育适用的场合与实施的意义，随后的三个原则分别涉及公民美育的目标、内容、方法、途径与主体，最后一个原则关涉公民美育实践如何组织与管理。公民美育的这七个原则既概括了公民美育论的基本观点，也为公民美育实践提供了指南。

一、公民美育是美丽中国建设的整合教育途径

公民美育是指通过营造、保护美丽整洁的生活环境与自然环境来培养学生的公民意识、参与能力和情感态度的一种公民教育理念和模式。这是公民实践的重要方式。公民美育最终培养的是美丽中国的建设者。公民美育是爱护、营造和维护美丽整洁的公共环境的要求。公民美育是环境教育、生态教育、美育、公民教育的整合。美丽中国建设的主体问题对教育提出了较高的要求。相比之下，当前分散割裂、各自为政的教育形式存在诸多缺失。美丽中国建设涉

及知识、技能、审美、参与、责任、情感等诸多要素，单靠某一种教育形式是无法做到的。正如环境教育或生态教育作为一种跨学科的教育形式，要综合考虑感性、理性等诸多矛盾庞杂的教育属性。因此，一条整合教育途径成了美丽中国建设的新路径。"公民美育"作为这种新路径的尝试，整合了美丽中国建设所要求的上述教育内容，成了美丽中国建设的一种教育途径，即公民美育是美丽中国建设语境下公民教育的新理念。公民美育致力于培养美丽中国的建设者。

美丽中国建设为学校公民教育提供了实施契机和新的要求。通过公民美育培养民众的审美素养、公民意识与公共参与能力是建设美丽中国的重要基础。通过环境的审美、护美、造美培养公民品质，这是美丽中国建设自下而上的教育途径。

二、公民美育培育公民对自己所置身环境的一种家园情感

公民美育强调公民对环境拥有一种家园情感，旨在培养公民改变脏乱污损环境的意识。因此，公民美育也是一种公共情感教育，为环境保护提供一种情感动力，把自然美、环境美的审美情感转化为环境治理与保护的意识、责任和能力。这包括对祖国山水的热爱、对自己家乡的爱恋。

这种基于乡土依恋的家园意识与美国学者利奥波德提出的土地伦理不同。作为农耕文化的中国文化对土地的理解具有中国历史的厚重感，更强调人与土地之间的审美关系的文化意义。在中国人眼里，土地早已不再单纯是土地，而是超出了其物质形态的意义，成为中国人安身立命之地。"家国情怀"是中国人对国家与民族情感的最好诠释。而土地、家乡、故土、故乡表达的乡土情结成为我们中国人的最根本的情结。乡恋是一种值得珍视的人对土地的情感。但是在现代社会里，通过营造与维护美丽生活环境，如何由乡恋而升华至公共审美情感，重植家园记忆与家园情感，是公民美育的重要内容或任务。

就当代农村而言，土地与农民的关系不是一种诗人的浪漫想象。在市场经济条件下，土地被农民工具化，理性取代感情在农民与土地的关系中占据了支配地位。"乡"关涉农村人的精神家园，而"土"则涉及农村中的生存问题。"土"与"乡"是一体两面的关系。离土又离乡让人的家园意识与情怀遭到削弱。而城市的钢筋丛林与陌生人特性，使其早已是名利场而非栖息地。现代人无枝可依，心灵四处漂泊。公民美育培养人对环境（包括土地）的热爱，在人与土地、环境的工具关系之上增加了一种审美关系，使之能够创造自己的诗意栖息地。

三、公民美育培养公民的环境审美素养

公民美育针对具有公共性的环境问题，即建设美丽中国。与社会领域强调权利相比，公民美育在环境领域强调得更多的是保护公共环境的意识和责任，而且更加强调社会层面的实践。公民美育致力于培养公民在环境治理与保护方面的社会责任、参与能力和公民品质。

基于环境问题的公民教育，是以美丽环境为教育的对象，因此公民美育也是自然美育或环境美育的一种形式。公民品质与审美素养的结合即是公民审美素养，这是公民美育的重要目标。根据审美过程的特点与环境治理与保护的要求，我们将公民审美素养分为三类：公共审美情感、审美批判能力、审美参与能力。无论是就个人与国家的关系，强调基于国家认同与为了国家认同，还是就个人与生活环境、自然环境的关系，强调对公共环境的责任，都是针对公民身份的核心要素即公民品质的培养。因此，公民美育培养的是公众的公共审美情感、审美批判能力、审美参与能力。

从公共审美情感、审美批判能力到审美参与能力，这是公民美育展开的教育逻辑。第一，公共审美情感是指对具有公共性的生态自然环境和生活环境的审美与欣赏所产生的美感，进而滋生的情感，包括依恋。欣赏自然美、环境美，应多到自然环境中去审美体验，积极参与创设与维护美的环境，这是培养人们公共审美情感的途径。第二，今日公民参与更多是通过一种审美批判的手段，来赋予公民一种成长的精神动力。审美批判成为公民教育的重要内容。第三，公民美育强调通过公民自己在公共空间或公共环境里的参与式审美、营造美境、维护环境整洁等行为提升公民的责任感或公民意识，形成相应的公民品质。因此，审美参与最终走向行动、走向实践。美丽中国建设要求公民不仅要具有公共审美情感和审美批判能力，更要具有参与美丽中国建设实践（如审美、造美、护美）的能力，并在美丽中国建设实践中进一步增进公共审美情感和公民审美批判能力。

四、公民美育以营造与保护美丽整洁的生活环境和山清水秀的自然环境为主要途径

美丽中国建设面临的环境问题，既有空气、土壤、水体遭到污染而产生的生态自然环境问题，也有人们日常生活环境的脏乱差的问题。追求一种整洁宜居的生活环境，意味着公民美育的行动既有欣赏美丽环境的任务，又包括如何营造一种美丽整洁的环境以及如何保护这一美丽整洁环境的任务。

公民美育以审美、护美与造美为手段，在实践中培育公民营造美丽整洁的生活环境的公民意识和公共参与能力。美丽中国建设从国家角度谈美丽环境的造就，这自然而然就突出了环境问题的治理与环境保护，并将其置于个体与国家的关系之中来审视。实施公民美育的重要途径为城乡建设及环境治理。城乡建设中的公民美育是指新区（乡村聚居区、旧城改造、新住宅区）建设过程（规划、建造）中居民的参与和发声，环境治理中的公民美育是指已建成居住区的环境卫生和公共安全治理中的公民教育和行动。

因此，参与美丽中国建设就是公民教育的过程。换句话说，学会欣赏中国美丽的自然环境，并营造美丽整洁的生活环境，保护自然环境和生活环境的持续美丽，这些都是绝好的公民教育实践。在审美、造美、护美的公民教育实践中，公民品质和公民人格自然就在这种自由愉悦地与美交往的活动中得以逐渐形成。

五、公民美育的主要方法为审美体验、审美批判与审美参与

基于自然环境和生活环境的审美体验产生公共情感是公民美育的重要目标。公民情感是公民参与过程中产生的态度与心理体验，属于一种公共情感。公民美育涉及的情感既是审美情感，也是公共情感，因此是一种公共审美情感。公共审美情感是审美情感与公共情感的整合。在这一结构中，审美情感是公共审美情感的性质，公共情感为公共审美情感的社会结构。培育公共审美情感的主要方法大致有以下三个途径：第一，学会欣赏自然美与生活美。第二，培育公共审美情感的重要方法是在自然环境和生活环境中进行审美体验。第三，从自身的审美能力出发积极参与美的活动。生态环境审美是以生态观念和环境伦理为价值取向而形成的审美意识。审美体验与伦理体验的融合，类似于环境美与环境伦理的融合，这才是公民美育追求的境界。因此，公共审美情感的培养是从自然情感升华到审美情感，最后走向公共审美情感。基于对地方环境的审美而形成一种审美情感共同体是公民美育的核心。

培养审美批判的意识和能力也是公民美育的重要目的。当前环境问题，不管是自然生态环境，还是日常生活环境，实质都是一种社会问题。公民美育不仅强调参与式地审美，更强调对审美对象的营造和维护。通过公民自己在公共空间或公共环境里的参与式审美、营造美境、维护环境整洁等行为，公民美育提升了公民的责任感或公民意识，培养了相应的公民品质。与环境教育一样，公民美育也是一种行动教育，是一个在学中做、在做中学的身体力行的过程，因而更多的是一种行动性学习。公民行动学习成为培养参与型公民的重要方

式。公民行动学习强调情境认识与经验。这是人与环境的嵌入关系的体现，更是公民美育中人与环境的审美关系的要求。在环境保护中，公民的审美参与即是一种公民行动学习。在环境问题上，公民行动学习与审美参与合为一体。审美参与是一种公民行动学习的途径，而公民行动学习也是一种审美参与教育。公民学习是一种公共空间里的民主实验。作为一种社会-情境学习，公民行动学习的结果是形成一个审美实践共同体。审美是指栖居的愉悦，实践是指行动与参与。共同体指人与土地、人与他人的和谐归属状态的家园。审美实践共同体是学习者的全球化视野与本土化体验和行动的完美结合。

六、公民美育需要多主体教育者

环境危机问题具有普遍性，任何人都不能回避它，世界上任何一部分或地区也避免不了它，因此，公民美育的实践面临着对象复杂、众口难调的问题。与环境教育一样，公民美育也是一种社会性、全民性[①]的教育。这样，"谁来实施"是一个难题。公民美育的实施者，大致有学校、地方政府、公益组织、社区等。学校的公民美育比较容易进行，主要为学校德育工作者所组织，虽然当前德育秉承一种"三全育人"的理念，但是与致力于生活环境、自然环境的审美、维护与营造的公民美育相关较大的教育者为班主任，以及生物课、地理课等学科的教师。这也意味着公民美育的重点在社区、"地方"。社区层面是公民美育的重点。"地方感"是公民美育的重要基础。因此，"地方"社区是重要的教育者，尤其公民美育需要教育的对象是成年人，是公民。在现阶段，公民美育主要通过社区教育才能得以实现。

社区层面的公民美育教育者与学校层面不同，大致有三类：第一为政府类机构，如区政府、街道办事处、社区居委会。他们主要通过宣传动员等形式实施社会教育。第二为社会类机构，如各类社区组织、社会组织，如"根与芽""爱与戏"等公益组织。他们主要通过项目的形式在环境治理与保护过程中行动。第三为民众自身，如社区居民、农村民众。他们通过相互教育、自我教育等形式进行公民美育，尤其社区教育层面的相互学习让社区公民美育有了"无常师"的特性。各类主体最终成为审美实践共同体的成员。

---

① 曾建平. 寻归绿色——环境道德教育[M]. 北京：人民出版社，2004：48.

七、公民美育的组织管理采用自下而上与自上而下相结合的多主体合作、灵活弹性的组织与教育机制

虽然环境问题的根源不是民众造成的,但是环境问题的不利后果却是要由所有人承担的。因此,民众成为解决环境问题的重要力量。"环境运动既需要自上而下的模式即政府的组织、号召、推广,人民群众的响应,也需要自下而上的模式即由大众发起、运动、政府政策的改变。"①《面向21世纪的环境教育》报告认为,在大部分国家,环境保护主要是一种群众性社会运动,公众比政府更加关心环境、保护环境和建设环境。② 但是,在我国,党和政府在环境治理与保护中具有引导者的地位和作用。诸如大气、土壤、水体污染的治理只有靠党和政府的力量才能实现,尤其是产生环境问题的制度因素更得靠党和政府的力量来解决。这几年关于环境治理与保护的政策越来越多,党和政府的行动力度也越来越大。与之相应的,公民美育既需要自下而上的途径,又需要自上而下的支持。

公民美育更致力于一种"地方感""家园共同体"的形成。家园这一审美实践共同体的形成需要内外力量的相互适应与转换。一方面,公民美育的过程,乃至社区环境治理与保护的过程,关乎外部成员如何进入或形成共同体,这是一种情境学习的过程,即从边缘走向中心的公民行动学习的结果。另一方面,内部共同体如何避免自我的封闭与隔绝,需要对外部要求的适应与调适,因为环境问题是整体性的和复杂性的,内外因素相互联系、相互渗透、相互影响。如果公民美育主要是在社会层面实施与开展,这种内外交流的开放与弹性将成为公民美育的重要组织原则。

第二节 公民美育的社区平台及其建构:基于成都锦江实践的启示

社区是公民美育实践的重要载体或场所。这是因为社区是当代民众生活的主要栖息地,是公民参与最集中的公共空间,契合公民美育中"地方情感与参与""审美共同体"等要素。保持社区环境的美丽整洁是公民美育的重要实践。因此,社区教育是实施公民美育的重要方式。社区教育的重要价值是促使社区

---

① 曾建平. 寻归绿色——环境道德教育[M]. 北京:人民出版社,2004:50.
② 曾建平. 寻归绿色——环境道德教育[M]. 北京:人民出版社,2004:50.

成员形成对社区的认同感，自觉担负起营造与保护美丽整洁的社区环境的责任，进而形成一种审美实践共同体。

一、社区：公民美育实践的重要场所

社会层面的公民美育实践，最典型的莫过于绿色社区建设。近年来，环境作为一个新兴政策领域，其"合理合法"性得到了政府的认可。[①] 我国自2001年开始创建绿色社区。绿色社区（Green Community），在国外也称为生态社区（Ecological Community）、可持续社区（Sustainable Community）或健康社区（Health Community），是指具备了一定的符合环保要求的硬件设施，建立了较完善的环境管理体系和公众参与机制的社区。百度百科的介绍为："绿色社区是指自主建立并长期保持社区环境管理体系和环保公众参与机制的社区。其硬件包括绿色建筑、社区绿化、垃圾分类、污水处理、节水节能和新能源应用等应用措施；软件包括一个由社区管理部门和社区参与的联席会，一套社区环境管理制度，一支起先锋骨干作用的环保志愿者队伍，一块普及环保科学知识的宣传阵地和一定数量的环保家庭。绿色社区重视社区环境保护事业，建立社区居民自我教育、自我管理机制，使居民在日常生活中接受持续不断的环境教育，提高环境意识。"

绿色社区最初产生就是出于一种审美的考虑。2000年，民政部正式把"美化社区环境"纳入社区政策中。这是从审美角度来思考社区环境的改善。绿色社区最初是由一个叫"地球村"的NGO组织发起的。1999年，"地球村"是最早以"绿色社区"名义开展综合整治社区环境工作的NGO之一。"地球村"与北京市宣武区合作，在建功南里居民区开始绿色社区的建设，向社区居民介绍了垃圾分类法和节能、节水家电的使用方法。当时"地球村"也和其他基层政府及社区组织合作，在社区内外组织志愿者队伍开展提高公众环保参与意识的活动。随后，"地球村"还出版了绿色社区建设手册，并力图和北京市政府合作，在北京乃至全国建立更多的绿色社区。虽然这些非政府组织对社区实际产生的影响有限，但是它们让绿色社区建设成为公共议题，吸引了媒体和环保人士关注绿色社区。《2001—2005年全国环境宣传教育工作纲要》指出："在47个环境保护重点城市逐步开展创建'绿色社区'活动，培养公众良好的环境伦理道德规范，促进良好社会风尚形成。"于是许多城市都把创建绿色社

---

① 阿兰纳·伯兰德，朱健刚. 公众参与与社区公共空间的生产——对绿色社区建设的个案研究[J]. 社会学研究，2007（4）：126.

第七章 公民美育的双重实践：社区与学校

区作为"环保模范城市"的重要参考指标。2004年，国家以出台政策的方式把绿色社区作为一项广泛性的国家工程在全国加以推广。绿色社区建设致力于获得一个美丽整洁的生活环境。① 因此，绿色社区建设是一种公民美育实践，或者说是公民美育的重要形式。具体而言，绿色社区建设是社会层面的公民美育。

绿色社区建设的目标之一是建立社区环保的自我教育体系、自我管理体系和公众参与机制。这正是公民的应有含义。"创建绿色社区的目的是通过政府与民间组织、公众的合作，把环境管理纳入社区管理，建立社区层面的公众参与机制，让环保走进每个人的生活，加强居民的环境意识和文明素质，推动大众对环保的参与。在建设绿色社区的过程中，通过各种活动，增强社区的凝聚力，创造出一种与环境友好、邻里亲密、和睦相处的社区氛围。"②

因此，建设绿色社区的过程本身就是一种较好的社区公民美育。社区环境治理与保护就是一种公民美育的实践。绿色社区建设也提升了居民参与环境治理与保护的意识、水平、责任和能力等一系列公民品质。

当前，绿色社区建设的内容和方法大致为以下三个方面。

第一，加强宣传与教育。环保宣传教育成为绿色社区建设的一项常规工作。绿色社区建设委员会指派专人或者成立专门工作组，负责社区环保宣传教育工作。宣教内容要具体实在，主要内容应包括：绿色社区建设的工作计划，现阶段工作重点、工作成效、存在问题及解决方法，居民如何参与绿色社区活动，创建过程中涌现出的好人好事和坏人坏事，市民绿色生活观念、知识技能，与市民密切相关的环境质量、环境法规、环保举措信息，市民关心的其他环境信息，等等。③

第二，志愿者与民间组织的加入。在绿色社区建设过程中，社区内外组织志愿者队伍开展提高公众环保参与意识的活动是比较普遍的做法。志愿者以及社会公众的参与是国外建设城市绿色社区的成功经验，如"精心组织环保志愿者进社区，发放生态环保宣传资料，举办环保知识讲座，播放生态宣传电教片，设立环保宣传园地等"④。

第三，专项培训。例如，"要实施一个新项目，如垃圾分类投放、节水、控制私家车污染等等，还要对全体或涉及的居民进行必要的专项培训，向居民

---

① 廖晓义. 环境教育和环境管理的新模式——绿色社区 [J]. 规划师，2003 (S1)：71.
② 陈建国. 我国绿色社区建设研究 [D]. 北京：清华大学，2004：12.
③ 陈建国. 我国绿色社区建设研究 [D]. 北京：清华大学，2004：17.
④ 吴婧. 湖州市扎实做好绿色社区创建工作 [J]. 环境教育，2013 (10)：57-59.

说明项目的重要性、可行性，如何参与、如何操作，以及相关背景知识。培训可以由社区自己组织，以授课、主题活动等形式进行，也可以把骨干人员送出去培训，或组织参观学习"①。同时加强对社区服务人员的培训，让他们能够在倡行绿色生活中起到模范带头作用和成为可以解惑答疑的人。②

在社区公民美育中，一方面要发挥居民的主体作用，即"充分发挥居民的主体作用，切实提高居民的参与度，通过设立创建专栏、召开座谈会、举办市民学校、成立志愿者服务队等多种途径，让每一位居民认识到创建绿色社区的重要意义，积极主动地参与到社区环境整治、保洁、维护等活动中来，努力形成'人人参与创建'的良好氛围"③。另一方面，政府要与民间组织、公众合作，将环境管理纳入社区管理，建立社区层面的公众参与机制。

绿色社区建设促进了居民环保意识的养成，培养了居民的社区归属感，这也是公民美育的目的。目前，我国部分公民保护生态环境、节约资源的绿色文明意识不强，部分人习惯性地认为资源浪费、环境迫害、交通拥挤、历史文化遗产的保护等这些事情与自身无关，导致他们在绿色社区建设过程中参与的积极性不高。有一些人意识到当代资源浪费、环境污染这一问题，想通过自身的一些努力去改变现状，提高生活质量，但由于缺乏相关知识而产生无力感最终不了了之。④ 开展创建绿色社区之后，产生了一定效果。首先改造了社区环境，提升了小区居民的环境治理与保护的参与意识和能力。⑤ 绿色社区建设也强调对民众的宣传教育。如何进一步激励广大群众关注、参与环境保护的积极性，建立起公众参与环境保护的新机制尤为重要。而"绿色社区"作为创建环境保护的社会细胞成为一个较好的选择。

但更重要的是，绿色社区建设培养了居民的归属感，让社区成了一种审美实践共同体。这是公民美育的最重要目标。

宜居的环境是人的尊严的体现，也是共同体形成的重要因素。宜居的社区是人栖居的家园。段义孚认为，对于故乡的深深依恋似乎是一种世界性现象，它并不局限于任何特定的文化和经济体。"地方是一个存放美好回忆和辉煌成就的档案馆，这些美好回忆和辉煌成就激励着当代人奋发有为。地方是永恒

---

① 陈建国. 我国绿色社区建设研究 [D]. 北京：清华大学，2004：17.
② 王彬彬. 以绿色社区创建推动武汉市两型社会建设 [J]. 环境教育，2012 (3)：54-57.
③ 吴婧. 湖州市扎实做好绿色社区创建工作 [J]. 环境教育，2013 (10)：57-59.
④ 谷晓晴. 生态文明背景下社工介入绿色社区建设探析 [J]. 湖南人文科技学院学报，2017，34 (4)：43-46.
⑤ 韩宁会，唐棣，老歌. 问渠哪得清如许 为有源头活水来——马鞍山市创建"绿色社区"纪实 [J]. 环境教育，2009 (12)：50-51.

第七章 公民美育的双重实践：社区与学校

的，因此可以使人们安心，使他们看到自身的脆弱性、到处可见的机会和变化。"① 社区环境的治理与保护如果没有这种情感因素，很难具有可持续性。因此，社区共同体营造是公民美育的重要目标。从营造社区"生活美境"入手是养成公民公共参与意识以及文明礼仪素质的基本途径。"地方感"是公民美育的重要基础。社区是民众生活的重要场所。何谓社区？"社区是指人们居住、生活甚至是工作的区域，具有地域的相对独立性、生活或生产的纽带性、心理的认同性。社区是城市的组成细胞和基层单位，可能是一个小区，但不能完全等同。因为我国目前有较多面积较小的小区，其在构成要素和功能上并不能形成一个社区。"② "'社区'泛指聚集在一定地域范围内的人们所组成的社会生活共同体。对每一个人来说，社区是家的所在地，是生活的家园，每个人都希望在良好的环境中工作与生活。社区是聚居在一定地域范围内的人们所组成的社会生活共同体，是现代城市的基本组成部分。"③ 我们认为，社区既是一种地域概念，也是一种文化概念。社区强调了共同文化、共同的价值观和亲密的情感关系。

但是在城郊流动人口聚居的社区或移民社区，陌生人的社会特性使得生活环境的"共同体意识"很难形成，因而导致公共审美意识很难养成，公民美育很难实施。我国城市居民城市社区治理的参与意识和参与度一直较低，一些学者试图从中国城市社区的"陌生人"社会性质角度进行解释，指出中国城镇化的推进以及商品房开发建设形成了大量的新型城市社区，其人员来自四面八方，彼此之间大多不认识，信任感缺乏，这种"陌生人"的状态造成了城市社区居民缺乏利他性地参与城市社区治理事务的社会性基础。④ 为此，一些学者开始从情感维系角度探索城市社区治理改革，如郑杭生提出通过自治以及完善社区服务体系等增进陌生人世界的人与人之间的整合和连接，达到城市社区的"去陌生化"。⑤ 另外一些学者则从社区成员与社区之间的利益趋同角度来探索城市社区治理改革，如何绍辉提出以居民房屋区位品质、市场交易价值与良好的社区环境之间的联系为纽带，增强居民的地域认同感，来推动社区公共意识

---

① 段义孚. 空间与地方：经验的视角 [M]. 王志标，译. 北京：中国人民大学出版社，2017：126.

② 古小东，夏斌. 绿色社区发展的背景、内涵与意义 [J]. 广东农业科学，2013，40 (20)：211-214+230.

③ 杨爱群. 绿色社区的创建与发展 [J]. 内蒙古环境保护，2006，18 (4)：86.

④ 龚长宇，郑杭生. 陌生人社会秩序的价值基础 [J]. 科学社会主义，2011 (1)：109-112.

⑤ 郑杭生. 破解在陌生人世界中建设和谐社区的难题——从社会学视角看社区建设的一些基本问题 [J]. 学习与实践，2008 (7)：5-12+1.

与社区一致行动力,进而破解陌生人社会的治理难题。情感维系和利益趋同看似是两个层面的问题,但实质上都是城市社区治理"外部性"的一种内部化方式。① 因此,社区生活环境建设中的公民美育实践能培养社区居民营造美丽整洁的生活环境的公民意识和公共参与能力,其实质就是通过日常生活中的审美活动来消除人与人之间、群体之间的隔阂,形成一种共同体,因为审美具有公共性,即致力于现代社会情感教育与调适,消解个体的孤独感、存在的焦虑,消除现代社会祛魅之后的无意义感。

二、公民美育的锦江实践

成都市锦江区的社区教育取得了令人瞩目的成就。锦江区是成都市的中心城区,辖区面积62.12平方公里,常住人口69.04万人,户籍人口42.34万人,辖16个街道办事处、64个社区。近年来,锦江社区教育工作秉承"满足需求、幸福民生"的工作理念,始终以"服务居民幸福生活、服务社区和谐发展、服务社会民生建设"为出发点,以内涵建设为着力点,从社区教育构筑"大教育"体系,形成了院落学习室、社会组织参与、濯锦讲堂、锦江全时空、养教结合五大品牌。锦江区现有社区教育中心1个,街道社区教育学校16所,社区教育工作站89个,院落学习室300余个,搭建起了"区—街道—社区—院落"四级社区教育学习平台。目前,锦江区已形成了独有的"345"社区教育模式。其中,"3"即三级社区教育管理体制:区—街道—社区;"4"即四级教育学习网络:社区教育中心主导—街道社区学校主体—社区教育工作站(社区学堂)主阵地—院落学习室为细胞;"5"即五种新的学习形式:院落学习、濯锦讲堂、社会组织参与式、广场文化展示、数字化学习。锦江区先后被评为"全国社区教育实验区""全国社区教育示范区""全国数字化先行区"。"8分钟学习圈"在全市推广,"院落学习室"建设经验在全国交流推广,"养教结合"成果参加国际老年教育论坛并作经验交流,微课"我从哪儿来"和养老教育案例获西部地区唯一一个全国一等奖,水井坊"义学"项目成了国家级终身学习活动品牌。

锦江区的环境治理工作也较有特色,如"构建生态区、绿道、公园、小游园、微绿地五级城市绿化体系,用绿地、街面零星地块、街角闲置空地、公共建筑屋顶等开敞空间,打造'小游园''微绿地',全力推进实施'增花添彩'

---

① 顾锋娟,胡楠.基于外部性理论探索城市社区治理改革创新思路——以环境治理为例[J].中共宁波市委党校学报,2016,38(4):124-128.

工程与行道树增量提质工作"[①]。

在公众的社会环境教育中不断探索社区教育的新形式，充分发挥了群众和民间组织在社区环境治理与保护中的主体地位。锦江区的公民美育实践的启示是：拓展社区教育的内容，增加美育与环境责任教育，秉持社区教育与社区治理相结合的理念，建设自上而下与自下而上相结合的多主体社区环境治理机制。也许锦江区的社区教育实践没有上海梅村社区教育那么有名，但是与公民美育具有更大的契合性。

（一）通过社区居民院落自治改造老旧院落

近年来，成都市把改造老旧院落作为重要民生工程来抓，并采取了"老旧院落咋改，群众说了算"的方式，使工作得以顺畅推进。从2015年开始，成都市计划用4年时间，将约4000个老旧院落改造完毕。

院落是一个基本社会治理单位。锦江区的"三治一化"做法使老旧院旧貌换新颜。锦江区较场坝中街73号的较场坝东苑是一个1997年建成的普通居民院落。在2012年以前，"由于硬件先天不足、后天失修失养，该院落时常出现管网严重堵塞、污水溢出等情况，各种线路杂乱、车辆乱停乱放等问题，这给居民生活造成不小影响……该院落环境脏乱差、居民脸上怨气很重"[②]。针对这一情况，2012年以来，为彻底改变较场坝东苑等老旧院落的旧貌，所属的水井坊街道办在整治中重点抓四项工作：培养居民的契约精神，强化居民的法治意识，引入相关社会管理机构提升社区管理水平，加强信息化建设。水井坊街道办组织员出面组织居民开会，并由居民自行商定、出台了《较场坝东苑院落公约》。《较场坝东苑院落公约》共7条，其中两条为：（1）自觉维护道路畅通，禁止在院内楼道搭建违章建筑、堆放杂物和建筑材料等有碍于通道畅通的物品，自觉将车辆停到指定位置，不乱停乱放；（2）相互理解，尊重大家的普遍生活作息，午休时间及晚上11点以后不得喧哗吵闹，避免影响邻里休息。公约出台后，这一院落发生了巨大的变化："一楼居民在门前小院里种植了很多花草，院内环境干净整洁；小区内未停放有一辆机动车，院内住户都自觉把自己的机动车移出了小院，居民们也从此有了一个良好的居住生活空间。"[③]

[①] 陈玉婷. 积极推进生态环境建设 提升区域宜居品质 锦江区上半年环境质量稳定向好 [J]. 锦江，2017（53）：8-9.

[②] 张学勇，刘冰玉. 三治一化 法润锦江的新名片 [EB/OL]. （2014-12-05）[2019-09-01]. https://dzb.scfzbs.com/shtml/scfzb/20141205/22639.shtml.

[③] 张学勇，刘冰玉. 三治一化 法润锦江的新名片 [EB/OL]. （2014-12-05）[2019-09-01]. https://dzb.scfzbs.com/shtml/scfzb/20141205/22639.shtml.

社区环境的巨大变化源自院落居民的自治。"据介绍，水井坊街道办辖区内的所有小区（院落）均已建立起了较为完善的居民代表制度和议事制度，其中，居民代表制度以院落单元为单位，由该单元所有住户共同委托一名代表在小区具体事务中行使权利。至于被选出的居民代表在每次小区（院落）会议上具体能代表多少户居民行使权利，这则视具体情况而定。"① 小区的某些重大事项需要居民集体表决通过。因此，建立完善的居民代表制度、小区（院落）议事制度是真正实现居民自治的重要前提。院落居民的自治源自自身公民身份的自觉。说起院落近两年的巨大变化，居民印象最深的是院落会议制度，"居民代表具体代表的是哪些人？我究竟被谁代表了？"以前，居民们都没有深究过这些问题，也不知道这里面还涉及自身权益问题。在较场坝东苑院落内，不仅张贴有各种居民公约，还建立有许多"开放空间"，有网络体验室、院落学习室，还有居民留言墙、意见箱，居民学习和表达诉求的渠道都非常畅通。

　　锦江区水井坊街道后来将较场坝东苑社会治理实践归纳总结为"三治一化"，即自治、共治、法治和信息化。"三治一化"做法随后被推广到水井坊街道办辖区内的所有社区。2014年5月，"三治一化"做法又被正式写入《锦江区依法治区实施意见》中，并向全区推广，也产生了良好的效果。

　　镋钯街75号院的老院落推行了"院落自治"。这一院落是20世纪80年代建成的职工楼，但是到了20世纪90年代初，"随着企业破产改制，职工楼被买断交予社会管理。一时间，卫生、治安等院落管理问题开始显现。住户不得不自己值守、自己打扫，但没有保障，仅凭自觉，难以长期维持，下水道一堵好几天也没人过问，院落住户搬的搬、走的走"②。院落一天天没落，"没有人负责，大家都睁只眼闭只眼。自行车乱停乱放，垃圾乱扔，从大门走到楼梯口，都要绕着走。亲戚朋友来串个门，自己都觉得不好意思"③。2011年底，院落开始推行"院落自治"。几位住得久、人头熟的热心人成了院落自治组织——院委会的成员。他们采用了建组织、搭平台、立公约、搞活动等作为院落自治的主要方式。"制定了公约、落实了保安，明确了保洁，加上政府投入进行外墙改造、内部功能房的建设，院落面貌一新。"看着院落一天一个样，

---

① 张学勇，刘冰玉. 三治一化 法润锦江的新名片［EB/OL］.（2014-12-05）［2019-09-01］. https://dzb. scfzbs. com/shtml/scfzb/20141205/22639. shtml.

② 刘海. 成都市锦江区："老"院落里的"新"自治［EB/OL］.（2012-02-24）［2019-09-01］. http://news. 163. com/12/0224/10/7R18RLIG00014JB5. html.

③ 刘海. 成都市锦江区："老"院落里的"新"自治［EB/OL］.（2012-02-24）［2019-09-01］. http://news. 163. com/12/0224/10/7R18RLIG00014JB5. html.

第七章 公民美育的双重实践：社区与学校

老居民告诉记者："公约上其实都是我们作为公民应该有的公德。大家只要有了自治的意识，把大院当自家，就懂得珍惜。"[①]

这两个老旧院落都通过院落自治焕发了新的面貌。通过院落自治提高改善的不仅仅是居民的生活质量，更是他们的民主意识。院落自治实际上就是社区居民积极参与社区建设，从而彻底改变了院落环境。社区环境治理涉及环境管理、垃圾分类、垃圾回收等多个方面。这些居民的社区环境治理行为不仅仅是出于一种公德意识，更重要的是他们把社区当作自己的家，珍惜爱护社区环境。这种对美丽生活环境的热爱与珍视，伴随着"公约"的教育，成了一种较好的社区公民美育实践。

这些基于社区居民自治的院落改造，让老旧院落更加整洁、更加美丽，老百姓住得更惬意和舒适。通过居民自治行动，老旧院落环境更加整洁，邻里和谐，形成了审美实践共同体。

（二）多主体社区教育

锦江区社区环境治理具有多主体特征。锦江区的老旧院落改造由政府推动、社区居民参与，即"百姓点菜，政府买单"。自上而下的政府引导与服务和自下而上的自治与参与并行不悖，同时进行，形成了地方政府宣传、社区居民参与、公益机构组织介入相结合的多元主体社区教育体系。锦江区社区教育的主体也不仅仅是政府类的社区教育组织，如前面提及的四级社区教育学习平台，还有非政府的社区教育组织，如院落自治的自治委员会以及各类公益组织。同时，社区环境治理与公民美育需要整合各种资源，进一步加强民间社团组织培育和社区志愿者队伍建设，帮助和扶持广大志愿者和民间社团组织自发开展活动。这些不同类型的社区教育主体之间的合作、平衡非常重要。因此，将社区、社会组织、社区教育互动纵深推进，形成由专家引领的"三社互动两站联动"的多元化教育主体的锦江社区教育新运行模式。

我们以锦江区牛沙路社区的"牛沙路社区组建与共建式绿色社区与绿色家庭项目"的执行为例来介绍这种多主体社区教育体系。

作为党和政府代表的党总支与居委会一般被认为是社区环境治理的引领者和主导者[②]。通过倾听居民的意见建议，牛沙路社区两委了解到，居民对居住

[①] 刘海. 成都市锦江区："老"院落里的"新"自治[EB/OL]. (2012-02-24)[2019-09-01]. http://news.163.com/12/0224/10/7R18RLIG00014JB5.html.

[②] 戚玉. 行动者、空间生产与城市社区环境治理——基于对上海梅村的经验研究[D]. 上海：华东理工大学, 2015：35.

环境十分关心,拥有一个绿色家园是广大居民的美好愿景。于是,"幸福牛沙·共建共享——牛沙路社区组建与'共建式'绿色社区与绿色家庭项目"正式落地牛沙路社区,通过项目的开展,号召居民共同参与"共建式"绿色社区的打造。该项目由锦江区社会组织发展基金会资助,双桂路街道、牛沙路社区支持,由公益组织锦江区绿氧生态环境保护中心执行。政府、社会、居民这三类主体都参与了这一项目。该项目的主题为"打造绿色社区,宣传垃圾分类",旨在引导居民养成"环保从我做起""从小事做起"的意识,创建"环保无小事""环保在身边"的思维模式,发挥个人主观能动性,创造出更多的环保好点子,并带动家庭参与,以此为基础,建立绿色社区文化。

"幸福牛沙·共建共享——牛沙路社区组建与'共建式'绿色社区与绿色家庭项目"共通过两个板块向社区居民宣传普及垃圾分类知识,让居民了解日常生活中正确的垃圾分类方法,号召社区居民参与垃圾分类,践行绿色生活。第一个板块是理论宣讲。"在宣讲区,环保志愿者们利用易拉宝形式将四类垃圾的类别、如何进行垃圾分类等相关知识展现给居民,宣讲内容简单易懂、贴近生活,以此呼吁居民从小事做起,以家庭为单位出发,践行垃圾分类,共同努力建设更美更环保的社区。"[①] 第二个板块是游戏板块。主办方在游戏区设置了各种不同难度的游戏,居民参与游戏并顺利通关后可以领取相应凭证,根据获得的凭证数量可兑换活动设置的绿植、环保袋等绿色小礼品。每一个游戏都吸引了居民的热情参与。让大家感到意外的是,每一个小游戏的游戏道具都是由志愿者们利用废旧物品纯手工制成的。一位志愿者表示:"我们希望以自己制作的游戏道具,启发居民在平常生活中多动脑动手,建立节约环保意识,并由家庭带动社区,建设更为美好的绿色家园。"[②] 这些游戏引导居民对废旧物品进行再设计和再利用,是一种绿色健康的生活方式。

(三)志愿者和社会组织的介入

志愿者是锦江区社区教育的生力军。例如 2012 年 12 月 15 日锦江区志愿者协会在东升社区、娇子社区、水井坊社区联动举行了"创建绿色美丽锦江,打造幸福社区家园"志愿者服务活动启动仪式。以大学生志愿者为主体的环保志愿者在活动现场向周边居民发放了室内空气污染及其治理工作等环保宣传材

---

① "绿氧——幸福牛沙·共建共享——环保志愿队组建与'共建式'绿色社区与绿色家庭项目"活动简讯 [EB/OL]. (2015-09-13) [2019-09-01]. https://weibo.com/p/1001603886647228941997.

② "绿氧——幸福牛沙·共建共享——环保志愿队组建与'共建式'绿色社区与绿色家庭项目"活动简讯 [EB/OL]. (2015-09-13) [2019-09-01]. https://weibo.com/p/1001603886647228941997.

第七章 公民美育的双重实践：社区与学校

料，免费开展了面向居民的室内空气质量检测工作。这一志愿者服务活动旨在面向广大居民宣传与生活相关的环保知识，不断增强居民环保意识和生态意识；同时调查居民对家庭室内空气质量环境检测的需求，了解室内空气质量现状，并开展免费检测；以及鼓励大学生志愿者把课堂知识与社会实践相结合，发展和壮大环保志愿者队伍，提升环保志愿者服务水平。[①] 为了提升市民的生态文明意识，锦江区志愿者协会绿色锦江志愿服务队积极参加了区环保局组织的生态文明宣传活动。志愿者们的主要活动有：结合建设现代化国际性生态型精品城区的实际，深入广场、街道、社区向市民们宣传生态文明和城市管理的意义、介绍生态文明和居家健康生活的关系，发放宣传单让大家了解室内空气污染及治理方案，讲解甲醛、苯系物、氨、氡、粉尘等室内空气污染物的危害，以及厨余垃圾危害及处理方法等科普知识。市民对这些活动也比较认可，楼盘的物业经理们更是希望"室内空气监测"这样的专业志愿服务活动能常态化进行。[②]

公益组织更是锦江区公民美育的重要力量。"根与芽""爱与戏"等组织都已在锦江区的水井坊街道、望江嘉苑等居民区开展了颇有成效的项目。例如，爱有戏在水井坊街道开展了垃圾厨余处理项目。锦江本土有名的公益组织"成都市锦江区绿氧生态环境保护中心"（下面简称"绿氧"），是一家致力于工业污染防治和公众环保倡导的环保组织。该中心成立于2014年，由包括青年研究生、大学生及大学教授专家在内的环境专业创业团队组成，是成都市5A级社会组织，拥有独立党支部。"绿氧"倡导卫蓝绿水、氧动未来，追求天更蓝、水更清、人更美，主张采用环保志愿服务、公众参与、多元利益相关方交流对话、绿色供应链等绿色手段、环保法律维权和环境科研技术研发及转化等工作手法来解决环境污染问题，通过环保公益创业打造第三方监督与监测的环境服务平台，建立"公众—企业—社会组织—政府"沟通模式和"官方—民间—企业"相结合的环境污染治理模式。专业团队和科学技术是"绿氧"的核心竞争力。"绿氧"的主要工作为：组织环保项目的设计和论证，帮助社区居民和相关机构参与环境保护活动，获取实施环保项目所需的基金，开展关于环境问题（如水质、雾霾）的独立调查，组织政府、企业与公众之间的对话与合作；逐

[①] 锦江区环保局. 锦江区开展"创建绿色美丽锦江，打造幸福社区家园"志愿者服务活动［EB/OL］.（2012-12-18）［2019-09-01］. http://gk.chengdu.gov.cn/gov Infopub/detailaction?id=5185490&tn=2.

[②] 李凌翌. 宣传生态文明 锦江区志愿者走上街［EB/OL］.（2012-12-24）［2019-09-01］. http://news.sina.com.cn/o/2012-12-24/104925879793.shtml.

步建立并完善绿氧环境保护信息公开平台,综合利用机构新媒体和项目简报等方式发布环境信息,了解公众环保诉求,协助环保部门执法,解决环境问题。同时,"绿氧"建立绿色环保协会,组织社区环保志愿队成员和社区创建工作负责人参加社区"环保生态文明绿色家园"培训活动,努力建设生态文化繁荣的和谐人居体系,提高社区人居环境水平和人文素质,系统地学习有关环保的政策、法规及业务知识和创建生态社区的评估标准,提高小组成员自身的环保意识。[①]

例如,"绿氧"所参与或主持的一次社区环境教育研讨,内容涉及厨余垃圾处理。活动先定点在牛沙馨苑的 15 号院落,参与研讨的对象为该社区居民之家休闲的居民。"绿氧"通过志愿者向社区居民讲解的方式开展绿植种植活动,展示前期餐厨垃圾堆肥处理的成果,引导居民深入了解蚯蚓堆肥产生肥料和处理餐厨垃圾的方式。随后,志愿者们将花箱放于事先规划好的位置,同社区居民互相交流,听取意见后,邀请居民"参与"现场的绿植种植。本次活动让"绿氧"与社区居民在建立良好关系的同时,也展示了蚯蚓堆肥处理餐厨垃圾的结果,让蚯蚓堆肥基地产出物回馈社区,号召居民积极参与社区公益活动,从身边小事做起,关注身边环保行动,打造美丽生态院落。[②]

（四）倡导绿色生活方式

"'绿色'首先是一种生活方式,一种体贴自然、善用自然的生活方式。这是每一个人都可以实践的生活方式,而不仅仅是思想观念和哲学。这种生活方式是由关心环境和自然的态度造就的。"[③] 近年来,锦江区政府也在向市民大力提倡绿色生活方式,而大家也越来越注重选择环保的方式生活,身体力行践行环保承诺。"如今,随着人们生活方式的改变,节约、环保、低碳正日益成为社会的主流生活方式和消费方式。在锦江区,越来越多的市民树立起环保意识,养成环保习惯,并积极参与到各种环保行动中来,从身边小事做起,从生活细节入手,建立起健康绿色的生活方式。"[④] 例如,不管平日上班、周末出游还是外出锻炼身体,人们都更愿意选择共享单车,绿色出行,减少汽车尾气排放,缓解交通压力。又如提高自来水的重复利用率,节约用水,也成为许多

---

① 李凌翌. 宣传生态文明 锦江区志愿者走上街 [EB/OL]. (2012-12-24) [2019-09-01]. http://news.sina.com.cn/o/2012-12-24/104925879793.shtml.
② 李凌翌. 宣传生态文明 锦江区志愿者走上街 [EB/OL]. (2012-12-24) [2019-09-01]. http://news.sina.com.cn/o/2012-12-24/104925879793.shtml.
③ 陈建国. 我国绿色社区建设研究 [D]. 北京：清华大学, 2004：3
④ 王岚. 从细节入手 从小事做起 共享绿色环保生活 [J]. 锦江, 2017 (53)：8-9.

社区居民的自觉。有的社区，一些节约用水践行者"还带动社区其他人也加入节水的队伍中来，平时积极参与社区组织的环保宣传活动，并且把学到的节水常识运用到每天的生活中。社区邻居之间经常交流日常的节约窍门，怎么节水，哪样省电，甚至炒菜做饭时怎样省油都有窍门。其实这样做能节省下来的钱并不多，就是想营造一种节约环保的生活氛围，让大家都积极参与进来。除了从自身做起，锦江区各街道、社区的工作人员也会定期走进社区举办环保课堂、绿色知识问答等活动，通过板报、橱窗、发放手册等形式宣传环保知识和政策法规，增强社区居民的节水意识，在全区营造节约用水、保护环境的良好氛围"[1]。在东湖公园，环卫工人也反映："近几年，大家的环保意识都增强了，很多游客都会主动把垃圾丢进垃圾箱。乱扔乱吐的现象也比以前好了很多，我们的工作量少了，但环境却更加优美。"[2]不少市民、游客都会随身携带塑料袋来装垃圾，之后再集中放到附近的垃圾箱当中，保持了公园的干净整洁。市民的这些行为改变都是社区各级各类媒体、一些环保践行者、社会组织的环保项目实施、地方政府的宣传教育的结果。生活即教育，绿色生活即公民自我教育。

三、公民美育的社会教育实施路径

（一）拓展内容：审美教育

严格说来，成都市锦江区社区教育很少专门实施环境教育或生态教育，只有爱有戏公益组织开展了关于厨余垃圾处理的知识和技巧方面的教育，至少自然美、环境美方面的审美教育比较缺乏。但是，锦江区的老旧院落生态改造和绿色社区建设则属于为数不多的环境审美教育。它借助于艺术美、自然美和社会美的手段，培育人的正确审美观和高尚的道德情操，提高人的审美能力，使国民素质得到全面发展。从教育手段、教育途径和内容来说，宣传讲解垃圾分类、提倡绿色生活方式、花箱种植等，也是在让社区居民学会营造和维护社区美丽整洁的环境。

这是当前学习科学发展观不可忽视的一面。党和政府已经认识到美育问题的重要性。2010年发布的《国家中长期教育改革和发展规划纲要（2010—2020年）》指出："加强美育，培养学生良好的审美情趣和人文素养。"公民美育的社会教育要求加强城市居民的美育，具体要求为："城市居民的美育素养

---

[1] 王岚. 从细节入手 从小事做起 共享绿色环保生活 [J]. 锦江, 2017 (51): 8-9.
[2] 王岚. 从细节入手 从小事做起 共享绿色环保生活 [J]. 锦江, 2017 (51): 8-9.

直接体现一个城市的道德风貌和品位，反映城市的整体形象和发展水平。在城市居民的美育教育中，有两类特殊的人员尤其需要予以关注：一是城市服务业人员。城市服务业人员是城市的窗口和镜子，直接影响着城市的整体形象。应当定期对他们进行美育教育，提高综合素质。二是进城务工人员和城乡接合部人员。通过设立免费美育培训学校和定期举办美育讲座等形式，提高这类人员的审美能力。"

（二）凸显教育：增强社区教育的教育性

公民美育在社会教育层面即是社会环境教育。《全国环境宣传教育工作规划纲要（2016—2020年）》（以下简称《纲要》）对未来五年社会环境宣传教育作出了安排与部署，明确了相关部门的工作要求，是开展社会环境教育的重要指导。《纲要》倡导建立"实施工作小组""宣传教育工作专家委员会"等，为《纲要》实施提供支持，同时也折射出当前环境宣教工作的一些缺陷。

社会环境教育不同于一般学校的环境教育，也不同于一般社会环境宣传意义的环境教育，因而在环境教育中具有独特的作用。当下社会环境教育虽然越来越受到重视与关注，呈现多元发展之势，但就总体情况而言并不乐观，大多流于形式，是环境教育的短板。比如，一些社会环境宣教公益活动大多流于形式，摆摆宣传台，发放购物袋或宣传材料，明星走走秀，或者搞一个"专家讲堂"等，并不能起到多少教育作用。宣传固然是一种社会环境教育形式，通过宣传公众可以学习知识，增强意识，但宣传却无法取代教育的功能作用，收到的教育效果浅显而不系统。社会环境教育既要重宣传，更要重教育。

社区环境教育旨在提升社区居民欣赏自然美、环境美的审美素养，以及参与社区环境治理与保护的意识、责任和能力。社区的发展在于人，人是发展的主体。社区环境的问题根源也是在人，社区居民的环境审美素养需要提升。社区环境治理的行动主体是社区居民。因此，社区居民的素质与行动主体的成长需要进行训练和组织化的培育。个体作为共同体的成员意识，只有通过在环境治理的实践中不断学习，在各种公共活动的合作中逐步地受到训练、获得认同才能达至。具体的教育途径和方法在于真正贯彻"做中学""社会即学校""生活即教育"等社会教育观。有人认为，社区人从居民到公民的成长，这是为社区这一新型公共空间的发展提供行为主体；民主训练是社区人成长的重要途径；社区自组织是社区人成长的组织空间；现代公民以关心公共事务、参与公益事业、承担社会责任为基本标志，没有现代公民就不会有真正意义上的居民自治，社区也不可能成为真正意义上的"公民共同体"。[①] 因此，社区环境教育是一种公民行动学习，这是作为公民美育的社区教育的本质。

（三）理念创新：社区行动教育模式

社区治理是社区教育的过程。社区环境问题是社区环境教育的绝佳教材。在解决社区居民的相互交往、解决社区环境问题的过程中，他们自己去查找相关知识和技术资料。同时，在学习这些相关知识、方法和技能及其运用的过程中，社区成员之间相互学习，逐渐具有一种共同体意识。当然，在这一情境里，习得环境自觉行为、审美情感、行动能力，都是参与社区治理实践的结果。因此，社区教育与社区治理的结合形成了社区行动教育模式。

"社区行动教育模式特别强调将社区教育与社区行动结合起来，强调在解决当地问题时建立可选择机制的重要性。他提倡社区教育工作者与当地社区保持有机联系。有人坚持认为社区治理本身就是一个教育过程。社区行动教育模式与英美国家的劳工大学运动有许多相似之处。这种模式将大部分重点集中于动机和内容，以及艰难的教育努力上，集中于社会行动而不是社区行动上，集中于工人阶层而不是整个社区的教育上。"[②]

具体的社区行动教育模式可以通过项目形式来实施，在项目中整合社区环境治理与社区公民美育。例如可以采用社区环境圆桌对话会议。"社区环境圆桌对话是政府部门、相关单位与组织、居民三方之间协商对话解决社区环境问题的机制。以邀请相关单位和社区居民，在平等、公正、公开的基础上对话协商解决社区内及周边的环境问题，最终达到改善社区环境质量，推动公众参与环保的目的。"[③] "社区环境圆桌对话以项目方式运作，以对话会形式执行。围绕社区居民广泛关注、亟待解决的社区环境问题，在社区居委会的组织协调下，邀请社区居民、问题责任者、政府主管部门、环保志愿者、新闻媒体等参与对话会议，通过平等对话、沟通协商实现社区环境问题的有效治理。"[④] 具体对话会议工作程序如图7-1所示。

[①] 翟桂萍. 从居民到公民：社区人的成长——以上海为例 [J]. 上海行政学院学报，2009, 10 (2)：87-93.

[②] 王清强, 乐传永. 社区教育研究综述 [J]. 高等函授学报（哲学社会科学版），2010, 23 (9)：13-16.

[③] 焦志强. 试论以圆桌对话形式解决社区环境问题 [J]. 环境与可持续发展，2015 (4)：66.

[④] 贺振燕, 李宗霖. 社会环境治理下的社区参与——山西祁县C社区环境圆桌对话实践 [J]. 山西高等学校社会科学学报，2017, 29 (9)：44.

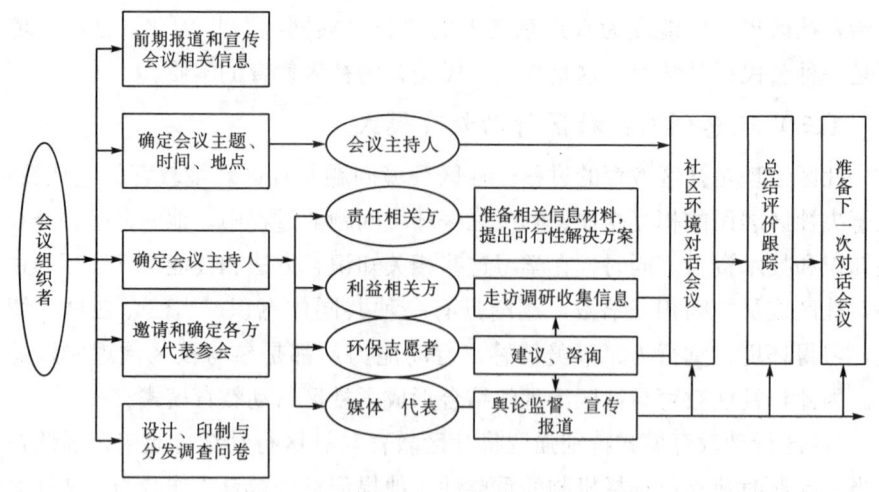

图 7-1 环境圆桌对话会议工作流程图[①]

因此，管理与教育应做到两手抓。而政府主导下的干部与工作人员、志愿者的宣传活动，不能替代社区教育。

现实的社区教育存在很多问题和困难，而社会治理成为推动社区教育发展的新动力。锦江区多主体社区教育本身就意味着参与主体作为"利益相关方"而形成多元格局，自然要求各主体之间实现团结与合作、协商与协调。

上海市梅陇三村社区是一个社区治理的典型。"梅陇三村社区是上海市徐汇区典型的'配套公建'社区，建于20世纪90年代初期，由市中心城区改造而来，是以动迁安置为主的老社区。该社区居民大多从市中心搬迁而来，之前的住房条件差，收入水平一般；社区居住人员来源多元化，居民诉求多样化，导致在社区事务处理过程中常常出现诸多矛盾。随着城市发展，外来人口增加，梅陇三村社区面临着房屋出租户增多，社区成员复杂，呈现出老人多、房型多、困难群体多、出租合租多等特点。由于社区居民背景复杂，各种生活陋习难除，导致旧式小区的一些普遍问题，例如公共服务设施不足，不易形成社区文化，社区公共事务难以开展。在社区环境治理开展之前，该社区的户外垃圾杂乱堆积，天气炎热时恶臭熏天，生活质量堪忧。因此，如何开展社区环境治理，成为居民区的紧迫课题。"[②]

社区教育是社区治理体系的重要环节。"社区的环保活动的开展，需要专

[①] 贺振燕，李宗霖. 社会环境治理下的社区参与——山西祁县C社区环境圆桌对话实践[J]. 山西高等学校社会科学学报，2017，29（9）：42-46.

[②] 杨锃. 社区教育推进社区环境治理[N]. 中国社会科学报，2015-12-02（006）.

业知识和科学技术。居民们需要接受环保理念,掌握环保知识和科学方法,拥有一定专业技能。坐落在梅陇三村社区之中的社区学校为社区居民提供了一个良好的公共空间和智力支持。从'自然课堂'到生态种植专业教室,从居民种植体验课程到交互式电子学习平台,从开放式互动展厅的布置到'社区生态文明教育项目',这一系列社区教育活动普及了垃圾分类、环境保护的理念,并有效培育、提升了社区居民的公共性。"[1] 这些教育举措配合社区居民自治,为社区环境改善奠定了扎实基础。

（四）完善机制：自上而下与自下而上的结合

如前所述,在公民美育的社区教育和环境治理实践中,政府自上而下与地方自下而上的结合实际是一种公共利益最大化的社会治理过程,它是地方政府与公民的合作。那么,这两种方式如何结合或者整合呢？一种多中心合作治理模式非常符合这种上下融合的理念。

当前社区环境的治理本身就是对社区环保力量的扶持。民众的配合与生活环境改造是公民参与力所能及的,而大气、水体、土壤等环境治理,则需要政府组织与领导才有可能。而地方政府实施生态环境管理也必须进入社区层面。这样,社区组织就起到了"上传下达"的枢纽作用,充当着地方政府和社区居民之间的"纽带"或"桥梁"。社区把社区环境治理的众多主体或者说利益相关者联合起来。不仅仅有城市、乡村、州和中央政府,也包括商业组织、社区群体和小型非营利组织,以及大国和国际NGO如"自然保护"（The Nature Conservancy）、多边组织如联合国。[2] "多中心治理体系使提供生态服务的公民参与活动的声音多样性成为可能。"[3] 例如,社区花园提供了多样化意见来讨论和做出决策的机会,人们得以与自然相联系,与其他社区居民相联系,为共同利益而行动。各主体充分参与到环境治理的工作中,通过协商谈判等方式使彼此相互冲突的利益偏向得以协调与共容。[4]

社区治理也是一种社区教育。多主体协同治理也是社区教育采取协同实施

---

[1] 程仙平. 社区教育融入社区治理的机理与策略 [J]. 河北师范大学学报（教育科学版）,2017,19（3）：67-71.

[2] Marianne E Krasny, Keith G Tidball. Civic Ecology: Adaptation and Transformation from the Ground Up [M]. London: MIT Press, 2015: 137.

[3] Marianne E Krasny, Keith G Tidball. Civic Ecology: Adaptation and Transformation from the Ground Up [M]. London: MIT Press, 2015: 140.

[4] 栗明. 社区环境治理多元主体的利益共容与权力架构 [J]. 理论与改革, 2017（3）：114-121.

的方式。中环路与菱窠路交会处的街头绿地虽然是公共绿地,但也是华润凯旋天地社区环境的组成部分,绿地品质与社区环境密切相关。据了解,在中环路与菱窠路交会处街头绿地的打造中,锦江区通过发放倡议书,运用微博、网络、社区短信平台等各种新兴载体,多形式,多渠道,广泛发动社会力量参与绿地建设。华润凯旋天地上至开发商下至社区居民都积极参与其中,捐赠苗木。林婆婆说:"想着家门口的绿地是大家共同建设的,就更要自觉保护身边的一草一木,爱绿、护绿。同时增强了小区居民的凝聚力,大家会更加团结让我们的建设成果不遭到破坏。在优化社区环境的同时打造和谐宜居社区。"[①]社区如家,这种家园感在建设社区公共绿地的过程中,以及在打造的社区居民与基层政府的合作宣传教育中慢慢形成了。这是社区环境得以形成与维护并具有可持续性的重要动力。

第三节 公民美育的学校实践——学校田园教育实践的改革

虽然社区、地方是公民美育的主要阵地,但是环境教育的全民性和社会性使其也不能忽视学校的学生。学校的公民美育实践会为社会公民美育奠定扎实的基础。在学校置身大的环境问题治理与保护之外,在课时紧张、教学压力很大的情况下,学校如何实施公民美育呢?本节运用目前学校教育实际中与公民美育最相近的两种教育形式——环境教育和田园教育,依据公民美育的三要素,阐述在学校层面如何实施公民美育。

一、当前学校环境教育的现状与问题

当前学校教育中与公民美育密切相关的教育形态包括环境教育、美育、公民教育。这些分门别类的教育是相互割裂的,而且在学校实践中也是处于边缘化的地位。因此,学校公民美育实践是一种综合的教育。这种综合也是环境教育、美育与公民教育的交叉。这三者的交叉点在于"环境",包括自然环境和生活环境。如果说学校存在着公民美育,那么大多是指当前学校已有的环境教育内含着公民美育。而美育在不少中小学校仍然等于艺术教育、文学教育,无论是内容还是目标,与公民美育相去甚远。公民教育则少有与环境保护、环境审美相联系的,而且本身在学校的存在也是定位不清、地位不明。这样看来,

---

[①] 陈玉婷. 我区完成5处小游园、微绿地提升改造 街头景观更靓丽[J]. 锦江, 2017 (46): 14.

公民美育与环境教育的关联度要远远大于其他两类教育形态,尤其是公民环境教育。因此,我们从学校现有的环境教育出发讨论如何落实公民教育。

环境教育作为一种教育类型自20世纪60年代兴起于西方,现已发展成为一个比较成熟的研究领域和教育形态。1999年,教育部将环境教育正式作为一个跨学科主题纳入中小学课程,推动了环境教育在全国中小学的开展,并于2003年正式颁布了第一部国家级环境教育实施文件《中小学环境教育实施指南》。[①] 目前国内关于环境教育的研究和实践也非常多。我们认为,环境教育的教育举措也适合于公民美育,当然教育的目标和意识是有所区别的。因此,谈公民美育的学校实践自然要谈谈学校的环境教育。

学校环境教育实施途径大致包括三类:第一,学科渗透,例如将环境教育的内容渗透到其他相关课程中,例如化学、生物、地理、语文等学科,将教学内容与环境教育相联系,使学生不仅能够学到相应的课程知识还能够对环境保护知识有所涉猎。例如在化学教学中,可以分析酸雨的产生与危害等,让学生了解酸雨产生的途径以及危害,并能延伸到如何预防酸雨的形成等环境保护问题。第二,环境创设。在中小学校园内张贴随处可见的绿色环境保护标语。各学校内都有着各种各样的绿色植被,有的教室还会有一些同学自己养的小盆栽。一些学校的教室黑板报内容也跟生态环境文明有关。第三,监督评比。学校每个班级都有自己的公共区域卫生和教室卫生需要打扫,可以在学校的公示区内展示每个班的卫生打扫情况,对于表现优秀的班级给予流动红旗奖励,对于表现差的班级予以通报批评。

但是,我们的调查结果显示,环境教育在部分学校里存在不受重视、内容学科化、形式单一、师资不足、忽视实践等问题。

第一,一些地方的主管部门与部分学校的领导对环境教育的重视程度不够,存在形式化的问题。在教育管理层面,由于我们所调查的省份面临着环保督查,所以教育主管部门和学校在环保教育方面的资料准备比较充分。不少学校都准备了很多与环境教育相关的资料,包括教案、活动、征文、文件、总结等。这些都是要求上交的材料,但是从一些资料标注的时间来看,都是近期的材料。有的区县编制了环境教育的地方教材。当我们问及是否调查过学生的环保意识及他们在环保教育上的收获时,这些地方教育系统的负责人的回答都是否定的。

---

① 牛志芳. 环境保护地方课程开发研究——以长治市环境保护地方课程开发为例[D]. 长春:东北师范大学,2006:1.

虽然在某些学科的课本中有着一些环境教育的内容，但是在实际的教学中，一些任课老师由于自身在环境教育认识上的限制，很难将环境教育与所教学科很好地联系起来，因此他们往往选择对这些内容略讲或者不讲。在一些学校里，能够直接与环境教育挂钩的也只有每日的清洁扫除，但这也仅仅是学校为美化自身环境的举措，并不能使环境教育的相关理念深入学生心中。

第二，部分地方环境教育实践的形式主义。应该说，当前环境教育的形式还是丰富多彩的，但是一些地方的做法举措没有与环境教育产生实质的联系，也没有对学生的情感、态度、心灵产生较大的影响。在国家课程设置的要求中，环保教育需要有一定的课时保障，在课程表上要有所反映。这是每个学校都做到了的。然而，从一些地方教育系统反馈的情况来看，由于没有专门的教师和课时有限，环保教育并不会成为单独的课程。而一些学校为保障其环保教育有迹可循，大多把它归入活动之中，如开展主题班会、办板报、举行环保知识竞赛、环保主题征文、进社区，以及一年一次的植树节和环保宣传日活动。学校每天的常规教育，如洒扫庭除、不乱扔垃圾等也被列入环保教育。当然，我们要相信这些形式对学生的环保意识会有所启发，但是活动总是短暂的，并不具有知识性。

第三，学校环境教育的师资不足。教师是学校环境教育的执行者，因此教师自身的环境教育素质跟学校环境教育质量有着直接的关系。但是，从我们调研来看，一些地区由于经济发展相对落后，无法提供专业的环境教育教师来教授环境知识，大都由其他学科的教师比如德育处的教师、自然课教师、地理课教师来担任。因此在实际的教学活动中，往往有着很大的局限性，他们很难将环境知识和自身所教的学科灵活地联系起来，教学内容比较生硬，难以达到教学目标。而且部分学校管理人员与教师本身也缺乏环境素养和环境保护意识，对环境问题比较麻木。

第四，一些学校环境教育的效果不尽如人意。有研究调查了某学校在实施基于生物学科的乡土环境教育校本课程后的效果，指出校本课程班的学生在与自然的亲密度方面，对增加学生参加户外活动的时间和学生使用电子产品和网络的时间影响不明显，但对与"自然缺失症"有关的一系列问题具有积极的影响，所以在环境意识方面，对学生增长环境知识非常有效，对学生对待环境问题的态度和关注程度具有较好的纠正作用和促进作用，对学生日常生活中的环保行为实践具有较强的指导意义。① 但是，据我们的调查，实际情况却不是这样。在一些所谓的"绿色学校"，面临国家环保督查，除了准备相关的环保教育资料外，还要努力在校园环境方面显示出环保教育的痕迹，如悬挂横幅标语、改建校园环境等。按照要求，学校显眼处的空墙面必须绿化，这是划归后勤的工作。而我们在调研时看到，靠校门口方向的每层教学楼阳台栏杆处都摆放了新的盆栽爬山虎，以绿化校门口的整个墙面。该校教室走廊的阳台上早就栽上了绿化植物，从外面看去非常美观，在走廊上和教室里还感觉到非常凉爽。但是，一些现象却让我们不得不注意到在环保教育的实践中存在的悖论。在一所乡镇中学呈现的材料中，可以看到该校开展了丰富多样的主题教育活动，在学校的日常教育和管理活动中，教师们也确实花了不少力气培养学生爱护校园环境、不乱扔垃圾等习惯，然而就在离学校大门口百米不到的街道垃圾房处，垃圾从垃圾房中溢出，漫到了行车道上，说明实际效果有限。

环境教育仍然任重道远。由环境教育走向公民美育也许是一种可能的选择。不过，这已在前面各章论及，在此不做赘述。但是依据环境教育在学校的开展情况，我们也大致能够预见公民美育在学校实施的效果。因此，环境教育作为公民美育的一种形式，除了要增加美育意识之外，更重要的是学校要予以重视，在师资、时间、空间、经费等资源的配置方面提供有力的支持。

二、学校田园教育实践的概述

当前学校教育实践还有一类与公民美育非常相近的具体教育形式，那就是"田园教育"。田园与自然不同，是一种人工的自然、文化的自然。田园是一个富有诗意的词汇，也是一个饱含中国文化韵味的意象。它寄托了人的人文理想，也是人安身立命的诗意栖居之地。对现代城市人来说，田园更是一种理想的存在与向往的地方。田园内含的"地方""家园"之义，都是公民美育的重要教育源泉和教育目标。

（一）田园教育兴起的背景

当前的田园教育是在以追求学生的快乐和幸福为目的，以生活教育和自然教育理论为实践指导，以动手劳作的体验教育等相互作用下共同生成的。

学校田园教育的兴起有乡村与城市之别。首先，对城市教育来说，田园教育旨在让学生接触大自然，更有利于学生的身心健全发展。城市里的学生所处

---

① 窦玮爽. 基于乡土环境教育的初中生物校本课程开发与实践研究[D]. 天津：天津师范大学，2015：1.

环境缺乏自然场域。从自然环境角度来说，城市学生仅仅局限于三个世界：家庭、学校及网络世界。充斥在家庭及学校世界的基本是教辅读物、试卷题目。充斥在网络世界的基本是无聊的游戏及虚拟世界[1]。城市是一座钢筋水泥森林，自然生态环境堪忧。将孩子关在楼房里，类似于星级宾馆的设施、现代化的电子设备，人工草坪、塑胶跑道，这样的环境导致了当代学生远离自然、远离乡村、远离田野，缺乏亲近大自然的机会。学生自然也就缺乏一种自然情怀、田园感受，缺乏一种了解自然的兴趣，缺乏一种欣赏自然的能力，"自然缺失症"已愈演愈烈。[2] 因此，逃离这种钢筋丛林的生活就是一种对幸福生活的向往。"田园"成为实施自然教育的最佳场所。例如，广州白云区谢家庄小学认为，挖掘田园文化并不是要回归乡村生活，也不是倡导无为、宁静的生活，而是以"田园"为出发点，追寻自然、健康、和谐、快乐、绿色校园文化。[3] 在现有已经实施田园教育的学校里，他们对于"田园"的创造在一定程度上就是为了满足学生健全发展的愿望。

对农村教育来说，田园教育旨在为农村学校发展提供新的模式。许多农村学校都在思考"如何将学生的生活与教育紧密联系起来"。因此，"田园教育"的想法应运而生。江苏海门市麒麟小学依据陶行知生活教育理论进行了"四季田园"课程的开发。[4] 上海曹王小学回归新农村儿童的生活世界，向新农村儿童真实生活情境转变，生成丰富的新农村优质教育资源，满足新农村儿童全面发展和个性发展的需要。因此，他们依托农村资源，打造"小神龙"创新实验室。[5] 四川蒲江县坚持以提升学生素质为核心，将地方文化特色、经济发展特色与教育理念有机结合，创新了"学校＋家庭＋企业＋社区"四位一体的教育模式，以农村丰富的土地资源、自然资源为优势，将学生的农村生活与教育结合，打造出各式各样的农场或基地等供学生体验、学习和发挥创造力，打造了"自然教育""信任教育""幸福教育"等一系列特色教育品牌。[6]

---

[1] 程红兵. 学校教育需要更多自然情怀与田园感受 [J]. 思想理论教育，2013 (2)：1.
[2] 程红兵. 学校教育需要更多自然情怀与田园感受 [J]. 思想理论教育，2013 (2)：1.
[3] 徐素坚. 挖掘田园文化，构建"种乐教育"特色课程 [J]. 新课程研究，2016 (2)：20.
[4] 施洪若，施雪晴. 行知乐园，让生命美丽的栖居——海门市麒麟小学"四季田园"主题课程研发叙事 [J]. 中国农村教育，2015 (10)：24-26.
[5] 姜新杰. 曹王小学：新田园教育播种孩子未来 [J]. 上海教育，2013 (4)：30-33.
[6] 刘磊. 让农村教育反哺农村发展 [N]. 中国教育报，2013-10-28 (001).

第七章　公民美育的双重实践：社区与学校

（二）田园教育学校实践的举措

1. 创设田园化环境

"田园"意味着自然、生活和劳动，因此，如何在空间有限的学校里建构生活化、亲近自然的田园般的教育环境，这是学校实施田园教育的第一步。"田园教育"实践最明显的特征体现在学校环境改造上。通过"田园"般的学校环境创造，营造"田园"般的校园环境，学生获得了亲近自然的绝佳机会。通过田园劳作，学生也更能直接体验到生活的酸甜苦辣。通过文献的分析，我们发现某些学校秉承着绿色教育的理念来开展田园教育。"绿"也几乎成了学校的代名词。更多的学校是以大自然环境为主要场域，田园实践活动"以四季变换为线索，以劳作、趣探、野玩、节庆为活动内容；以学生亲身实践、感官体验为主要方式，尊重儿童权利。回归儿童需求与天性，持续地激发、支持、引导学生主动探索，使学生成为一个具有旺盛的探索劲、持久的坚持力、独特的表达心、生命的感恩情的'野'孩子"[①]。

学校环境主要分为校园环境、教学区环境以及学校附属环境。校园环境是指除教学楼和行政楼等各种建筑物外的学校广域环境，如运动场、楼间隔离区、荒地等。教学区主要指向教学楼和行政办公区。学校附属环境是指周围和学校合作开发的区域。我们从这三类学校环境出发简单地梳理当前学校田园教育实践中打造田园环境的做法。

（1）校园环境的改造　　开辟农场、打造"自然角"。

绝大部分学校的田园教育实践都在校园里开辟了各类农场以供学生体验，如蔬菜种植区、水果栽培区、现代科技农业展示区等。江苏海门市麒麟小学打造的"行知乐园"包括："A. 曼妙行知架——这一区域主要是种植藤蔓植物，现在已经种下了葡萄；B. 奇趣试验田——分大棚内和大棚外两个区域，大棚内种植过青菜、花、卷心菜、草莓等蔬菜水果，大棚外如今种着玉米、油菜、蚕豆等农作物；C. 旖旎花卉房——用来进行各种花卉种植的实践研究，水仙是花卉房当下的主要成员，水仙移栽入盆后我们用来美化各教室、办公室。"[②]北京大兴区庞各庄第二中心小学依托自己良好的农村瓜果等自然资源打造学校的田园环境。"他们在校内自建了浑河砚、雏鹰实践园、农艺园、育新园等学

---

① 王雯. 成就都市中的"野"孩子——幼儿园"田园实践活动"的构架与探索[J]. 上海课程教学研究，2017（5）：10.

② 施洪若，施雪晴. 行知乐园，让生命美丽的栖居——海门市麒麟小学"四季田园"主题课程研发叙事[J]. 中国农村教育，2015（10）：26.

生综合实践基地。在劳动实践中,种植园菜的选种、种植、管理、收获完全放手由各少先中队负责,并给负责的中队及队长挂牌,增强队员的自主意识及主人翁意识,让队员们从中体验劳动的艰辛、丰收的喜悦,理解'锄禾日当午,汗滴禾下土'的深刻寓意,联想到父母每天务农的不容易,激发队员形成孝敬父母的传统美德。"① 浙江永嘉石公田小学以相传为中国山水诗鼻祖谢灵运的私家田地为基础,以周围的田园风光为课程资源进行学校田园教育实践。他们开辟了菜地,种植了芥菜、小麦、紫云英的小苗。② 广州市白云区谢家庄小学也在学校围墙边的一大片空地上开辟了"开心农场",进行了一系列的种植活动,如种植木瓜、黄皮树、杨桃树、杜鹃及时令蔬菜等。开垦、整地、播种、施肥、浇水等均由师生共同完成。此外,在开心农场旁边还建立了一所种乐农具坊,里面展示了许多由家长和老师共同收集而来的传统的与现代化的农耕工具。③

除了以上所提到的一些小学进行的田园环境的打造之外,我国更多的是幼儿园学校在进行自然化、生活化、田园化的园区环境创设。例如江苏省如皋市丁堰镇幼儿园就开辟了 1500 平方米的户外种植园,将 1500 平方米的土地作为种植园分配到各班,以满足各个班级同时开展种植活动的需要。另外,该幼儿园还开辟了户外果木林,柿子、枣子、橘子、无花果、石榴、梨等组合成的果木林美化着园区环境,这也为田园课程的开发提供了实践来源④。

通过上述分析我们发现,能够在校园里开辟出一片农场、菜地或者种植园的学校大多数为农村学校,其主要资源为宽阔的校园占地面积。可是,对于城市学校来说,面对有限的校区面积,如何才能够打造出田园般的校园环境呢?这些学校大多利用面积有限的校园打造出了"自然角"。例如,浙江省舟山市定海区城东小学就利用学校建筑物间的走道、墙壁等空间资源打造出"一米阳光"进行植物种植,实现鱼菜共养。⑤ 综上可知,学校田园教育的实践是需要校园自然、生活化的环境作为支撑的。所谓"田园"不仅是教育的特色,更是校园农场般可供学生体验耕种、养殖等活动的场所。通过对农村广阔土地资源的利用,打造出来的农场田园成了学生们学习的乐土。各式各样的种植活动让学生们体验到了农耕的乐趣与艰辛,亲近了我国历史悠久的农耕文明。值得一

---

① 苏令,杜少岗. 让教育在"田园"中返璞归真 [EB/OL]. (2009-03-18) [2009-03-18]. http://news.zzedu.net.cn/lhxdxz/03/6630.shtml?ldeixlgttdnzarpe?frgmywsihmydnzri.
② 石天星. 石公田小学的乡村笔记——山水田园里的乡村教育 [N]. 浙江日报,2016-04-15.
③ 徐素坚. 挖掘田园文化,构建"种乐教育"特色课程 [J]. 新课程研究,2016(2):22.
④ 仇美霞,杨蓉蓉. 农村幼儿园"田园课程"的构建 [J]. 江苏幼儿教育,2017(1):42.
⑤ 夏波芬. "一米阳光"田园教育的探索与实践 [J]. 中国农村教育,2016(7):108-109.

提的是：农耕生活并非仅限于传统的耕地种植，还应该满足学生的体验需求，让其接受中国传统农耕文化的熏陶。尽管在学校开辟了农地以供使用，但教师也需要具备扎实的农耕文化功底才能对学生进行科学的、恰当的田园种植教育，也只有具备了较为扎实的农耕文化基础，才能够更好地实现应试教育与田园教育的融合。

(2) 教学区环境的创设——班级墙文化创造与种植箱设置。

为了更好地发挥环境育人的作用，一些学校不仅开辟了农场，还将自然般的舒适环境融入班级之中。通过班级环境文化的创设对学生进行美和自然的熏陶。例如北京庞各庄小学挖掘班级每一面墙壁、每一株植物所具有的育人点，教师们亲手绘制了巨幅墙画"清明上河图""老北京风情图"，并利用教室前面的学生绘画墙、校本展室前的农耕图及田园幼儿园前的宣传画等来增强学校的田园教育氛围。[①] 某些小学和幼儿园也在班级的走廊间设立种植箱，通过科学课程等让学生们进行豆芽、花卉等的种植，既为学生提供了动手体验的机会，也赋予了学生近距离观察植物生长的条件。如浙江舟山市定海区城东小学不仅打造了"一米阳光"自然区培育秧苗等，更在班级门口设置了统一规格的种植箱——深度为 0.15 米，长度为 1.00 米，宽度 0.50 米。"一米阳光"种植箱分为三个方格，每个方格都种植不一样的农作物以便学生能够观察和比较。此外，该校还在墙上进行"立体种植"，在墙上安装由几排架子、装着营养液的水槽、活动的 LED 灯和一些轻便栽培体组装而成的立体种植箱[②]。

总之，学校田园教育的实践注重校园环境的改造，将"田园"特色融入学校的每个角落。"自然"般的环境增添了学校田园教育的氛围，为班级提供了绿色资源，美化了班级环境，也时刻给予学生田园文化的熏陶。

(3) 校外实践基地的联合。

除了创设田园般的学校环境，一些学校为充分挖掘自然资源，还联合了学校周边的各类实践基地，如农田实践基地、瓜果种植实践基地等进行田园教育实践。如北京庞各庄第二中心小学重点开发了学校周边的老宋瓜园、高科技甘薯基地和反季节水果基地等多个高科技农业园区，以及西瓜博物馆、万亩梨花庄园等，使之成为他们的校外教育基地。[③] 上海曹王小学建有四个田园实践基

---

① 苏令，杜少岗. 让教育在"田园"中返璞归真 [EB/OL]. (2009-03-18) [2009-03-18]. http://news.zzedu.net.cn/lhxdxz/03/6630.shtml?ldeixlgttdnzarpe?frgmywsihmydnzri.

② 夏波芬. "一米阳光"田园教育的探索与实践 [J]. 中国农村教育，2016 (7)：108-109.

③ 苏令，杜少岗. 让教育在"田园"中返璞归真 [EB/OL]. (2009-03-18) [2009-03-18]. http://news.zzedu.net.cn/lhxdxz/03/6630.shtml?ldeixlgttdnzarpe?frgmywsihmydnzri.

地，在校内打造了奇妙观察窗、开心试验田、温室试验田，此外，学校还充分挖掘了校外科普教育基地，利用徐行黄瓜、万头羊、观赏鱼等现代农业基地开展多样的探究活动。江苏省常州市新北区圩塘中心小学有效挖掘丰富的地域资源，与政府、社区、企业等一起建设校外常态化合作基地，如网络控制种植的"e农庄生态园"、讲求生态化种植的"菜根香蔬菜基地"、秉持有机化种植的"边检中队有机蔬菜基地"、彰显非物质文化遗产的春江镇非遗馆、显现地方遗产文化的春江楠木厅等，学校还建立了按需合作的基地，如散点分布的草莓园、葡萄村、大棚蔬菜等。[①] 这些校外实践基地不仅节约了学校的成本，更让学校与社区相互交流，给学生提供更多的教育资源和实践机会。

2. 开发校本田园课程

学校田园教育的实践大多是通过校本课程进行的，其自主开发的校本课程中的内容则具有较强的参考性。通过教育案例梳理可以发现，许多学校开发了"田园教材"，并以该教材为依据设置校本课程。

上海曹王小学根据学校打造的"小神龙创新实验室"开发了"小神龙课程"，各年级课程之间皆有衔接。他们还开发出来了《智慧小神龙》《小农场大课堂》等教材。《智慧小神龙》以"小神龙创新实验室"为基础开发出4个模块和4个主题皆以蔬菜、瓜果等农作物认识与种植为主。《小农场大课堂》是以学校打造的"YY农场"为基地，与各年级的语文、数学、科学、美术、品德等课程进行整合，实施"嵌入式教学"[②]。

广州白云区谢家庄小学开发了"种乐教育课程"。课程包括"游戏课堂""乡村游戏集""乡村家园礼仪""种植快乐""美画乡村家园""诗颂乡村家园"等课程模块，并编写了系列校本教材，该教材大纲分成五大部分：一是关于田园文化、乡村教育理论的阐述，二是学校特色发展史、社区名人事迹和精神的展现，三是学校办学理念、校训等形成过程的阐述，四是田园诗与基本的农耕种植知识，五是乡村游戏活动的内容。[③]

江苏海门市麒麟小学开发了"四季田园"课程。该课程以"春播希望、夏育缤纷、秋收喜悦、冬蕴沉思"为四大主题单元，每个单元分别以"春天的播种、夏天的培育、秋天的收获、冬天的展望"为研发落脚点，汲取语文、科

---

① 王志良，周建芬. "农文化"：打造"和乐教育"的有效载体 [J]. 教育研究与评论（小学教育教学），2017（8）：28.

② 郭瑞. "缝合"城乡生活的断裂——记上海市嘉定区曹王小学新田园教育文化 [N]. 中国教师报，2016—05—05（012）.

③ 夏波芬. "一米阳光"田园教育的探索与实践 [J]. 中国农村教育，2016（7）：108—109.

学、综合实践、艺术等各学科的教育特点，并纳入二十四节气歌、田园农具的认识、春播作物特点、春播实践、作物培育研究、秋收注意点、走进田园名人、未来农作物畅想等内容。① 他们在内容选择上既注重知识的探究性，也注重社会实践性，力求通过学生的亲身体验与实践让学生获得发展。

北京庞各庄小学依托庞各镇的瓜果资源优势创设了西瓜章，开展了争章活动："一、二年级学生在辅导员老师带领下认识、了解简单的西瓜知识，通过参观西瓜博物馆、老宋瓜园等校外实践基地知道西瓜的历史、品种等，并用自己的画笔描绘出西瓜的样子，争戴'认瓜章'；三、四年级学生在校本老师的带领下，学习如何种植西瓜，如何将栽种好的小苗从育新园花棚中移植到农艺园中，争戴'种瓜章'；五年级学生学习一些含有科技成分的技术，比如西瓜的嫁接等技能，争戴'科学理瓜章'；六年级学生通过自己到校外调查西瓜的亩产值、年销售量、西瓜的用途、当年的'瓜王'等材料，争戴'调查西瓜章'等。该活动特色鲜明，内容丰富，受到学生们的追捧。"②

江苏常州圩塘中心小学依托江南农村、鱼米之乡的优势，对农村资源、社区资源和学校资源进行整合，推出"农文化"校本课程。该校充分挖掘地区的农文化资源。"农文化"课程分为认识实践、感悟发展和传承文化三个部分。其中认识实践包括五谷杂粮、瓜果蔬菜、种植、养殖四个方面，感悟发展包括源远流长的农耕文明和日新月异的现代农业，传承文化部分包括农事器用、农事指南、农村饮食文化、农村传统文化以及农村节庆文化等。③

四川省成都市全兴小学地处城乡接合部，学校近90％的学生是随迁子女，其父母都是外来务工人员。大部分学生的行为习惯等会带有农村学生的"野性"，显得课堂纪律稍差；此外，由于大多数学生来自农村，他们的自信心、生活自理能力等方面会稍微欠缺，因此，学校于2013年正式开始实施田园教育，希望通过实施田园课程改善这种状况。为了开展田园课程，在专家的指导下，该校利用占地面积较大的优势，积极创设自然资源：在空地上种植各种植物，包括梨树、香薰片及多肉等；将教室改为蘑菇房；打造荷花池塘、建造阳光长廊。该校以二十四节气为导引，开设了三门田园校本课程：印象田园、营

---

① 施洪若，施雪晴. 行知乐园，让生命美丽的栖居——海门市麒麟小学"四季田园"主题课程研发叙事［J］. 中国农村教育，2015（10）：25.
② 苏令，杜少岗. 让教育在"田园"中返璞归真［EB/OL］. （2009-03-18）［2009-03-18］. http://news.zzedu.net.cn/lhxdxz/03/6630.shtml?ldeixlgttdnzarpe?frgmywsihmydnzri.
③ 王志良，周建芬. "农文化"：打造"和乐教育"的有效载体［J］. 教育研究与评论（小学教育教学），2017（8）：25-28.

养膳食、学科渗透,相应地编写了三套校本教材,分别是:印象田园、营养膳食、绿色环保,编排了教师用书和学生用书共 6 本作为教学文本。印象田园课程的目标是让学生了解我国的传统农耕文化,具体实施由教师带领学生进行田园劳作。营养膳食课程的目标是让学生学习中华传统文化,具体内容为学生在小厨房学习我国传统食物的烹饪,该课是由老师和家长共同协作,通过教师组织,家长与学生共同完成食物的烹调。学科渗透课程的教学目标是让国家课程知识与田园课程知识相融通并相互促进。该课程主要由班主任统领,具体内容是科任老师将当天学科教学知识与田园知识进行有机整合。考虑到二十四节气贯穿全年,同时也是我国传统时令,学生可以了解到传统农耕文化,因此该校根据二十四节气的时令安排学生进行不同的田园课程活动。

更多的农村学校尤其是幼儿园是通过挖掘自然资源开展某些微小的、分散的田园活动。通过上述对学校田园课程内容的梳理,我们可总结出,在现已实践田园教育的学校里,田园课程受到了学生们的热爱与追捧。但更多的学校迫于考试、升学压力等并未大力进行田园教育实践,而是以微型活动、分散实施的方式进行渗透。

3. 实施劳动教育

众所周知,学校田园教育的实践特色之一就是学生能够在学校里劳作。耕读文化是学校田园教育实践的核心组成部分。其实,这都主要来源于"劳动教育"的思想。20 世纪以来,国外许多学校都非常重视综合实践活动类课程的开发,主张通过手工劳动、工厂劳动或田间劳作获得生活技能和社会责任感等。在我国,由于传统教育过分注重知识的掌握,学生生活能力培养较为滞后,学校教育与劳动生活脱节的现象较为明显。因此,一些学校的"田园教育"实践则更加关注"劳动教育"的价值,使之成为学校践行田园教育的指导思想。例如前述的娄桥中学通过在校园里开辟蔬菜基地的方式让学生自己计划、创造,动手实践,并且取得了良好的反响和效果。

(三)田园教育学校实践中的问题

关于目前的学校田园教育实践,仍然存在许多问题和障碍。这也许是公民美育的学校实践将同样会遭遇到的。

1. 一些学校的教学评价体制阻碍了田园教育的开展

一些学校的教学评价体制远离"自然",既没有从整体上在教育现实的状态中研究和把握课程改革理论与实践发展规律,也并没有多少学者采取长期的自然观察法来评价当今的教育理论与实践。当前一些学校都是通过田园活动课程来落实田园教育,但对于该课程,许多学校并没有制定相应的评价制度。一部分学校为其田园校本课程设置了学分，还有少许学校采用等级评分制，大多是通过教师观察等形式对学生的表现进行评判。此外，通过访谈分析我们了解到，许多学校并没有将田园课程的成绩纳入每学年的综合考评及升学考评中。这直接导致了学校及家长对该课程的忽视。田园校本课程成了家长甚至是教师眼中的"豆芽"课。在对成都市全兴小学的调研过程中了解到，同样由于上述原因，该校对此课程不重视，导致一些老师私下将这门课变为了其他"考试"科目。一些老师甚至是秉持着"不得已"的心态而进行田园课程教学。田园课程的开展很难直接从"表面"即分数上反映出学生学习效果。因此，在具体的实施过程中，教学评价制度的不完善带来的问题影响着田园教育的开展。

2. 一些学校的社会教育价值取向的偏离阻碍了田园教育的开展

当前，一些学校的社会教育价值取向的偏离直接导致了他们对田园教育的认可度较低，或者说田园教育本身不太受重视。虽然田园教育似乎很"火热"，但并未得到真正重视。社会对学校、教师、学生的评价仅仅只依赖于考试的卷面分数。因此，一些学生、家长甚至是教师将田园教育的实施仅仅看作是新课程改革的"时髦标签"，有时更招致怀疑、反对的声音。例如成都市某小学积极开展的田园教育不仅不被认可，许多家长根本不认同学校开设的田园课程，学校甚至因此遭到一些家长投诉。少数教师因学校开展"毫无价值"的田园教育而选择离校。田园教育得到社会较多消极的反馈，这也极大地影响了学校的积极性。

3. 升学压力阻碍了一些学校田园教育的开展

升学压力在一定程度上制约着教育改革的进程，同时也阻碍了田园教育的实施。有研究者在调研蒲江县的田园教育实践时发现：随着年级的增高，农村田园教育实施的难度也越来越大。在幼儿园、小学等受考试评价影响较小的学龄阶段，农村教育可以较好地结合当地优势，形成特色。如位于成都市蒲江西来镇的西来幼儿园原本生源数量呈下降趋势，但随着幼儿园充分利用其位于农村的优势，在园区内开发出各种"田园式"的游戏场地和玩具，并留有儿童种植的苗圃，使幼儿能够更好地茁壮成长后，幼儿园便吸引了更多的生源。同样的苗圃在当地的初高中也存在着，但却很少与学生的生活发生交集，形同虚设。① 又如成都市全兴小学，该校在刚开始实施田园课程时，每周安排了大量田园活动课，但开展一段时间过后，发现学生的语文、数学成绩有所下降，课

---

① 刘秀峰. 农村实施田园教育的若干设想 [J]. 四川师范大学学报（社会科学版），2015（1）：98.

堂纪律也不如从前。导致这一现象的原因值得考究，但该校采取了直接减少田园课程的课时安排的方式，将周一和周五的课程调整为国家课程科目的课时。尽管如此，通过对该校教师的访谈了解到，学生很期望学校能多安排田园活动课，因为他们更加开心并能够散发自己的个性。

4. 一些学校的教师专业水平局限性导致田园教育的实施只局限于表层，未进行深层次内化

通过文献调研和实地访谈调查发现，许多学校对田园教育的理解不够深入，认为田园教育只指代"自然教育""劳动中的教育"，开展的相关课程仅仅局限于自然环境的打造及学生的"种植体验"。生活化、自然化的环境改造是学校开展田园教育的手段，但是过分强调"种植体验"而忽视精神文化的熏陶不能真正达到教育目的。如我们在成都市全兴小学，为开展田园教育专门成立了课题组。但总的来说，教师的科研水平不高以及缺乏相关的专业知识，加之没有专业人士进行定期指导，因此只能自己摸索着进行课程开发与研究，常会出现"一脸懵，一把抓"的情况。另外，通过对该校教师的访谈了解到：学校田园教育的微课题至今已经进行了两届，教师对实施田园教育的效果、推广价值却没有肯定的把握。此外，该校部分教师对田园教育的认识度不够高，而且仅处于表面层次，这在田园课程的实施过程中，表现在两个方面：一是教师并未意识到在该课程的教学中要融入环境、生态及审美教育；二是教师缺乏课程整合意识，这也导致了教学中田园校本课程与国家课程的分离，具体表现为学校将国家课程与田园课程的课时安排在不同的时间段，没将二者进行有机的融合。虽然该校开设了学科渗透这一门课程，但教师却很少上课。因此，无论是校内农场的开辟还是田园种植活动都不能仅限于给予学生农耕体验的经历，也应该注重生态文化、环保意识、艺术审美等方面的教育和熏陶。田园教育理念需要教育工作者进行内化、本土化，进而形成特定的"自然教育的学校文化"。

5. 城镇区域学校缺乏自然资源导致其无法顺利开展田园教育

城镇学校周围缺乏实施田园教育的自然资源或许是阻碍其开展田园教育的因素之一。如今，我国城镇化进程加快，大批进城务工人员子女就读城镇学校，这在一定程度上造成了城区学校空间拥挤。城镇学校虽然有现代化的教学设施，但大都被钢筋、水泥铸成的建筑所包围，学校及周围环境极度缺乏"天然"的自然资源。尽管各校尽力打造"自然角"，通过设立种植箱等方式打造自然环境，也有一些学校与校外实践基地联合，但这些虚拟仿制的"自然"终究代替不了"天然"的自然环境。

6. 农村实施田园教育的特殊困境

由于学校所处地域的关系,大部分农村学校在开展田园教育过程中遇到的问题还是有其特殊性。

(1) 农村教育教学缺乏文化自觉阻碍了田园教育的开展。

随着城乡一体化进程加快,农村教育面临着严峻的挑战。"文化的多样性是人类的宝贵财富,但是后发展的乡村地区在追求与发达地区一样的现代化时,乡村的传统文化和地方性知识渐渐受到忽视已是不争的事实,乡村的传统文化在城市化的冲击下,既有的文化已经退却,优秀的文化又难以进入,这必然导致乡村社会整体文化的虚空。"① 由此,这不可避免地导致了乡村文化带着自卑的心理烙印。由于教育的话语权与决策权大都集中在城市阶层,更潜在地让我们的教育政策与主流教育话语更多地带有城市取向。②

"因此,虽然乡镇地域内长期积淀而形成的地域、民俗文化传统,潜藏着丰富的教育资源,具有可充分挖掘的教育优势。但在这种转型社会环境下生成的价值取向引领下,乡镇教育也开始趋附城市教育,失去了自身的特色,使依附着田园而成长的乡镇孩子,渐渐远离了田园,远离了自然。"③ 在乡村学校看来,实施田园课程自然也成了一种"老套""过时"的教学方式。

(2) 农村实施田园教育对农村教师的素质提出很大的挑战

田园教育的实施,需要教师善于发掘本土的课程资源,将乡村的田园美与学校的教书育人结合起来,这些都需要教师具备一定的课程资源开发能力。而当前我国农村中小学教师"老龄化"现象比较严重,这些教师仍多持传统的课程观,将课程视为教学科目和教材,课程资源开发的意识比较淡薄,对课程资源的开发表现出茫然和漠视。④ 因此,农村教师的教育观和课程观也是农村实施田园教育的一大困难。

三、公民美育学校实践三部曲:审美情感、审美批判与审美参与

通过文献分析我们也发现,在已经实施田园教育的学校中,能够想到将

---

① 李瑞书. 城乡一体化进程中乡村学校教育的文化选择 [D]. 重庆:西南大学,2012:1-2.
② 刘铁芳. 乡土的逃离与回归——乡村教育的人文重建 [M]. 福州:福建教育出版社,2008:18.
③ 施洪若,施雪晴. 行知乐园,让生命美丽的栖居——海门市麒麟小学"四季田园"主题课程研发叙事 [J]. 中国农村教育,2015(10):24.
④ 刘秀峰. 农村实施田园教育的若干设想 [J]. 四川师范大学学报(社会科学版),2015(1):98.

"田园教育"与环境教育相结合的学校较少,大部分学校是从学生的发展出发而进行田园实践,能够从环境教育和美育角度来认识田园教育的学校很少。

那么,如何将田园教育作为一种公民美育形式来实施呢?

第一,将田园教育作为解决环境问题的重要途径。向往田园与环境污染的联系成为田园教育作为公民美育形式的重要起点。环境污染是一个现代性问题,即现代工业化的产物。在城市,"田园"也成为追求解决城市环境问题("城市病")的重要理念。英国人霍华德的"田园城市"理论就是这一主流的重要代表。霍华德设想若干个田园城市围绕中心城市,构成城市组群,他称之为"无贫民窟无烟尘的城市群"[①]。这种田园城市实际上是城市与乡村的结合。时至今日,建设田园城市仍是我们追求的一大目标,如"看得见山、看得见水、记得住乡愁"的最美田园、"山水田园共同体"。当代城市人对田园的向往也推动了乡村旅游的热潮。田园日常生活和田园风光,伴随着自然山水,成为城里人释放个人天性和工作压力的绝佳场所。因此,田园问题是个现代性问题,具体是关涉现代人情感体验和精神归属的问题。

第二,赋予田园教育以公民美育功能。田园教育本身就是美育的一种途径。不论是最先在中国开展田园教育的白马湖畔的春晖中学,还是陶行知先生在古圣寺里创办的育才学校,都相当重视美育。"以美学的眼光去发现和利用农村的自然资源,将自然环境变为美好的育人环境,这都需要发挥美育的作用。而我国农村学校音乐、美术等艺术课程的开设尚显困难,更遑论整体美育的开展了。"[②]《中小学德育工作指南》提出的五项德育内容之一就是"生态文明教育"。应加强节约教育和环境保护教育,开展关于大气、土地、水、粮食等资源的基本国情教育,帮助学生了解祖国的大好河山和地理地貌,开展节粮节水节电教育活动,推动实行垃圾分类,倡导绿色消费,引导学生树立尊重自然、顺应自然、保护自然的发展理念,养成勤俭节约、低碳环保、自觉劳动的生活习惯,形成健康文明的生活方式。在"实施途径和要求"部分也提出了环境教育,培养学生爱家乡、爱祖国的情感,以及优化校园环境:"学校校园建筑、设施、布置、景色要安全健康、温馨舒适,使校园内一草一木、一砖一石都体现教育的引导和熏陶。"如果将田园教育视为一种公民美育形式,那么只需在现有学校田园教育实践中增加关于自然与环境的"审美意识"以及审美情

---

① 埃比尼泽·霍华德. 明日的田园城市[M]. 金经元,译. 北京:商务印书馆,2009:6.
② 刘秀峰. 农村实施田园教育的若干设想[J]. 四川师范大学学报(社会科学版),2015(1):98.

第七章 公民美育的双重实践：社区与学校

感的培育这一新目标即可。

从当前我国学校田园教育实践的概况来看，田园教育的学校实践主要表现为活动课程、环境创设以及劳作教育。公民美育实践需要有针对性的专项活动。活动课程无疑是最主要的田园教育课程。如环保活动让家长带领学生亲近自然，从而让学生从小欣赏自然并保护自然等。[①] 除了活动课程，还有部分微型课程、整合课程，例如将田园教育融入生物、地理课程中。总之，田园教育课程以活动课程为主，决定了田园教育实践更多是学生、教师的积极参与。

但是，如前所述，关于学校田园教育实践存在的问题主要不是在课程内容方面，而是在课程实施方面，即实施主体、外部环境、课程评价这三个方面。这说明田园教育实践的思维和视野不能只局限于学校内部。

提高田园教育的实效从校外因素着手。具体而言，学校田园教育实践注意三个方面：情感体验、主体参与、社会因素。正是在这三个要点上，公民美育需与学校田园教育结合起来。前面几章我们已经谈及，公民美育包括三种教育形态：公共审美情感教育、公民审美批判教育和公民审美参与实践。这三部分与学校田园教育的上述三个要点一一对应。因此，如果学校田园教育要成为一种公民美育形式，就要遵循情感体验、审美批判和审美参与的公民美育的教育逻辑。这是学校田园教育走出目前困境的一种可能路径。

田园教育遇阻的外部因素升如学压力和社会反对都来自家长。因此，学校田园教育者要认真思考这一社会因素。其实，这种反对是时代变迁的必然结果。在本书第四章的第三节我们已分析了当前农村的部分年轻人不再恋乡的情况。田园教育对家园的审美重构不仅是学校教育，也是一种社会教育，这是对人心人情的暖化、优化、情感化。显然，当前的田园教育的学校实践既缺乏对时代背景的思考，也缺乏对外在大环境的考虑。如果田园教育能够实现对农村家园的审美重构，那么，它不仅可以成为公民美育的一种形式，更是农村教育的现代形式。

农村人主动离乡与城里人向往田园，折射出两种不同的审美价值。城里人如局外人般地欣赏田园风光，这不是公民美育所需要的审美。公民美育的审美是一种参与审美。这种参与不仅仅是如伯林特所说的全身心投入的审美，更需要一种营造、维护美丽环境的情感体验与行动介入。英国文化研究学者雷蒙·威廉斯（Raymond Williams）把城乡关系的变迁与资本主义社会发展联系起

[①] 唐玉溪，黄甫全，李灵丽，等. 彰显价值教育课程开发的新路向——全国首届价值教育课程开发研讨会综述［J］. 教育发展研究，2016（24）：82.

来，批评了怀旧的田园主义传统。他认为，这一传统把过去的乡村英国加以理想化，认为这是一种自然的和道德的生活方式。威廉斯通过一系列的事实和深刻的分析证明，并不存在一个没有剥削、没有苦难的过去时光，所谓的"旧英格兰"不过是刻意编织出来的意识形态神话，是对真实历史作出的误导性的回应。文学在此过程中发挥了重要作用。例如在田园诗中，农业劳作的艰苦和乡村社会中的黑暗现实遭到了摒弃，诗歌中的生活张力被一步步删除，只留下精心挑选的精致意象，宛如一个涂了釉彩的虚幻世界。① 在这种美化乡村的田园文学背后，是我们看不见的田间农民，那些流离失所者和遭到驱逐者，所有那些用土地和劳作为他们提供食物和零花钱的男人和女人们。"城镇和乡村"的谎言宣扬表面上的对比，掩盖真正的对立。② 城市成为农民生存的希望。我们不是为了生存，而是为了生活得更好。"劳作的乡村几乎从来都不是一种风景。风景的概念暗示着分隔和观察。"③ 局外人如游客自然会把这些当成风景，可是作为当事人的农民们把游客当成消费者。他们不会把自己的家乡当成风景。而城市希望让乡村为了旅游者的审美而止步不前是一种不合理的要求。威廉斯说："现在乡村的一般意象是一个有关过去的意象，而城市的一般意象是有关一个未来的形象，这一点具有深远的意义。……一种关于乡村的观点往往是一种关于童年的观点：不仅仅是关于当地的回忆，或是理想化的共有的回忆，还有对童年的感觉：对全心全意沉浸于自己世界的那种快乐的感觉——在我们的成长过程中，我们最终疏远了自己的这个世界并与之分离，结果这种感觉和那个童年世界一起变成了我们观察的对象。"④

因此，对于乡村田园教育的浪漫主义倾向我们要进行一种审美批判。有批判者已经指出，田园文学在某种程度上对社会罪恶有所批判，但其力度十分微弱。它倡导一种独善其身的处事准则，乡村山野成为田园诗人永远的遁地和故乡。⑤ 例如美国诗人罗伯特·弗洛斯特的反田园诗就是对工业文明的审美批

---

① 雷蒙·威廉斯. 乡村与城市 [M]. 韩子满, 刘戈, 徐珊珊, 译. 北京：商务印书馆, 2013: 译序 3.
② 雷蒙·威廉斯. 乡村与城市 [M]. 韩子满, 刘戈, 徐珊珊, 译. 北京：商务印书馆, 2013: 76.
③ 雷蒙·威廉斯. 乡村与城市 [M]. 韩子满, 刘戈, 徐珊珊, 译. 北京：商务印书馆, 2013: 167.
④ 雷蒙·威廉斯. 乡村与城市 [M]. 韩子满, 刘戈, 徐珊珊, 译. 北京：商务印书馆, 2013: 401-402.
⑤ 李应雪. 反田园诗的审美批判——罗伯特·弗洛斯特诗歌新探 [J]. 辽宁大学学报（哲学社会科学版）, 2016, 44 (3): 123-130.

第七章 公民美育的双重实践：社区与学校

判，展现了工业文明背景下人与自然业已被破坏的现实关系以及新英格兰人生存的凄凉景象。他的自然诗歌摒弃了传统田园诗"塑造审美乌托邦"的精神旨归、超越其逃避现实的审美倾向，以"反田园"的精神气质真实反映人与自然日趋紧张的现实关系，凸显工业化对于自然和人类的种种异化现象。当然，弗洛斯特对于田园诗的反讽并不意味着其对人与自然和谐美好的关系的否定。相反，弗氏美学批判的终极目的在于重建人与自然平等的"对话"关系，而这一美学理想的现实基础是对人与自然现实关系的清醒认识和重新理解。在弗洛斯特的诗歌中，田园诗人最后的避难所也不复存在，大自然不可避免地成为工业文明的进攻对象，这也是人类反思其存在意义的地方。从失去家园的孤独，到丧失性命的凄惨，弗洛斯特的"反田园诗"的审美批判不仅鞭挞工业化的异化，更警示人们回归家乡、重新栖居的迫切性。① 在今日，无论农村人还是城市人，他们中的许多人都处在"无根的漂泊"这一现代人普遍的存在状态。正如孙惠芬在自传体小说《舞者》中自诉的那样："我迷失了家园，我不知还该向何处去，城市不能使我舒展，乡村不能使我停留，我找不到宁静，没有宁静。"② 走出这一精神困境，寻找到自己的精神家园，正是公民美育的时代价值所在。

在对田园教育实践进行批判之后，我们要有所行动。如何行动呢？那就是，认识我们脚下的土地，并积极参与到环境治理与保护之中。公民美育的审美参与教育，意味着我们要建设田园，无论是田园城市，还是美丽乡村，这都是美丽中国建设的重要内容。尤其是培育现代人的"地方感"、对土地的情感，这对美丽中国建设中的家园感培养非常重要。

总之，当前我国学校的环境教育应该走向公民美育，在人的情感、审美层面触动保护环境的深层动力，而以田园教育为代表的热爱家乡、热爱自然的教育也要在建构精神家园的层面进行审美重构。"审美情感""审美批判""审美参与"成为公民美育的三要素。因此，这一重构既包括情感体验，也包括审美批判，更要有积极的行动，从而形成一种较好的公民美育的学校实践体系。建设美丽的城市和乡村，不仅仅是为了获得美丽整洁的环境，更是致力于寻找精神家园的归属。这才是公民美育最终追寻的目标。

---

① 李应雪. 反田园诗的审美批判——罗伯特·弗洛斯特诗歌新探 [J]. 辽宁大学学报（哲学社会科学版），2016，44（3）：123—130.

② 孙惠芬. 街与道的宗教 [M]. 西安：陕西师范大学出版社，2002：134.

主要参考文献

一、中文文献

阿多诺, 1998. 美学理论 [M]. 王柯平, 译. 成都：四川人民出版社.

奥康纳, 2003. 自然的理由——生态学马克思主义研究 [M]. 唐正东, 藏佩洪, 译. 南京：南京大学出版社.

贝纳特, 科茨, 2008. 环境与历史：美国和南非驯化历史的比较 [M]. 包茂红, 译. 南京：译林出版社.

伯兰德, 朱健刚, 2007. 公众参与与社区公共空间的生产——对绿色社区建设的个案研究 [J]. 社会学研究 (4).

伯林特, 2006. 环境美学 [M]. 张敏, 周雨, 译. 长沙：湖南科学技术出版社.

伯林特, 2006. 生活在景观中——走向一种环境美学 [M]. 陈盼, 译. 长沙：湖南科学技术出版社.

伯林特, 2007. 环境与艺术环境美学的多维视角 [M]. 刘悦笛, 译. 重庆：重庆出版社.

伯林特, 2008. 环境美学的发展及其新近问题 [J]. 世界哲学 (3).

布拉萨, 2008. 景观美学 [M]. 彭锋, 译. 北京：北京大学出版社.

陈伯海, 2011. 生命体验和审美超越——论审美体验的由来与归趋 [J]. 河北学刊, 31 (4).

陈国雄, 2014. 环境体验的审美描述——环境美学视野中的审美经验剖析 [J]. 郑州大学学报（哲学社会科学版）, 47 (6).

陈望衡, 2005. 美与当代生活方式 [M]. 武汉：武汉大学出版社.

陈望衡, 2007. 环境美学 [M]. 武汉：武汉大学出版社.

陈望衡, 2014. 我们的家园：环境美学谈 [M]. 南京：江苏人民出版社.

陈望衡, 2016. 中国美学的国家意识 [J]. 文学评论 (3).

程红兵, 2013. 学校教育需要更多自然情怀与田园感受 [J]. 思想理论教育 (1).

主要参考文献

崔建霞, 2009. 公民环境教育新论 [M]. 济南: 山东大学出版社.

代迅, 2015. 广场舞: 意识形态、审美文化与公共空间 [J]. 西南民族大学学报 (人文社科版), 36 (11).

邓壮, 2014. 审美霸权现象探析 [D]. 上海: 上海师范大学.

狄斯纳, 2007. 美和道德教育 [J]. 罗蔚, 汪宏, 译. 重庆工学院学报 (社会科学版) (1).

迪萨纳亚克, 2004. 审美的人 [M]. 卢晓辉, 译. 北京: 商务印书馆.

丁永祥, 李新生, 2004. 生态美育 [M]. 郑州: 河南美术出版社.

窦玮爽, 2015. 基于乡土环境教育的初中生物校本课程开发与实践研究 [D]. 天津: 天津师范大学.

杜夫海纳, 1996. 审美经验现象学 [M]. 韩树站, 译. 北京: 文化艺术出版社.

杜卫, 2000. 美育论 [M]. 北京: 教育科学出版社.

杜卫, 2004. 审美功利主义——中国现代美育理论研究 [M]. 北京: 人民出版社.

杜卫, 2008. 当代中国美育问题 [M]. 济南: 山东文艺出版社.

杜卫, 2014. 论审美素养及其培养 [J]. 教育研究 (11).

恩格尔, 2014. 环境教育: 艺术、科学与生态批评 [J]. 陈靓, 编译. 社会科学研究 (5).

范昀, 2008. 审美与正义——论卢梭的审美现代性批判 [D]. 杭州: 浙江大学.

费瑟斯通, 2000. 消费文化与后现代主义 [M]. 刘精明, 译. 南京: 译林出版社.

费孝通, 1998. 乡土中国 生育制度 [M]. 北京: 北京大学出版社.

傅守祥, 2007. 大众文化的审美现代性批判 [J]. 哲学研究 (7).

盖尔, 2002. 交往与空间 [M]. 何人可, 译. 北京: 中国建筑工业出版社.

高全喜, 2009. 通向大国之路的中国策: 全球视野中的环境、资源、能源 [M]. 北京: 人民日报出版社.

高树博, 2011. 审美无利害性与参与美学 [J]. 哲学动态 (10).

关巍, 2013. 美丽中国生态城市建设与公民责任 [J]. 长春理工大学学报 (社会科学版), 26 (3).

哈格诺夫, 2007. 环境伦理学基础 [M]. 杨通进, 江娅, 译. 重庆: 重庆出版社.

哈维, 2010. 希望的空间 [M]. 胡大平, 译. 南京: 南京大学出版社.

胡经之, 王岳川, 1986. 论审美体验 [J]. 北京大学学报 (哲学社会科学版) (4).

霍华德, 2010. 明日的田园城市 [M]. 金经元, 译. 北京: 商务印书馆.

吉登斯, 2009. 气候变化的政治 [M]. 曹荣湘, 译. 北京: 社会科学文献出版社.

季芳, 2011. 从生态到实践生态审美: 实践美学的生态维度研究 [M]. 北京: 人民出版社.

贾丁斯, 2002. 环境伦理学 [M]. 林官明, 杨爱民, 译. 北京: 北京大学出版社.

KAHN, 2013. 批判教育学、生态扫盲与全球危机: 生态教育学运动 [M]. 张亦默, 李博, 译. 北京: 高等教育出版社.

卡尔松, 2006. 环境美学——自然、艺术与建筑的鉴赏 [M]. 杨平, 译. 成都: 四川人民出版社.

卡尔松, 2012. 从自然到人文——艾伦·卡尔松环境美学文选 [M]. 薛富兴, 译. 桂林: 广西师范大学出版社.

康德, 2002. 判断力批判 [M]. 邓晓芒, 译. 北京: 人民出版社.

科恩, 2007. 论民主 [M]. 聂崇信, 朱秀贤, 译. 北京: 商务印书馆.

科尔曼, 2006. 生态政治: 建设一个绿色社会 [M]. 梅俊杰, 译. 上海: 上海译文出版社.

克劳斯, 2015. 公民的激情: 道德情感与民主商议 [M]. 谭安奎, 译. 南京: 译林出版社.

拉德卡, 2004. 自然与权力 [M]. 王国豫, 付天海, 译. 保定: 河北大学出版社.

莱夫, 温格, 2004. 情景学习: 合法的边缘性参与 [M]. 王文静, 译. 上海: 华东师范大学出版社.

雷礼锡, 2017. 早期环境观念与国家精神——兼谈创新美学研究方法的意义与方向 [J]. 郑州大学学报 (哲学社会科学版), 50 (3).

李少君, 2000. 南山纪要: 我们为什么要谈环境-生态? [J]. 天涯 (1).

李昕桐, 2015. 新现象学的审美情境——对自然风景的体验 [J]. 理论与现代化 (3).

李应雪, 2016. 反田园诗的审美批判——罗伯特·弗洛斯特诗歌新探 [J]. 辽宁大学学报 (哲学社会科学版), 44 (3).

李永展，1995. 台湾城乡环境问题与居住环境品质之比较 [J]. 城市发展研究 (5).

利奥波德，1997. 沙乡年鉴 [M]. 侯文蕙，译. 长春：吉林人民出版社.

栗明，2017. 社区环境治理多元主体的利益共容与权力架构 [J]. 理论与改革 (3).

刘长星，2015. 美学共同体与环境美育——从阿诺德·伯林特谈起 [J]. 美育学刊，6 (3).

刘成纪，2008. 自然美的哲学基础 [M]. 武汉：武汉大学出版社.

刘清平，王希，2007. 环境审美：科学认知还是情感参与？——从两种环境审美观看中西哲学自然观的整合 [J]. 郑州大学学报（哲学社会科学版）(3).

刘三木，2010. 从环境的公共性看环境法的属性 [J]. 法学评论，28 (6).

刘湘溶，2004. 大自然的道德话语：环境伦理学的进展与反思 [M]. 长沙：湖南师范大学出版社.

刘湘溶，张斌，2009. 国际环境正义实践的伦理困境及其化解 [J]. 湖南师范大学社会科学学报 (2).

刘轩溢，2009. 国际环境正义的探寻 [J]. 法制与社会 (10).

刘训练，2012. 卢梭论公民美德的情感基础与动力机制 [J]. 世界哲学 (5).

刘颖，2015. 城市文化生产中的农民群体与国家审美形象构建 [J]. 海南大学学报（人文社会科学版），33 (2).

刘悦笛，2005. 生活美学：现代性批判与重构审美精神 [M]. 合肥：安徽教育出版社.

刘悦笛，2006. 在"批判启蒙"与"审美批判"之间——构建"全面的现代性" [J]. 学术月刊 (9).

刘悦笛，2010. 生活美学与艺术经验 [M]. 南京：南京出版社.

刘悦笛，2012. 走向生活美学的"生活美育"观——21世纪如何建设中国的新美育 [J]. 美育学刊，3 (6).

陆扬，2012. 日常生活审美化批判 [M]. 上海：复旦大学出版社.

罗尔斯顿，2000. 环境伦理学：大自然的价值及人对大自然的义务 [M]. 杨通进，译. 北京：中国社会科学出版社.

罗尔斯顿，2000. 哲学走向荒野 [M]. 刘耳，叶平，译. 长春：吉林人民出版社.

罗尔斯顿，2012. 森林中的审美体验 [J]. 张敏，潘淑兰，译. 郑州大学学报（哲学社会科学版），45 (2).

罗杰斯，古姆齐德简，2004. 小小地球上的城市 [M]. 仲德崑，译. 北京：中国建筑工业出版社.

马尔库塞，2001. 审美之维 [M]. 李小兵，译. 桂林：广西师范大学出版社.

缪尔，2012. 我们的国家公园 [M]. 郭名京，译. 南京：江苏人民出版社.

纳什，2012. 荒野与美国思想 [M]. 北京：中国环境科学出版社.

帕尔默，2002. 21世纪的环境教育——理论、实践、进展与前景 [M]. 田青，刘丰，译. 北京：中国轻工业出版社.

彭锋，2005. 当代环境美学的哲学基础 [M]. 北京：北京大学出版社.

彭怒，2010. 从"公民参与"角度讨论"社区营造" 第二届中国建筑·思想论坛简述 [J]. 时代建筑（1）.

钱静，2011. 西欧份地花园与美国社区花园的体系比较 [J]. 现代城市研究，26（1）.

塞兹，2013. 全球化、世界主义和生态公民权 [J]. 郭志俊，译. 南京工业大学学报（社会科学版），12（1）.

瑟帕玛，2006. 环境之美 [M]. 武小西，张宜，译. 长沙：湖南科学技术出版社.

舍勒肯斯，2010. 美学与道德 [M]. 王柯平，高艳萍，魏怡，译. 成都：四川人民出版社.

沈晓阳，2003. 生态关怀：一种准道德、准宗教、准审美的情感 [J]. 延安大学学报（社会科学版）(6).

施立峻，2007. 西方批判美学局限研究 [M]. 哈尔滨：黑龙江人民出版社.

史蒂文森，2015. 城市与城市文化 [M]. 李东航，译. 北京：北京大学出版社.

史密斯，庞萨帕，2012. 环境与公民权：整合正义、责任与公民参与 [M]. 侯艳芳，杨晓燕，译. 济南：山东大学出版社.

舒斯特曼，2002. 实用主义美学 [M]. 彭锋，译. 北京：商务印书馆.

苏宏斌，2001. 试论审美体验的动态过程 [J]. 浙江学刊（3）.

孙柏瑛，杜英歌，2013. 地方治理中的有序公民参与 [M]. 北京：中国人民大学出版社.

孙世哲，1990. 蔡元培鲁迅美育思想 [M]. 沈阳：辽宁教育出版社.

檀传宝，2011. 公民教育引论：国际经验、历史变迁与中国公民教育的选择 [M]. 北京：人民出版社.

陶传进，2005. 环境治理：以社区为基础 [M]. 北京：社会科学文献出版社.

主要参考文献

田友谊, 2017. 环境教育:迷思与廓清 [J]. 中国德育 (8).

万俊人, 2013. 美丽中国的哲学智慧与行动意义 [J]. 中国社会科学 (5).

王磊, 2016. 审美批判与文化建构 [J]. 中国美学研究 (2).

王元骧, 2006. 美育并非只是"美"的教育 [J]. 学术月刊 (3).

王泽庆, 2007. "美是道德的象征"的现代意义 [J]. 新疆大学学报 (哲学人文社会科学版) (2).

威廉斯, 2013. 乡村与城市 [M]. 韩子满, 刘戈, 徐珊珊, 译. 北京:商务印书馆.

韦尔施, 2006. 重构美学 [M]. 张岩冰, 陆扬, 译. 上海:上海译文出版社.

吴家荣, 陈建设, 2008. 论审美批评 [J] 文艺研究 (8).

吴炫, 2000. 论审美体验 [J]. 学海 (6).

希特, 2010. 公民身份——世界史、政治学与教育学中的公民理想 [M]. 郭台辉, 余慧元, 译. 长春:吉林出版集团有限责任公司.

习近平, 2014. 习近平谈治国理政 [M]. 北京:外文出版社.

席勒, 1985. 审美教育书简 [M]. 冯至, 范大灿, 译. 北京:北京大学出版社.

小林文人, 末本诚, 吴遵民, 2003. 当代社区教育新视野 [M]. 上海:上海教育出版社.

肖雷波, 2013. 后人类主义视角下的环境管理问题研究 [J]. 自然辩证法研究, 29 (9).

徐碧辉, 2013. 审美权利和审美伤害——马克思主义美学研究的一个新视阈 [J]. 探索与争鸣 (4).

徐国源, 2015. 空间性、媒介化与城市造像:文化诗学与城市审美 [M]. 上海:上海人民出版社.

徐恒醇, 2000. 生态美学 [M]. 西安:陕西人民教育出版社.

徐湘荷, 2012. 生态教育思想研究 [D]. 济南:山东师范大学.

徐梓淇, 2014. 生态公民 [M]. 南京:江苏人民出版社.

严利华, 2013. 从个体激情到群体理性:新媒介时代公民参与的理论与实践 [M]. 武汉:武汉大学出版社.

杨春时, 2001. 审美的超实践性与超理性——与刘纲纪先生商榷 [J]. 学海 (2).

杨平, 2000. 多维视野中的美育 [M]. 合肥:安徽教育出版社.

杨平, 2007. 环境美学的谱系 [M]. 南京:南京出版社.

杨锐，2016. 国家公园与自然保护地研究［M］. 北京：中国建筑工业出版社.
杨通进，2007. 环境伦理：全球话语　中国视野［M］. 重庆：重庆出版社.
杨文臣，2010. 当代西方环境美学研究［D］. 济南：山东大学.
伊格尔顿，2001. 审美意识形态［M］. 王杰，傅德根，麦永雄，译. 桂林：广西师范大学出版社.
余谋昌，2010. 环境伦理学，一门新的伦理学［J］. 阴山学刊（5）.
俞玉姿，张援，2011. 中国近现代美育论文选（1840—1948）［M］. 上海：上海教育出版社.
苑银和，2013. 环境正义论批判［D］. 青岛：中国海洋大学.
岳友熙，2007. 生态环境美学［M］. 北京：人民出版社.
岳友熙，2009. 追寻诗意的栖居——现代性与审美教育［M］. 北京：人民出版社.
曾繁仁，2010. 生态美学导论［M］. 北京：商务印书馆.
曾繁仁，高旭东，1997. 审美教育新论［M］. 北京：北京大学出版社.
曾繁仁，格里芬，2013. 建设性后现代思想与生态美学［M］. 济南：山东大学出版社.
曾建平，2004. 寻归绿色——环境道德教育［M］. 北京：人民出版社.
翟一达，2010. 气候暖化、意识形态与资本［J］. 天涯（2）.
张军，2010. 审美现代性的意义：以阿多诺为例——兼谈实践派的美学观点［J］. 湖北大学学报（哲学社会科学版），37（2）.
张锐，2017. 热恋自然——威廉·莫里斯的生态美育学启示［J］. 美育学刊，8（1）.
赵红梅，2009. 美学走向荒野——论罗尔斯顿环境美学思想［M］. 北京：中国社会科学出版社.
赵克，1996. 试论审美理性［J］. 求索（6）.
郑慧子，2006. 走向自然的伦理［M］. 北京：人民出版社.
周生贤，2014. 我国环境保护的发展历程与探索［J］. 人民论坛（9）.
周宪，2005. 审美现代性批判［M］. 北京：商务印书馆.
朱健刚，2010. 国与家之间：上海邻里的市民团体与社区运动的民族志［M］. 北京：社会科学文献出版社.
ZUKIN S，2006. 城市文化［M］. 张庭佺，杨东霞，谈瀛洲，译. 上海：上海教育出版社.
朱小蔓，1993. 情感教育论纲［M］. 南京：南京出版社.

二、外文文献

ANDERSON T, 1998. Aesthetics as Critical Inquiry [J]. Art Education, 51 (5).

ARNOLD BERLEANT, 1992. The Aesthetics of Environment [M]. Philadelphia: Temple University Press.

BIESTA G, DE BIE M, WILDEMEERSCH D, 2014. Civic Learning, Democratic Citizenship and the Public Sphere [M]. New York: Springer Netherlands.

CARSON T M, 2016. Long-Term Human-Environment Relations [M]. New York: Springer International Publishing.

EATON M M, 2001. Merit, Aesthetic and Ethical [M]. New York: Oxford University Press, USA.

EFRAT EIZENBERG, 2013. From the Ground Up: Community Gardens in New York City and the Politics of Spatial Transformation [M]. Farnham, Burlington: Ashgate Publishing Limited.

FRANCIS M, CASHDAN L, PAXSON L, 1984. Community Open Spaces: Greening Neighborhoods Through Community Action and Land Conservation [M]. Washington, DC: Island Press.

HARRIS C, 2008. Exploring Dimensions of Critical Awareness Through Aesthetic Experience: Implications for the Preparation of Educational Leaders [J]. EAF Journal (19).

HARVEY D, 1973. Social Justice and the City [M]. Baltimore: Johns Hopkins University Press.

KING-TAK IP, 2009. Environmental Ethics: Intercultural Perspectives [M]. New York: Rodopi.

KRASNY M E, TIDBALL K G, 2009. Community Gardens as Contexts for Science, Stewardship, and Civic Action Learning [J]. Cities and the Environment, 2 (1).

KRASNY M E, TIDBALL K G, 2015. Civic Ecology: Adaptation and Transformation from the Ground Up [M]. London: MIT Press.

KRASNY M E, TIDBALL K G, SPISKANDARAJAH N, 2009. Education and Resilience: Social and Situated Learning among University and

Secondary Students [J]. Ecology & Society, 14 (2).

LAWSON L J, 2005. City Bountiful: A Century of Community Gardening in America [M]. Berkeley: University of California Press.

LEFEBVRE H, 2003. The Urban Revolution [M]. London: University of Minnesota Press.

MATTILA H, 2002. Aesthetic Justice and Urban Planning: Who Ought to Have the Right to Design Cities? [J]. Geo Journal, 58 (2).

MCDONNELL J, 2016. Is it 'all about having an Opinion?' Challenging the Dominance of Rationality and Cognition in Democratic Education via Research in a Gallery Setting [J]. International Journal of Art & Design Education, 18 September.

MCDONNELL J, 2017. Political and Aesthetic Equality in the Work of Jacques Rancière: Applying his Writing to Debates in Education and the Arts [J]. Journal of Philosophy of Education, 51 (2).

MISIASZEK G W, 2011. Ecopedagogy in the Age of Globalization: Educators Perspectives of Environmental Education Programs in the Americas which Incorporate Social Justice Models [D]. Los Angeles: Dissertation for PHD, Education, University of California.

PIVNICK J, 2001. Against the Current: Ecological Education in a Modern World [D]. Calgary: Dissertation for PhD, University of Calgary.

SCOVILLE J N, 1995. Toward a Theological Ethic of the Land: Environmental Ethics in the Context of American Agriculture [D]. Los Angeles: Dissertation for PhD, the Faculty of the Graduate Theological Union, University of California.

TUAN YIFU, 1974. Topophilia: A Study of Environmental Perception, Attitudes and Values [M]. New Jersey: Englewood Cliffs, Prentice-Hall Inc.

UPTON H, 2013. Noticing the Homeless: Civic Engagement Through Aesthetic Education [J]. Journal for Civic Commitment, 20 (3).

WALLACE D, 1986. Aesthetic Literacy and Modernity: a Study of D. H. Lawrence's Women in Love and its Reception [D]. Vancouver: Simon Fraser University.

YOUNG I M, 1990. Justice and the Politics of Difference [M]. New Jersey: Princeton University Press.